付建利 编著

你好词根

中国人民大学出版社
·北京·

推荐序

词根是词汇的主要组成部分，能够体现词汇的基本意义。在英语学习过程中，词汇是所有学习者必须花时间掌握的内容。英语单词和汉语意思并不是一对一的关系，因此借助词根学习者可以掌握单词的初始意思，提高记忆效率。

词缀是附加在词根上的构词部分，可以帮助学习者在原有词汇知识的基础上，快速掌握更多相关词汇。

在使用词根、词缀背单词的过程中，需要老师的指导。因为词根数量多，如果想全部掌握，负担过重。专业老师总结的常用词根，可以有效地串联必背单词，学习者可以据此有的放矢地背单词。此外，单词不仅有本义，而且有衍生意义，老师的指导有助于学习者理解和记忆这些词义。

付建利老师具有扎实的学术功底，在四六级、考研、翻译和文学欣赏领域颇有建树。他在本书中总结的 128 个常用词根，可以满足中考 / 高考和日常英语单词学习的需求。本书采用了科学的讲授方法，让学习者不再死记硬背；本书也强调熟悉、理解构词规律。书中的图片有助于学习者理解词根以及相关单词的基本含义。在此基础上，通过构词法讲解词根、词缀以及词义之间的联系，可以让学习者记单词事半功倍。另外，本书使用例句来帮助学习者匹配单词使用语境和词义，加强词汇的应用能力。

这是一本提高学习效率与效果的书，强烈推荐给每一位读者。

吕蕾微信公众号	吕蕾微博	吕蕾抖音号	吕蕾小红书号
lvlei1973	http://weibo.com/lvlei1973	wonderfullei	wonderfullei

吕蕾

前　言

在我们刚刚接触英语的时候，相信很多朋友首先学会的就是吟唱一首由《小星星》改编的字母歌，这首歌朗朗上口，我们毫不费力便将26个英文字母倒背如流了。于是，我们在日后学英语单词的过程中，很自然地将背单词与背字母画上了等号，认为背单词就是一个个字母去背。

一开始，我们还能应对自如，但随着英语单词越来越难，背字母好像不仅无法帮我们背好单词，而且还会让我们经常把单词拼错或者很快忘记。

于是，我们陷入了一个背了忘忘了背的学习怪圈，不仅把背单词学英语变成了一件苦差事，甚至在一次次背词与忘词的循环中，对自己的能力产生了怀疑，以至于失去了对英语学习的热情与兴趣，忘记了我们第一次吟唱字母歌时的那份快乐与憧憬。

如何破解？以下三个理念，对你非常重要。

1. 单词的最小单位不是字母

很多朋友认为单词就是由字母组合而成的。其实，一旦对单词有了这种认识，我们的英语学习就已经"输在起跑线上"了。英语单词的最小单位不是字母，而是词根和词缀（前缀和后缀）。通常情况下，词根是单词的灵魂，它决定了单词最本质的含义；前缀可以对这个单词进行含义上的修饰，后缀则用来决定这个单词的词性。

例如 successful 这个单词，它的词根是 cess，表示"走"，前面的 suc 是一个前缀，表示"底下"，后面的 ful 是一个形容词后缀，因此，successful 的字面含义就是"从底下走出来"。我们可以想象一下，一粒深埋泥土下面的种子，要生根发芽，就要不断向上伸展，才能最终破土而出，向阳而生；学英语，也要从最基础开始，踏踏实实，一步一个脚印，坚韧不拔地学下去，才能学有所成。所以，successful 这个单词的含义就是"成功的"。

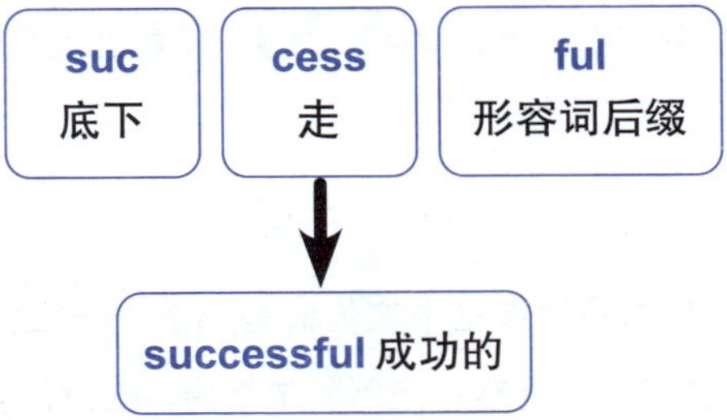

其实，每个单词都是一幅画，都反映了人类在生产生活中对事物的观察与理解，并通过词根与词缀将这种逻辑体现出来。如果我们可以通过词根去分析某个单词，就可以很轻松地从理解的角度牢记这个单词了。

2. 词根、词缀是我们最忠诚的朋友

在我十多年的词汇教学过程中，我发现很多学生都会有很强的挫败感：按照字母好不容易背了一个单词，但是再看到一个新单词，还是觉得很陌生，还要从头按照字母机械地去背。如果我们掌握了词根，那么学习的效率就完全不一样了。还以上面的 successful 为例，一旦学会了表示“底下”的前缀 suc，表示“走”的词根 cess，以及形容词后缀 ful，再遇到任何生单词，我们都可以建立起单词含义的方向感。

suc 底下	cess 走	ful 形容词后缀
succeed 成功	access 进入，接近	changeful 多变的
succession 继承	recession 衰退	skillful 熟练的
successive 连续的	excessive 过度的	doubtful 可疑的
successor 继承人	process 过程	fruitful 成果丰硕的
succumb 屈从	concession 让步	resourceful 机敏的

毫不夸张地说：只有背词根、词缀，才能“从根儿上”改变我们背单词的底层逻辑。

3. 背好词根，一个月后见“分”晓

英语单词的词根与词缀就像是中文的偏旁部首。一旦我们将这些词根、词缀学通，背单词就会像搭积木一样：遇到陌生单词，先拆解，再组合，单词含义

自然水落石出。所以我在全国各地给学生们讲课时，总会与大家互动：背单词的最高境界是什么？这时，大家总会异口同声地回答："不背字母，只背词根！"

这句话虽然有些夸张，但确实能反映出大家对词根、词缀学习的重视。

我们究竟要背多少词根呢？在多年的研究中，我发现英语单词中仅词根就有550个左右：词根数量庞大，很多词根也不常见，学习的意义并不是很大。因此，我通过多年的教学经验总结出128个核心词根，并且为每个词根延展出了在生活和学习中比较重要的单词。这样，不但系统掌握了词根，也扩展出上千个单词，一举两得。更重要的是，我们分析单词的能力有了极大提升。

插画师为本书128个词根配上了有趣的插图，这样可以更加生动地帮大家理解每一个词根。我建议大家每天学习3～4个词根，这样，用一个多月的时间就可以将这128个词根系统地学习完，届时你会惊讶地发现，你已经建立起对单词的分析能力，并且在背单词过程中，你会比没有学过词根的同学记得更高效、更精准。

在本书编写过程中，我得到了很多知名学者与英语教学一线名师的大力帮助与指导。特别要感谢高级英语教师杜建中先生、中国建筑大学孙华教授、首都师范大学翁红波教授、考研名师於迎春老师、孙姝丽老师、英语教研员呼永芳老师等。在此，一并向大家对本书所做出的努力表示衷心感谢！

此外，我在抖音每天也会为大家进行词根、词缀直播讲解，同学们可以在抖音上搜索"英语付建利老师"，进入我的直播间进行学习。特别要感谢刘文勇、顾立人、邸洁玉、常明远、康滢等伙伴，感谢大家对直播间给予的宝贵帮助与专业的指导。

我们总说，令人疲惫的不是远方的高山，而是鞋里的一粒沙。学习英语也是如此。我们总觉得学英语的过程很辛苦，获得感很少，其实，造成这种痛苦的并不是英语本身，而是我们应对它的方法出了问题。一旦掌握了科学背单词方法，扫除了单词这一障碍，相信每位同学都会体会到学习英语的乐趣，也更能够通过英语打开了解世界的那扇窗。

通过本书的学习，愿每一位同学在享受英语学习乐趣的同时，词汇量不断攀升，英语水平不断提高。愿我们一起，相逢在更高处！

目 录

学习指南

同学们，当你翻开本书的时候，便打开了记忆英语单词的全新大门！我们将摒弃逐个字母死记硬背的“土办法”，通过词根、词缀快速从单词底层逻辑出发，科学分析单词的来龙去脉，用科学的方法，牢记每一个核心重点单词。

为了帮大家更高效地学习本书内容，快速提升单词记忆的效率，我和大家分享一下本书的学习指南。

一、观察

本书为每个词根配了插图，同学们可以通过这些生动有趣的图画，结合词根，形成第一印象，对词根有更好的理解与记忆。

二、立体学习

对于词根派生出来的每个单词，本书提供了词根、词缀的分析讲解，同学们在最初学习时，务必认真学习和体会这些讲解的内容。刚开始学的时候，无论是词根还是前后缀，每个知识点都是新的，所以会感觉有些力不从心，但只要坚持下来，你会发现：学习的重点是 128 个核心词根，因为大量的前后缀都是不断重复的。只要成功跨过学习的初始阶段，你就会感到越来越轻松，背单词越来越快。

背单词的最终目的是会使用单词表达思想。因此，本书为每个单词配上了经典例句。同学们在背好单词的基础之上，一定要对例句进行研读，例如单词的介词搭配、固定的词组表达以及特殊的语法结构等。只有将单词的拼写与使用学到位，才会形成完整的学习闭环，最终提升英语水平。

本书中每一个单词都配有国际音标，希望大家在掌握单词拼写的同时，务必对单词的发音给予重视，千万不要学成“哑巴英语”。

三、学习规划

本书一共涉及 128 个词根以及上千个核心长难单词，同学们在学习前，务必根据自己的程度制订好学习规划。建议大家每天学习 3～4 个词根以及相关单词，坚持一个多月，你会发现这 128 个词根已经全部系统地学完了，同时也建立起了英语单词底层分析的能力。再遇到陌生单词时，你就会从词根、词缀的角度去思考，并快速分析出单词的含义，这也恰恰是很多没有学过词根、词缀的同学不具备的能力。

为了方便大家的学习，强烈建议同学们在微信中搜索“付建利老师”，进入我的公众号以后回复“规划表”，便能收到我为大家制订的“高效学习规划表”，我按照科学的方法，将你每天要学习的词根内容进行了规划，每天按照学习规划向前推进，词汇量定能实现飞跃！

最后，祝大家学习愉快，学有所成！

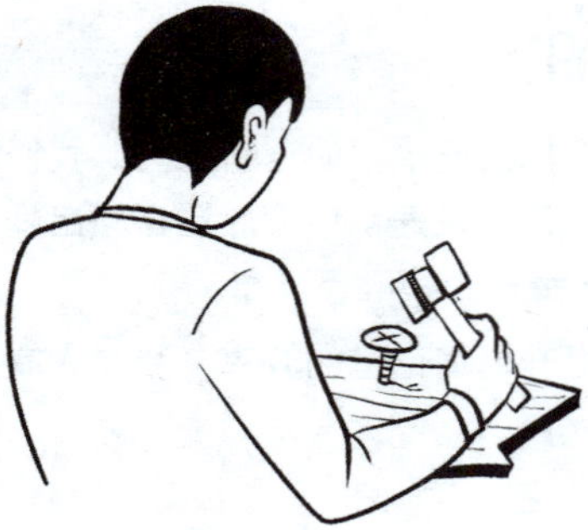

ag 做

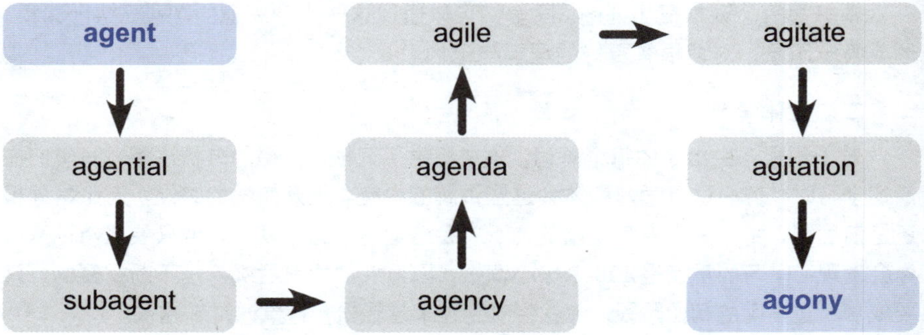

agent ['eɪdʒənt]	**ag**（做）+ **ent**（名词后缀，表示“人”）→帮你做事情的人→经纪人，代理商

She is an insurance **agent**. 她是一名保险**经纪人**。

You are buying through an **agent**. 你是通过**代理商**购买的。

agential [eɪ'dʒenʃəl]	**ag**（做）+ **ent**（名词后缀，表示“人”）+ **ial**（形容词后缀）→代理人的，代理商的

We are providing you an **agential** service. 我们提供您一套**代理**服务。

This is an effective **agential** hiring system. 这是一套具有实效性的**代理**招聘体系。

subagent [sʌb'eɪdʒənt]	**sub**（下面）+ **ag**（做）+ **ent**（名词后缀，表示“人”）→副代理人

He used to be a **subagent**. 他过去是一名**副代理人**。

This is the duty of **subagent**. 这是**副代理人**的职责。

agency ['eɪdʒənsɪ]	**ag**（做）+ **ency**（名词后缀）→帮你做事的地方→社，机构

You can book at your local travel **agency**. 你可以在当地的旅行**社**订票。

The **agency** is voluntary and not run for profit. 这个**机构**是义务性的，不是为了赢利。

agenda [ə'dʒendə]	**ag**（做）+ **enda**（名词后缀）→要做的事情→议事日程，议程表

This is sure to be an item on the **agenda**. 这必将成为**议事日程**上的一项议题。

The other item on the **agenda** is the tour. 另一项**议程**是旅行。

agile ['ædʒaɪl]	**ag**（做）+ **ile**（形容词后缀）→很容易做→敏捷的，敏锐的

He was as **agile** as a monkey. 他像猴子一样**敏捷**。

She had an extraordinarily **agile** mind. 她有特别**敏锐的**头脑。

agitate ['ædʒɪteɪt]	**ag**（做）+ **it**（走）+ **ate**（动词后缀）→走去让别人做事情→煽动，使焦虑不安

They want to **agitate** the local people. 他们想要**煽动**当地的民众。

The thought **agitates** her. 这个念头**令她焦虑不安**。

agitation [ˌædʒɪ'teɪʃn]	**ag**（做）+ **it**（走）+ **ation**（名词后缀）→走来走去→骚动，焦虑不安

This is an **agitation** for social reform. 这是一场要求社会改革的**骚动**。

He made no attempt to disguise his **agitation**. 他无意掩饰自己的**不安**。

agony ['ægənɪ]	**ag**（做）+ **ony**（名词后缀）→总做自己不情愿的事情→精神 / 肉体的极度痛苦

It was **agony** not knowing where the children were. 孩子们下落不明真让人**揪心**。

Tell me now! Don't prolong the **agony**. 现在就告诉我吧！别再让我**心急如焚**。

am 爱

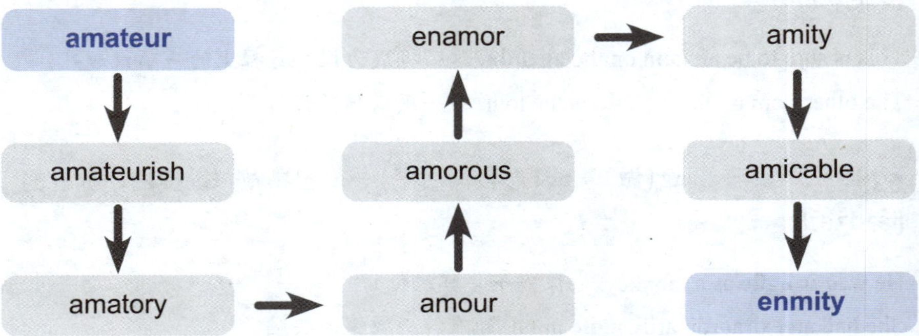

amateur ['æmətə(r)]	**am**（爱）+ **ate**（动词后缀）+ **ur**（名词后缀，表示“人”）→仅凭热爱做事的人→外行，业余爱好者

This work was done by a bunch of **amateurs**! 这项工作是一帮**外行**干的！

You're a professional, but I am an **amateur**. 你是专业人士，而我是**业余爱好者**。

amateurish ['æmətərɪʃ]	**am**（爱）+ **ate**（动词后缀）+ **ur**（名词后缀，表示“人”）+ **ish**（形容词后缀）→外行的，业余的

He scoffed at our **amateurish** attempts. 他对我们**不在行的**尝试嗤之以鼻。

The paintings looked **amateurish**. 这些画作看起来只具备**业余的**水准。

amatory ['æmətərɪ]	**am**（爱）+ **atory**（形容词后缀）→恋爱的

Sometimes distance is an **amatory** killer. 有时候距离是**爱情的**杀手。

That is our **amatory** crystal. 那是我们**爱情的**结晶。

amour [ə'mʊə(r)]	**am**（爱）+ **our**（名词后缀）→爱情，恋情

The athlete has a transitory **amour**. 那个运动员有段短暂**恋情**。

The movie "***Amour***" won the award for best foreign language film. 影片《**爱**》获得了最佳外语片奖。

amorous ['æmərəs]	**am**（爱）+ **or**（名词后缀）+ **ous**（形容词后缀）→含情脉脉的，表示爱情的

This is the most moving **amorous poetry** I have ever read. 这是我读过的最感人的**情诗**。

She rejected his **amorous** advances. 她拒绝了他的**求爱**攻势。

enamor [ɪn'æmə(r)]	**en**（使……）+ **am**（爱）+ **or**（动词后缀）→倾心于，喜欢

It is not difficult to see why Frank is **enamored** of her. 不难看出弗兰克**倾心于**她的理由。

He was truly **enamored** of Beijing. 他真的很**喜欢**北京。

amity ['æmətɪ]	**am**（爱）+ **ity**（名词后缀）→彼此关爱的状态→和睦，友好

He wished to live in **amity** with his neighbour. 他渴望与他的邻居**和睦**相处。

They parted in **amity**. 他们很**友好**地分别了。

amicable ['æmɪkəbl]	**am**（爱）+ **ic**（形容词后缀）+ **able**（形容词后缀，表示"能够"）→心平气和的，友好的

An **amicable settlement** was reached. 已达成**和解**。

The meeting ended on reasonably **amicable** terms. 这次会议在相当**友好的**氛围中结束。

enmity ['enmətɪ]	**enm**（"爱"的相反词根）+ **ity**（名词后缀）→爱的对立面→敌意，仇恨

Her action earned her the **enmity** of other colleagues. 她的行动激起了其他同事对她的**怨恨**。

I think there is an **historic enmity** between them. 我认为他们之间存在着**宿怨**。

di 日

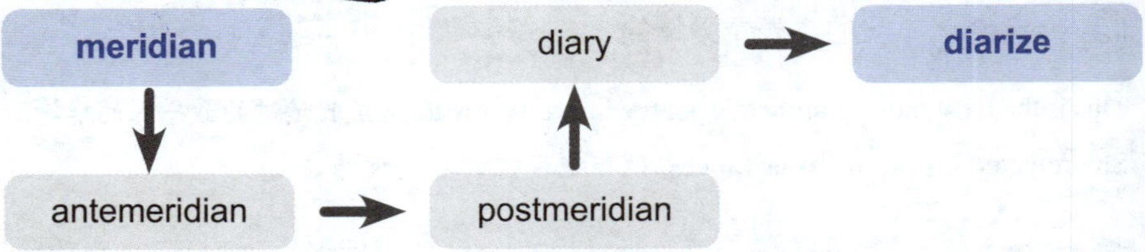

meridian [mə'rɪdɪən]	**meri**（中间）+ **di**（日子）+ **an**（形容词后缀）→子午线

Meridian generally refers to the line of longitude. **子午线**一般指经线。

A **meridian** is an imaginary circle. **子午线**是假想出来的一个圆圈。

antemeridian [ˌæntɪmə'rɪdɪən]	**ante**（前面）+ **meri**（中间）+ **di**（日子）+ **an**（形容词后缀）→一天的中间→上午的，午前的

An **antemeridian** beach trip isn't as fun as an afternoon one. **上午的**海滩之旅没有下午的有趣。

We have to attend an **antemeridian** meeting today. 我们今天得去参加**上午的**会议。

postmeridian [ˌpəʊstmə'rɪdɪən]	**post**（后面）+ **meri**（中间）+ **di**（日子）+ **an**（形容词后缀）→午后的，午后发生的

Taking a **postmeridian** nap is beneficial for your health. **午后**小睡对你的健康有利。

The **postmeridian** event is fresh in my memory. **午后发生的**事件我记忆犹新。

diary ['daɪərɪ]	**di**（日子）+ **ary**（名词后缀）→日记，（工作日程）记事簿

Do you keep a **diary**? 你记**日记**吗？

I'll make a note of our next meeting in my **diary**. 我将把下次会议的事记在我的**记事簿**上。

diarize ['daɪəraɪz]　**di**（日子）+ **arize**（动词后缀）→记日记

I don't have it **diarized**, so I couldn't give you the exact date. 我没有**记日记**，所以不能给你确切的日期。

She **diarized** her life every day, filling her time with short stories and poems she made up. 她每天**记日记**，通过创作短篇小说和诗歌来充满自己的时间。

du 双

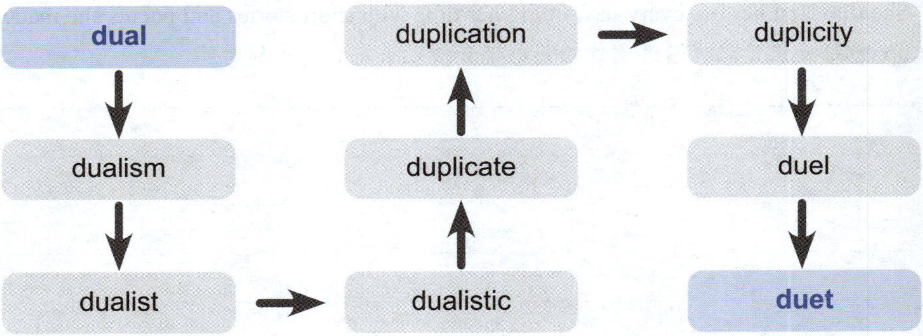

dual ['dju:əl]	**du**（两个）+ **al**（形容词后缀）→双的，双重的

The piece of furniture serves a **dual** purpose. 这件家具有**两个**用途。

She has **dual** nationality. 她具有**双重**国籍。

dualism ['dju:əlɪzəm]	**du**（两个）+ **al**（形容词后缀）+ **ism**（名词后缀，表示“特性，理论”）→双重性，二元论

Some countries allow a **dualism** in citizenship. 某些国家是允许**双重**公民身份的。

The traditional theory is challenged by **dualism**. 传统理论受到**二元论**的挑战。

dualist ['dju:əlɪst]	**du**（两个）+ **al**（形容词后缀）+ **ist**（名词后缀，表示“人”）→二元论者

So suppose I was a **dualist**. 假设我是**二元论者**。

Dualist could say that. **二元论者**可以这么说。

dualistic [ˌdjuːəˈlɪstɪk]	**du**（两个）+ **al**（形容词后缀）+ **istic**（形容词后缀）→二元论的，二元的

What we need is a non-**dualistic** viewpoint. 我们需要的是一个非**二元论的**视角。

dualistic pattern **双重**型态

duplicate [ˈdjuːplɪkət]	**du**（两个）+ **plic**（层）+ **ate**（动词、名词后缀）→复制，（尤指不必要时）重复；复制品，副本

There's no point in **duplicating** work already done. **重复**别人已经做过的工作毫无意义。

Is this a **duplicate** or the original? 这是**副本**还是正本？

duplication [ˌdjuːplɪˈkeɪʃn]	**du**（两个）+ **plic**（层）+ **ation**（名词后缀）→重复，复制

There could be a serious loss of efficiency through unnecessary **duplication** of resources. 不必要的资源**重复**会导致严重的效率损耗。

It turns out that there are various degrees of genetic **duplication**. 事实证明，有不同程度的基因**复制**。

duplicity [djuːˈplɪsətɪ]	**du**（两个）+ **plic**（层）+ **ity**（名词后缀）→欺骗，口是心非

Many Western commercial advertisements are kinds of emotional **duplicity**. 许多西方商业广告是一种情感**欺骗**。

His **duplicity** caused us to distrust him. 他的**口是心非**使我们不相信他。

duel [ˈdjuːəl]	**du**（两个）+ **el**（名词后缀）→两个人在争论→决斗，（双方的）竞争

He was himself wounded in one **duel**. 在一次双人**决斗**中他自己受了伤。

The boy won after a great **duel**. 经过激烈**竞争**男孩取得了胜利。

duet [djʊˈet]	**du**（两个）+ **et**（名词后缀，表示“人”）→两个人在弹唱→二重奏，二重唱

This is a **duet** written for violin and piano. 这是小提琴和钢琴**二重奏**。

Tonight she sings a **duet** with her best friend. 今晚她和自己最好的朋友表演了**二重唱**。

ed 吃

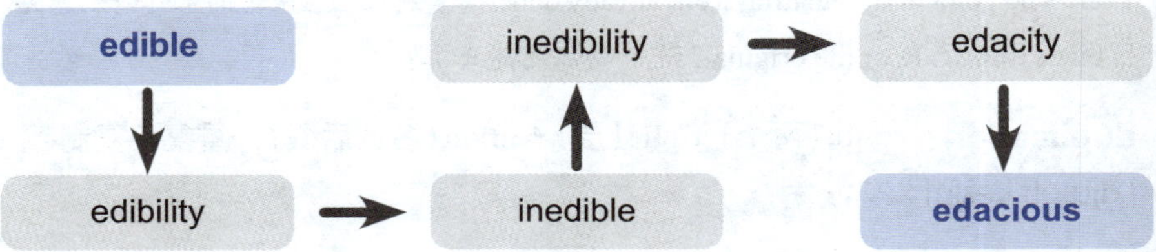

edible ['edəbl]	**ed**（吃）+ **ible**（形容词后缀）→可食用的

The food at the hotel was barely **edible**. 这家旅馆的食物简直不能**入口**。

This mushroom is **edible**. 这种蘑菇是**可食用的**。

edibility [edɪ'bɪlətɪ]	**ed**（吃）+ **ibility**（名词后缀，表示“性质”）→可食性

The culture of turtle can meet the **edibility** demands of humanity. 龟类的养殖可以满足人们**食用**的需求。

Besides their **edibility**, mushrooms can be used as medicine. 蘑菇除了具有**可食性**，还可以入药。

inedible [ɪn'edəbl]	**in**（否定前缀）+ **ed**（吃）+ **ible**（形容词后缀）→不适合食用的

But some people consider shellfish **inedible**. 但有些人认为贝类**不能吃**。

The food was totally **inedible**. 这食物完全**无法下咽**。

inedibility [ɪnedɪ'bɪlɪtɪ]	**in**（否定前缀）+ **ed**（吃）+ **ibility**（名词后缀，表示“性质”）→不可食用性

The insect was protected by its **inedibility**. 这只昆虫因为**不宜食用**而受到保护。

It serves to warn of **inedibility**. 它用来警告人们**不能食用**。

edacity [ɪ'dæsətɪ]	**ed**（吃）+ **ac**（做）+ **ity**（名词后缀）→贪吃，狼吞虎咽

Edacity led the woman to gain weight. **贪吃**导致这名女性体重增加。

William was embarrassed by his **edacity**. 威廉对自己的**狼吞虎咽**感到尴尬。

edacious [ɪ'deɪʃəs]	**ed**（吃）+ **ac**（做）+ **ious**（形容词后缀）→贪吃的，贪婪的

Paul has an **edacious appetite**. 保罗**胃口很大**。

His **edacious** appetite for more power only makes things worse. 他对权力的**贪婪**欲望只会让事情变得更糟。

ev 年龄，时期

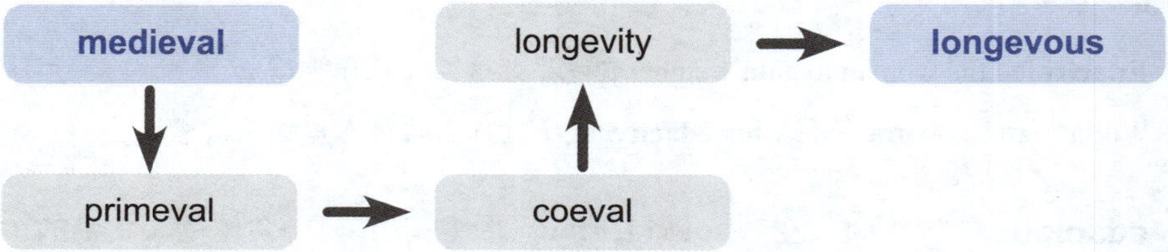

medieval [ˌmedi'iːvl]	**medi**（中间）+ **ev**（年龄、时间）+ **al**（形容词后缀）→中世纪的

He began studying politics and **medieval** history. 他开始学习政治学和**中世纪**史。

It is a perfect example of a **medieval** castle. 这是最典型的**中世纪**城堡。

primeval [praɪ'miːvl]	**prim**（前面）+ **ev**（年龄、时间）+ **al**（形容词后缀）→很早以前的→远古的，原始的

The archaeologist found several **primeval** dinosaur bones. 考古学家发现了几块**原始**恐龙的骨头。

They needled their way through a **primeval** forest. 他们穿行于**原始**森林之中。

coeval [kəʊ'iːvl]	**co**（共同）+ **ev**（年龄、时间）+ **al**（形容词后缀）→同时期的，同时代的

These lavas were **coeval** with the volcanic activity. 这些火山岩和那次火山活动是**同时期的**。

The industry is **coeval** with the first railway. 这个行业与第一条铁路是**同时代的**。

longevity [lɒn'dʒevətɪ]	**long**(长)+**ev**(年龄、时间)+**ity**(名词后缀)→长寿，持久

We wish you both health and **longevity**. 我们祝二位健康**长寿**。

The main characteristic of the strike has been its **longevity**. 这次罢工的主要特点是**持续时间长**。

longevous [lɒn'dʒi:vəs]	**long**(长)+**ev**(年龄、时间)+**ous**(形容词后缀)→长寿的，使用寿命长的

The decreased vision is more obvious in the **longevous** population. **长寿**老人的视力减退更显著。

The printer is a more stable, **longevous** printer. 这台打印机性能更平稳，**使用寿命**更长。

it 走

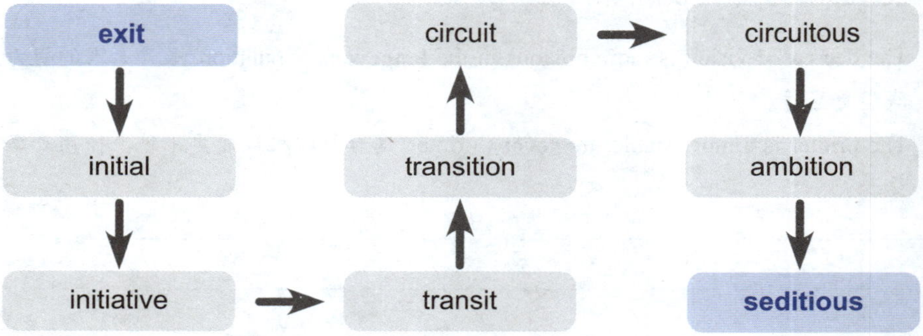

exit ['eksɪt]	**ex**（出）+ **it**（走）→通道，出口

Here is a fire **exit** on each floor of the building. 这栋建筑每层楼都有个消防**通道**。

All **exits** must be kept clear of baggage. 所有**出口**必须保持通畅，不得堆放行李。

initial [ɪ'nɪʃl]	**in**（里面）+ **it**（走）+ **ial**（形容词后缀）→刚刚走进去→开始的，最初的

My **initial** reaction was to decline the offer. 我**最初的**反应是要婉言谢绝这个提议。

We are through the **initial** testing period. 我们通过了**最初的**考试阶段。

initiative [ɪ'nɪʃətɪv]	**in**（里面）+ **it**（走）+ **iative**（名词后缀）→主动走进去→主动性，倡议

She did it on her own **initiative**. 她是**主动**这么做的。

He proposed a diplomatic **initiative** to try to stop the war. 他提出了一个试图阻止战争的外交**倡议**。

transit ['trænzɪt]	**trans**(穿过)+**it**(走)→通过，经过；运输

The large ship will be too big to **transit** the Panama Canal. 这艘巨轮太大了，**过**不了巴拿马运河。

The goods were lost in **transit**. 这些货物在**运输**中丢失了。

transition [træn'zɪʃn]	**trans**(穿过)+**it**(走)+**ion**(名词后缀)→过渡，转变

We need to ensure a smooth **transition** between the two systems. 我们得确保两种制度间的平稳**过渡**。

The **transition** from school to full-time work can be difficult. 从学校到全日工作的**转变**可真不容易。

circuit ['sɜːkɪt]	**circu**(四周)+**it**(走)→围绕四周走→环行，环行路线

The race ended with eight laps of a city center **circuit**. 比赛以**环绕**城中心**跑**八圈结束。

The Earth takes a year to make a **circuit** of the Sun. 地球**绕**太阳**运行**一周需要一年的时间。

circuitous [sə'kjuːɪtəs]	**circu**(四周)+**it**(走)+**ous**(形容词后缀)→需要环绕着走→迂回的，绕道的

The canal followed a **circuitous** route. 该运河的河道**迂回曲折**。

The cabdriver took them on a **circuitous** route to the police station. 出租车司机**绕道**把他们带到警察局。

ambition [æm'bɪʃn]	**amb**(爱)+**it**(走)+**ion**(名词后缀)→热爱到处去走一走→追求的目标，野心，雄心

It had been her lifelong **ambition**. 这是她终身**追求的目标**。

She was intelligent but suffered from a lack of **ambition**. 她很聪明，但缺乏**远大志向**。

seditious [sɪ'dɪʃəs]	**sed**(分开)+**it**(走)+**ious**(形容词后缀)→让大家分开走，挑起矛盾→煽动性的

The letter was declared **seditious**. 这封书信被宣布具有**煽动性**。

He distributed a **seditious** pamphlet. 他散发了**带有煽动性的**小册子。

un(i) 单个，整体

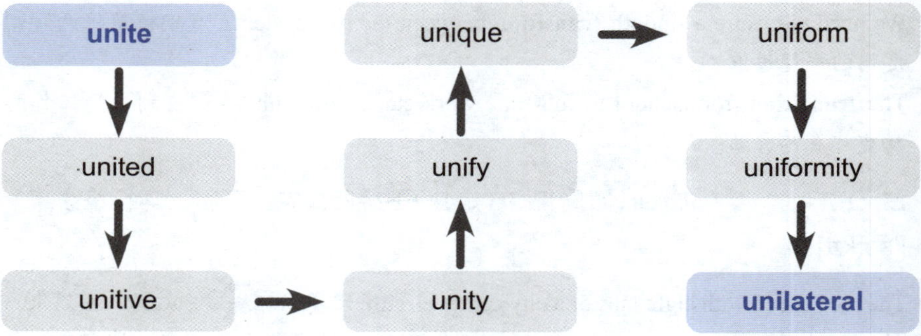

unite [jʊ'naɪt]	**un**（单个，整体）+ **it**（走）+ **e**（动词后缀）→走成一个整体→团结，联合

Will they **unite** behind the new leader? 他们会**团结**支持新领导吗？

They **unite** to form a new company. 他们**联合**起来成立了一家新公司。

united [jʊ'naɪtɪd]	**un**（单个，整体）+ **it**（走）+ **ed**（形容词后缀）→统一的，团结的

We want a **united**, undivided country. 我们要一个**统一的**、未被分裂的国家。

We are solidly **united** on this issue. 我们在这个问题上是**团结一致的**。

unitive ['juːnɪtɪv]	**un**（单个，整体）+ **it**（走）+ **ive**（形容词后缀，表示"性质"）→统一的

A **unitive** criterion has not been established until now. 目前还没有形成**统一的**规范。

Poems have a **unitive** tradition in "truth, kind and beauty". 诗歌就其"真善美"来说是**统一性的**。

unity ['ju:nətɪ]	**un**(单个，整体)+**it**(走)+**y**(名词后缀)→走到一起来→团结，统一

Speakers at the rally expressed sentiments of **unity**. 集会上的发言者们表达了**团结**的观点。

The end result of this will be **unity**. 此事的最终结果将是**统一**。

unify ['ju:nɪfaɪ]	**un**(单个，整体)+**ify**(动词后缀，表示"使……")→统一，使成一体

The new leader hopes to **unify** the country. 新领袖希望把国家**统一**起来。

How do you think this **unified** system of national education? 你如何看待这种**统一的**国民教育体系？

unique [jʊ'ni:k]	**uni**(单个，整体)+**que**(形容词后缀，表示"性质")→只有一种性质→唯一的，独特的

Everyone's fingerprints are **unique**. 每个人的指纹都是**独一无二的**。

She was a woman of **unique** talent and determination. 她是一个有**独特**天赋和决心的女人。

uniform ['ju:nɪfɔ:m]	**uni**(单个，整体)+**form**(形状)→单个的形象→一致的，统一的；制服，校服

The walls were a **uniform** white. 墙壁**一律**是白色的。

Do you have to wear **uniform**? 你非得穿**制服**不可吗？

uniformity [ˌju:nɪ'fɔ:mɪtɪ]	**uni**(单个，整体)+**form**(形状)+**ity**(名词后缀)→统一性，一致性

He argues that we need statewide **uniformity**. 他辩称我们需要全州**统一**。

They tried to ensure **uniformity** across different departments. 他们努力保证各部门之间的**统一**。

unilateral [ˌju:nɪ'lætrəl]	**uni**(单个，整体)+**later**(边)+**al**(形容词后缀)→只有一个边→单方的

They were forced to take **unilateral** action. 他们被迫采取**单方面**行动。

They took the **unilateral** decision to cancel the contract. 他们**单方面**决定撤销合同。

ut/us 使用

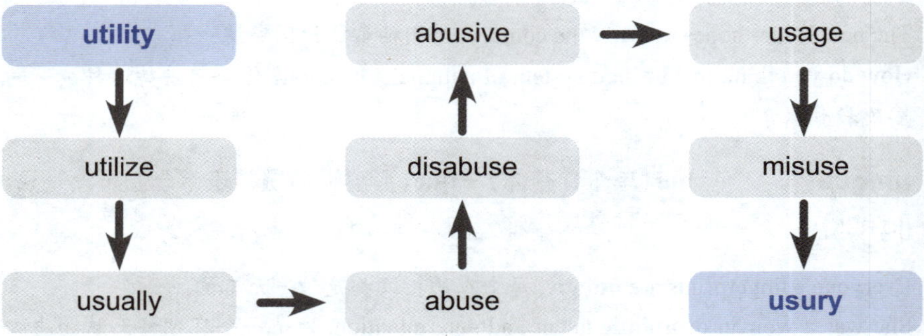

utility [ju:ˈtɪlətɪ]
ut（使用）+ **ility**（名词后缀）→效用，实用

They need to give an accurate assessment of the **utility** of the tool. 他们需要对该工具的**效用**做一个准确的评估。

Their research project has limited practical **utility**. 他们的研究项目**实用**价值很有限。

utilize [ˈju:təlaɪz]
ut（使用）+ **ilize**（动词后缀）→使用，利用

The Romans were the first to **utilize** concrete as a building material. 罗马人首先**使用**混凝土作为建筑材料。

They **utilized** water for producing electric power. 他们**利用**水力发电。

usually [ˈju:ʒʊəlɪ]
us（使用）+ **ual**（形容词后缀）+ **ly**（副词后缀）→经常使用地→通常

How long does the journey **usually** take? 这段旅程**通常**需要花多长时间？

I **usually** get the bus to work. 我**通常**坐公共汽车上班。

abuse [ə'bjuːs/ə'bjuːz]	**ab**（坏）+ **us**（使用）+ **e**（名词、动词后缀）→滥用，虐待

What she did was an **abuse** of her position as manager. 她的所作所为是**滥用**经理职权。

What can you do to help stop child **abuse**? 你能做些什么来阻止**虐待**儿童？

disabuse [ˌdɪsə'bjuːz]	**dis**（离开）+ **ab**（坏）+ **us**（使用）+ **e**（动词后缀）→原理错误的用途→纠正或打消错误的想法

I did not **disabuse** them of this foolish idea. 我没有**纠正**他们的这种愚蠢的想法。

He quickly **disabused** me of my fanciful notions. 他很快**打消**了我不切实际的想法。

abusive [ə'bjuːsɪv]	**ab**（坏）+ **us**（使用）+ **ive**（形容词后缀）→侮辱性的，虐待的

I did not use any **abusive** language. 我没有使用过任何**侮辱性的**语言。

He became **abusive** when he was drunk. 他喝醉时就**满口脏话骂人**了。

usage ['juːsɪdʒ]	**us**（使用）+ **age**（名词后缀）→使用，用法，使用率

Parts of the motor wore out because of constant **usage**. 发动机的一些部件由于不断**使用**而磨损了。

The **usage** of this cleanser is fully detailed in the brochure. 这种清洁剂的**用法**在小册子里有详细说明。

misuse [mɪs'juːs/ˌmɪs'juːz]	**mis**（错误）+ **us**（使用）+ **e**（名词、动词后缀）→滥用，误用

Misuse of power can have serious consequences. **滥用**权力会造成严重的后果。

He was found guilty of **misusing** public funds. 他被判犯有**滥用**公款罪。

usury ['juːʒərɪ]	**us**（使用）+ **ury**（名词后缀）→利用某个东西获取更高收益→高利贷

The bill fails to address **usury** issues. 这项法案没有解决**高利贷**问题。

The interest of **usury** is unfairly high. **高利贷**的利息高得惊人。

vi(a) 路

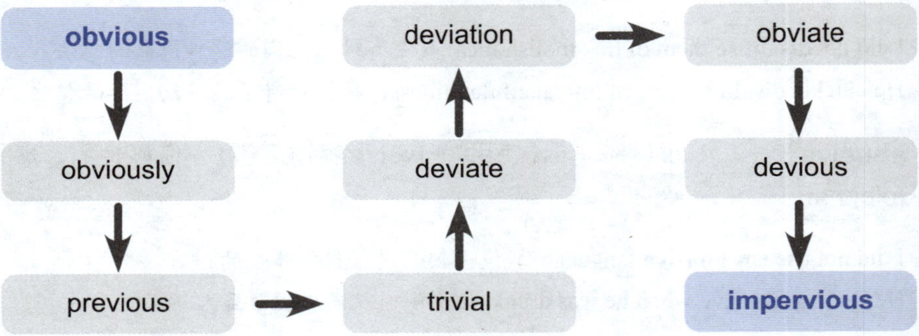

obvious ['ɒbvɪəs]	**ob**（在……上面 / 强调）+ **vi**（路）+ **ous**（形容词后缀）→摆放在路上的→明显的，显然的

The reason is blindingly **obvious**. 原因十分**明显**。

It is **obvious** that he is wrong. **显然**他错了。

obviously ['ɒbvɪəslɪ]	**ob**（在……上面 / 强调）+ **vi**（路）+ **ous**（形容词后缀）+ **ly**（副词后缀）→明显地，显而易见地

Obviously, we don't want to spend too much money. **很明显**，我们不想花太多的钱。

The price is **obviously** one of the main selling points. **显然**，价格（低）是一大卖点。

previous ['priːvɪəs]	**pre**（以前）+ **vi**（路）+ **ous**（形容词后缀）→以前放在路上的→以前的，先前的

The car has only had one **previous** owner. 这辆汽车**以前**没换过车主。

Do you have any **previous** experience of this type of work? 你**以前**有过这类工作的经验吗？

trivial ['trɪvɪəl]	**tri**（三）+ **vi**（路）+ **al**（形容词后缀）→三个人在路上聊的→微不足道的，不重要的，琐碎的

It sounds **trivial**, but I'm worried about it. 这事听起来**微不足道**，但我还是放心不下。

Don't be angry over such **trivial** matters. 别为这些**琐碎的**事生气。

deviate ['diːvɪˌeɪt]	**de**（离开）+ **vi**（路）+ **ate**（动词后缀）→离开道路→偏离

They stopped you as soon as you **deviated** from the script. 你一**偏离**剧本，他们就会叫停。

He never **deviated** from his original plan. 他从未**偏离**自己最初的计划。

deviation [ˌdiːvɪ'eɪʃn]	**de**（离开）+ **via**（路）+ **tion**（名词后缀）→偏离，偏差

Deviation from the norm is not tolerated. **偏离**规范是不能容忍的。

What is **deviation** detection? 什么是**偏差**检测？

obviate ['ɒbvɪeɪt]	**ob**（强调）+ **vi**（路）+ **ate**（动词后缀）→让道路通畅→排除，防止

This new evidence **obviates** the need for any further enquiries. 这项新证据**排除**了继续调查的必要。

A parachute can be used to **obviate** disaster. 降落伞可用来**防止**灾难。

devious ['diːvɪəs]	**de**（离开）+ **vi**（路）+ **ous**（形容词后缀）→不走正路的→道路曲折的，欺诈的，不诚实的

They arrived at the town by a **devious route**. 他们走了条**弯路**才到达那个城镇。

He got rich by **devious means**. 他**不择手段**大发横财。

impervious [ɪm'pɜːvɪəs]	**im**（否定前缀）+ **per**（通过，全部）+ **vi**（路）+ **ous**（形容词后缀）→无法通过一条路的→不能渗透的，不受影响的

This also makes the painting **impervious** to water. 这也使得该幅画能**防**水。

She seems almost **impervious** to the criticism from all sides. 她好像对各方批评**无动于衷**。

aer 空气，航空

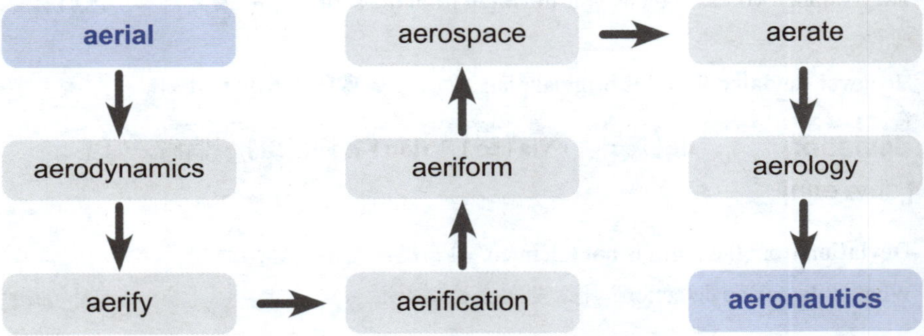

aerial ['eərɪəl]	**aer**（空气）+ **ial**（名词、形容词后缀）→天线；空气的，航空的

The birds perched upon the **aerial**. 那些鸟栖在**天线**上。

He showed me some **aerial** photographs. 他给我看了一些**航拍的**照片。

aerodynamics [ˌeərəʊdaɪ'næmɪks]	**aer**（空气）+ **o**（连接）+ **dynam**（力量）+ **ics**（学科）→ 研究空气中力量的学科→空气动力学

My major is **aerodynamics**. 我的专业是**空气动力学**。

Aerodynamics is a new branch of science. **空气动力学**是一门新兴的学科。

aerify ['eərɪfaɪ]	**aer**（空气）+ **ify**（动词后缀，使……）→使……气化

If soil is compacted, the solution is straightforward: **aerify**. 如果土壤被压实，简单的解决方法就是**使其气化**。

Try to fully **aerify** the small lawn is with a spading fork. 用翻土叉充分**气化**这块小草坪。

aerification [ˌeərɪfɪˈkeɪʃən]	**aer**（空气）+ **i**（连接）+ **fic**（做）+ **ation**（名词后缀，表示"状态"）→做成了空气的状态→气化

What is the principle of **aerification**? **气化**的原理是什么？

Aerification is really a simple process. **气化**确实是一个简单的过程。

aeriform [ˈeərɪˌfɔːm]	**aer**（空气）+ **i**（连接）+ **form**（形状）→空气的形状→气态的

When caloric prevails, they become **aeriform**. 热量过高时它们会转化为**气态**。

What is the cause of bodies being either solid, liquid, or **aeriform**? 物体变成固态、液态或**气态**的原因是什么？

aerospace [ˈeərəʊspeɪs]	**aer**（空气）+ **o**（连接）+ **space**（空间）→探索太空空间→航空航天（工业 / 技术）

His father is a machinist in an **aerospace** plant. 他父亲是一家**航空**工厂的机械师。

Cuts in spending forced the **aerospace** industry to be challenged. 开支的削减迫使**航空航天**业面临挑战。

aerate [ˈeəreɪt]	**aer**（空气）+ **ate**（动词后缀）→通气，使（土壤、水等）透气

Earthworms do the important job of **aerating** the soil. 蚯蚓做了**使土壤透气**的重要工作。

Aerate your lawn to allow it to breathe better. 给草坪**通气**，使它能够多吸收空气。

aerology [eəˈrɒlədʒɪ]	**aer**（空气）+ **ology**（学科）→高空气象学，大气学

He was considered a co-founder of **aerology**. 他被认为是**高空气象学**的共同创始人。

Aerology is a very practical science. **高空气象学**是一门非常实用的科学。

aeronautics [ˌeərəˈnɔːtɪks]	**aer**（空气）+ **o**（连接）+ **naut**（航行）+ **ics**（学科）→研究在空中航行的学科→航空学

My dream is to study **aeronautics**. 我的梦想是去学**航空学**。

Aeronautics is the science of designing and building aeroplanes. **航空学**是设计和制造飞机的科学。

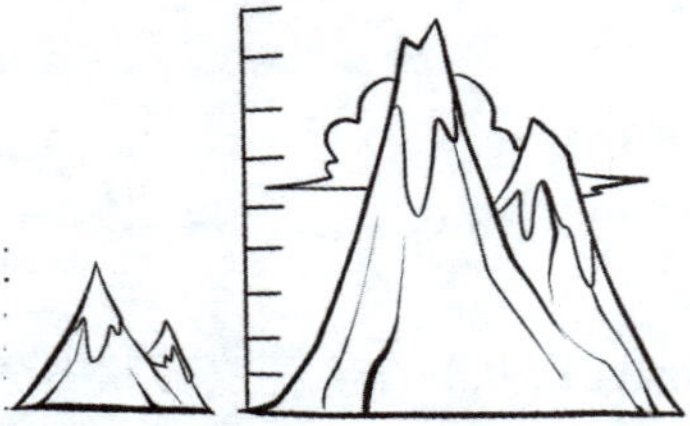

alt 高

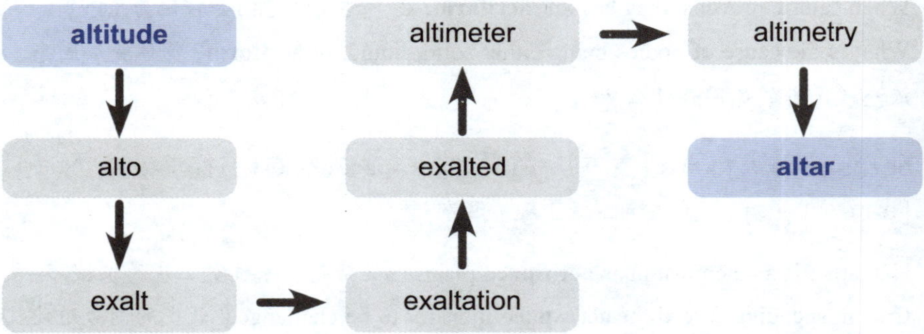

altitude [ˈæltɪtjuːd]	**alt**（高）+ **itude**（名词后缀）→高地，海拔高度

Snow leopards live at **high altitudes**. 雪豹生活在**海拔高的地区**。

Air pressure decreases with **altitude**. 气压随**海拔高度**的增加而下降。

alto [ˈæltəʊ]	**alt**（高）+ **o**（拉丁词后缀，表示"从事音乐的人"）→男高音

He sang in his school choir as an **alto**. 他在学校合唱团担任**男高音**。

It is sung by a **male alto**. 它是由一位**男高音**歌手演唱的。

exalt [ɪɡˈzɔːlt]	**ex**（出）+ **alt**（高）→赞扬，提拔

His work **exalts** those virtues that we are taught. 他的作品**盛赞**了那些我们被教导的美德。

He was **exalted** to the position of manager. 他被**提拔**为经理。

exaltation [ˌegzɔːlˈteɪʃn]	**ex**（出）+ **alt**（高）+ **ation**（名词后缀）→兴高采烈，提拔

The news filled us with **exaltation.** 这条消息使我们**欣喜**万分。

The city was swept up in the mood of **exaltation**. 整座城处处洋溢着**欢欣鼓舞**的气氛。

exalted [ɪgˈzɔːltɪd]	**ex**（出）+ **alt**（高）+ **ed**（形容词后缀）→兴高采烈的，地位很高的

I felt **exalted** and newly alive. 我感到**兴高采烈**，充满新的活力。

How to make the best use of his **exalted** position? 如何充分利用他**显赫的**地位？

altimeter [ˈæltɪmiːtə(r)]	**alt**（高）+ **i**（连接）+ **meter**（测量）→测高仪，高度表

The **altimeter** is the result of our latest technology. 这款**测高仪**是我们最新技术的成果。

Did you set the **altimeter**? **高度表**设定好了没有？

altimetry [ælˈtɪmɪtrɪ]	**alt**（高）+ **i**（连接）+ **metry**（测量方法）→测高，测高学

This unit is used in laser **altimetry**. 该装置用于激光**测高**。

Satellite **altimetry** has become a research hotspot. 卫星**测高**技术已成为当今的研究热点。

altar [ˈɔːltə(r)]	**alt**（高）+ **ar**（名词后缀，表示"工具"）→放到很高位置的一个工具→圣坛，祭坛

The **altar** was flanked by two Christmas trees. **圣坛**的两侧有两棵圣诞树。

He genuflected in front of the **altar**. 他在**祭坛**前屈膝施礼。

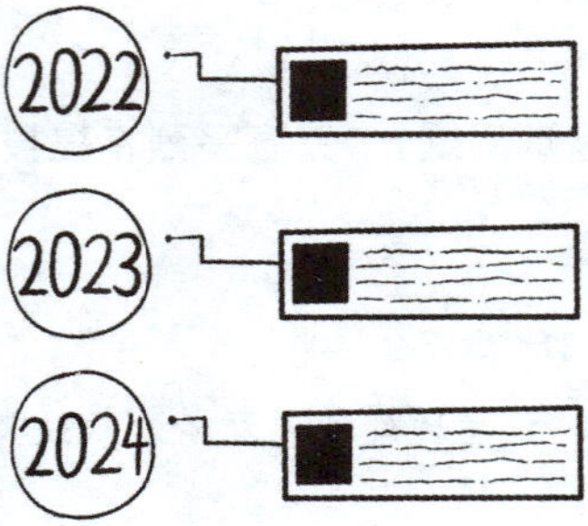

ann 年度的

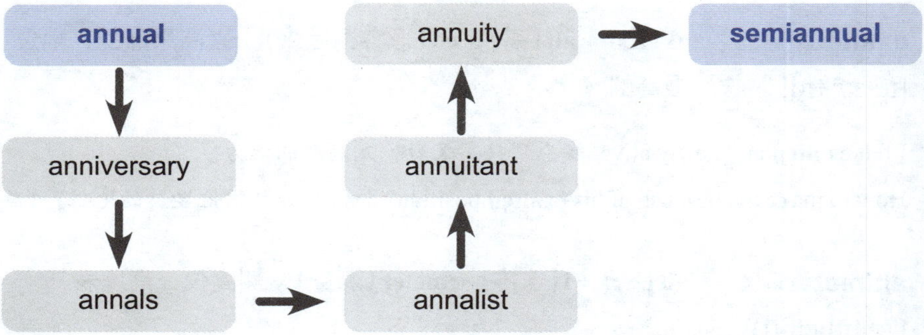

annual ['ænjʊəl]	**ann**（年度的）+ **ual**（形容词后缀）→一年一度的，年度的

How much **annual** leave do you get? 你们的**年**假有多长？

It's an **annual** report. 这是一个**年度**报告。

anniversary [ˌænɪ'vɜːsərɪ]	**ann**（年度的）+ **i**（连接）+ **vers**（旋转）+ **ary**（名词后缀）→周年纪念（日）

Today is our tenth **anniversary**. 今天是我们的十**周年纪念日**。

The movie is to commemorate the 20th **anniversary** of his death. 这部电影是为了纪念他逝世 20 **周年**。

annals ['ænlz]	**ann**（年度的）+ **als**（名词后缀）→年报，年鉴，编年史

The research was published in the ***Annals*** *of Internal Medicine*. 这项研究发表在《内

科学**年鉴**》上。

His name will go down in the **annals**. 他的名字将载入**编年史**。

annalist ['ænəlɪst] **ann**(年度的)+**al**(形容词后缀)+**ist**(名词后缀，表示"专业的人")→编年史撰写者

He is an independent **annalist**. 他是一个独立的**编年史撰写者**。

An **annalist** needs to collect data from various sources. **编年史撰写者**需要从各种渠道收集资料。

annuitant [ə'njuːɪtənt] **ann**(年度的)+**u**(连接)+**it**(走)+**ant**(名词后缀，表示"人")→每年走来领钱的人→领养老金者，领年金者

The **annuitant** is ready to withdraw funds from the plan. 这位**年金领取者**准备从计划中提取资金。

To terminate annuity if **annuitant** is deceased. 如果**年金领取者**死亡，终止年金。

annuity [ə'njuːətɪ] **ann**(年度的)+**u**(连接)+**ity**(名词后缀)→年金，年金保险

He received a paltry **annuity** of $100. 他收到了微不足道的 100 美元**年金**。

The company branched out into selling **annuity**. 该公司开展了**年金保险**业务。

semiannual [ˌsemɪ'ænjʊəl] **semi**(一半)+**ann**(年度的)+**ual**(形容词后缀)→半年一次的，一年两次的

An annual or even **semiannual** evaluation isn't enough. 每年一次或者**每半年一次的**考评是不够的。

The **semiannual** global meeting is going to be held here. **一年两次的**全球会议将在这里举行。

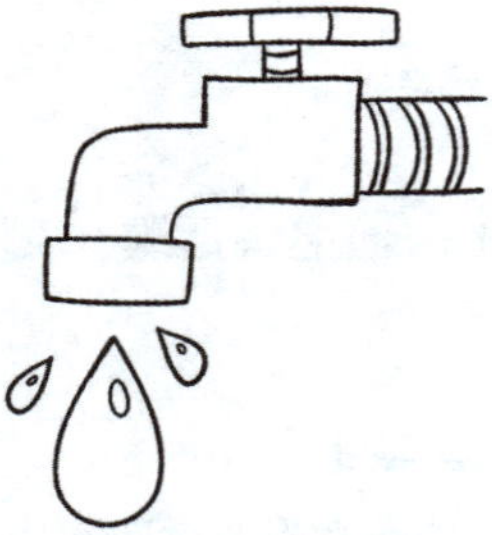

aqu 水

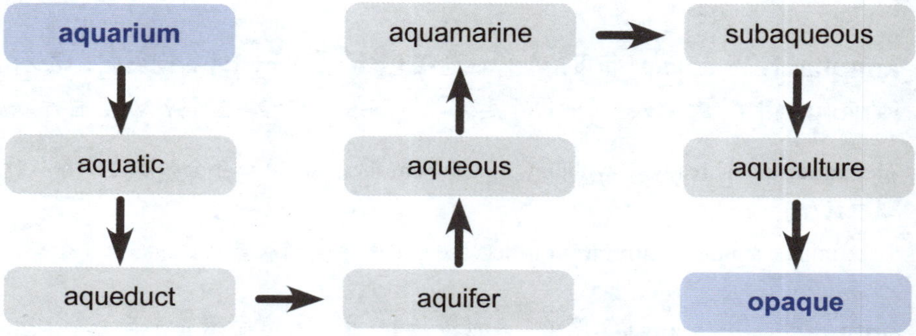

aquarium
[ə'kweərɪəm]

aqu(水) + **arium**(名词后缀，表示"容器")→养鱼缸，水族馆

Your **aquarium** is dirty! 你的**鱼缸**太脏了！

The **aquarium** has some unusual tropical fish. **水族馆**里有一些不寻常的热带鱼。

aquatic
[ə'kwætɪk]

aqu(水) + **atic**(形容词后缀)→水中的，水生的

The beautiful beaches are good for **aquatic** sports. 美丽的海滩适合**水上**运动。

The small pond can support many **aquatic** plants. 这个小池塘可以养很多**水生**植物。

aqueduct
['ækwɪdʌkt]

aqu(水) + **e**(连接) + **duct**(引导)→引导水的工具→水渠，沟渠，引水渠

The villagers are digging an **aqueduct** for conveying water. 村民们正在挖引**水渠**。

The **aqueduct** is completed. **引水渠**已完工。

aquifer ['ækwɪfə(r)]	**aqu**(水)+**i**(连接)+**fer**(拿着)→含水层，地下蓄水层

Extraction of water depends on two properties of the **aquifer**. 水的开采取决于**含水层**的两个性质。

The **aquifer** was pronounced dry. 这个**地下蓄水层**已被宣告枯竭。

aqueous ['eɪkwɪəs]	**aqu**(水)+**e**(连接)+**ous**(形容词后缀，表示“多”)→水般的，含水的

He flashes his **aqueous** blue eyes. 他眨巴着那双**水汪汪的**蓝眼睛。

This is an **aqueous** solution containing various sodium salts. 这是一种含各种钠盐的**水**溶液。

aquamarine [ˌækwəmə'riːn]	**aqu**(水)+**a**(连接)+**marine**(大海)→海蓝宝石，海蓝色；浅蓝色的

A necklace set with **aquamarines**. 项链镶嵌着**海蓝宝石**。

This is the first time that I have seen the warm **aquamarine** seas and white beaches. 这是我第一次看到这种暖洋洋的**浅蓝色的**海面和白色沙滩。

subaqueous [sʌb'eɪkwɪəs]	**sub**(底下)+**aqu**(水)+**e**(连接)+**ous**(形容词后缀)→水中的，水中形成的

Subaqueous deposition extended the shoreline an additional 40 meters. **水下**沉积使海岸线多延伸了 40 米。

These characteristics may be important in studying **subaqueous** eruption. 这些特征对研究**水下**火山喷发意义重大。

aquiculture ['ækwəˌkʌltʃə]	**aqu**(水)+**i**(连接)+**cult**(耕种)+**ure**(名词后缀)→水产养殖

Aquiculture already made the biggest industry of the province. **水产养殖**已成为该省的第一大产业。

The invention belongs to the technical field of **aquiculture**. 该发明属于**水产养殖**技术领域。

opaque [əʊ'peɪk]	**op**(否定前缀)+**aqu**(水)+**e**(形容词后缀)→不像水那样透明→不透明的，难懂的

You can use **opaque** glass to block a street view. 你可以使用**不透明**玻璃挡住外面的街景。

The jargon in his talk was **opaque** to me. 对我而言，他谈话中使用的行话**晦涩难懂**。

avi/au 鸟

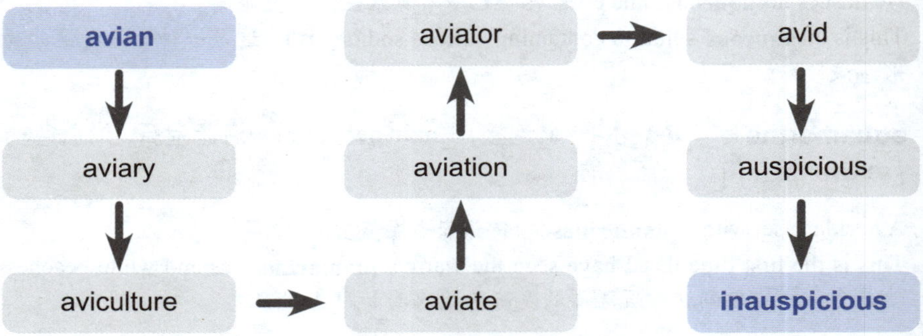

avian ['eɪvɪən]	**avi**(鸟) + **an**(形容词后缀)→鸟的，鸟类的

Hypotheses regarding **avian** evolution are diverse. 关于**鸟类**进化的假说多种多样。

He is an expert in **avian** studies. 他是**鸟类**研究的专家。

aviary ['eɪvɪərɪ]	**avi**(鸟) + **ary**(名词后缀，表示“地点”)→鸟类饲养场，大型鸟舍

The bird may have escaped through an **aviary**. 那只鸟可能是从**鸟类饲养场**逃出去的。

There are many different kinds of birds in the **aviary**. **鸟舍**里有很多不同种类的鸟。

aviculture ['eɪvɪkʌltʃə(r)]	**avi**(鸟) + **cult**(耕种) + **ure**(名词后缀)→养鸟，鸟类饲养

Can you recommend books about pet birds and **aviculture**? 你能推荐一些关于宠物鸟和**养鸟**的书吗？

He lacks experience in **aviculture**. 他缺乏**养鸟**的经验。

aviate ['eɪvɪˌeɪt]	**avi**（鸟）+ **ate**（动词后缀）→飞行，驾驶飞机

There are fewer opportunities to **aviate** in winter. 冬季**驾驶**飞机的机会较少。
Aviate your plane in the sky. **驾驶**你的飞机在天空翱翔。

aviation [ˌeɪvɪ'eɪʃn]	**avi**（鸟）+ **ation**（名词后缀）→航空

The **civil aviation** minister ordered all the planes to be grounded. 该**民航**部长命令所有飞机不得起飞。
The man made his mark in the **aviation** world. 那位男士在**航空**界已经成名。

aviator ['eɪvɪeɪtə(r)]	**avi**（鸟）+ **ator**（名词后缀，表示"人"）→飞行员，飞机驾驶员

I do want a pair of **aviator** sunglasses. 我真的想要一副**飞行员**墨镜。
Scottish **aviator** made the first trans-Atlantic solo flight. 苏格兰**飞行员**首次单人驾机飞越大西洋。

avid ['ævɪd]	**avi**（鸟）+ **d**（形容词后缀）→像鸟一样自由飞翔→热心的，热衷的，渴望的

TV offers **avid** viewers the chance to watch all day long. 电视为**热衷的**观众提供整天观看的机会。
She has taken an **avid** interest in reading this book. 她对阅读这本书**入了迷**。

auspicious [ɔː'spɪʃəs]	**au**（鸟）+ **spic**（看）+ **ious**（形容词后缀）→鸟代表幸运，看到了鸟→吉利的，吉祥的

May you have an **auspicious** start to the new school year! 祝福你新学年**开门红**！
His career had an **auspicious** start after graduation. 刚一毕业，他的职业生涯就开了个**好头**。

inauspicious [ˌɪnɔː'spɪʃəs]	**in**（否定前缀）+ **au**（鸟）+ **spic**（看）+ **ious**（形容词后缀）→预示前景黯淡的；不祥的，不吉利的

The meeting got off to an **inauspicious** start when he was late. 他迟到了，会议一开始就**不顺利**。
It's an **inauspicious** start. 这是一个**不吉利的**开头。

bat 打

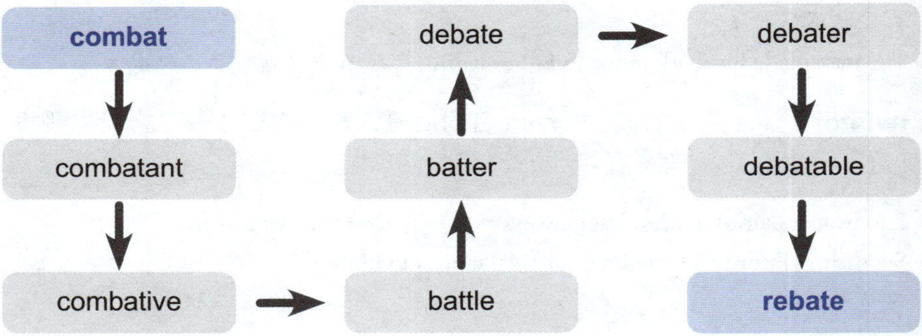

combat ['kɒmbæt]	**com**（共同）+ **bat**（打）→战斗，格斗

He was killed in **combat**. 他在**战斗**中牺牲了。

The nation will **combat** all invaders. 这个民族将同所有的入侵者**战斗**。

combatant ['kɒmbətənt]	**com**（共同）+ **bat**（打）+ **ant**（名词、形容词后缀）→参战者，战士；战斗的，参战的

The **combatants** in the region were forced to retreat. 该地区的**参战者**被迫撤退。

They come from the **combatant** nations. 他们来自各**参战的**国家。

combative ['kɒmbətɪv]	**com**（共同）+ **bat**（打）+ **ive**（形容词后缀）→好战的，好斗的

They are always **in a combative mood**. 他们总是**斗志昂扬**。

The most savage **combative** instincts are aroused. 最凶残的**好斗**本能被激发出来了。

battle ['bætl]	**bat**（打）+ **tle**（名词、动词后缀）→战役，战斗；与……作战，和……作斗争

The **battle** had reached a crucial juncture. **战斗**已到了关键时刻。

He **battled** cancer for four years. 他**同**癌症**作**了四年**斗争**。

batter ['bætə(r)]	**bat**（打）+ **ter**（动词后缀）→连续猛击，殴打

The passengers were **battered** by flying luggage. 乘客们受到飞落的行李**连续猛击**。

He had been badly **battered** about the head and face. 他被**打**得鼻青脸肿。

debate [dɪ'beɪt]	**de**（强调）+ **bat**（打）+ **e**（名词、动词后缀）→争论，辩论

There had been much **debate** on the issue of childcare. 人们对儿童保育问题**议论**纷纷。

The question is still hotly **debated** by scientists. 科学家对这个问题仍进行着激烈**辩论**。

debater [dɪ'beɪtə(r)]	**de**（强调）+ **bat**（打）+ **er**（名词后缀，表示"人"）→参加讨论者，争论者；辩论家

They are skilled **debaters**. 他们是娴熟的**辩论家**。

The **debater** countered with another argument. 这个**争论者**提出另一个论点进行反驳。

debatable [dɪ'beɪtəbl]	**de**（强调）+ **bat**（打）+ **able**（形容词后缀，表示"能够，可以"）→可争辩的，有争议的

That is an endlessly **debatable** question. 这是个**争论**永无休止的问题。

Immigration is a **debatable** issue in many countries. 移民在很多国家都是一个**有争议的**问题。

rebate ['riːbeɪt]	**re**（返回）+ **bat**（打）+ **e**（名词后缀）→把东西返回去→折扣，退款

Buyers are offered a cash **rebate**. 购买者享受现金**折扣**。

The company will guarantee its customers a **rebate**. 公司将保证其用户得到**退款**。

cad/cas 降落，降临

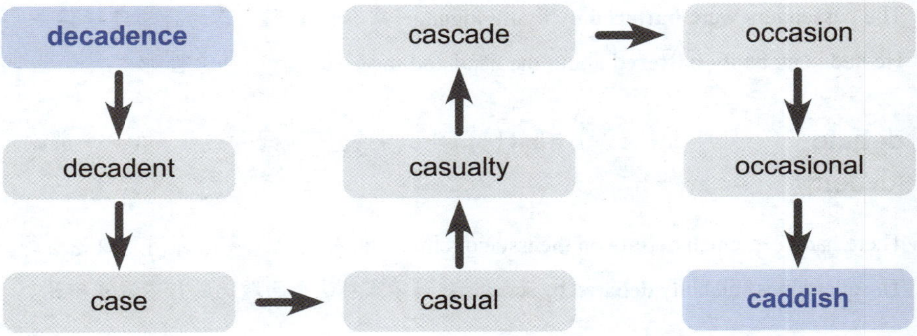

decadence ['dekədəns]	**de**(向下)＋**cad**(降落，降临)＋**ence**(名词后缀)→堕落，衰落

Eating like that every night is sheer **decadence**. 每天晚上那样吃东西简直是**堕落**。

The empire had been falling into **decadence**. 帝国已经陷入**衰落**。

decadent ['dekədənt]	**de**(向下)＋**cad**(降落，降临)＋**ent**(形容词后缀)→堕落的，颓废的

I feel a revulsion against their **decadent** lifestyle. 我对他们那**堕落的**生活方式感到厌恶。

Don't let **decadent** ideas eat into yourselves. 不要让**颓废的**思想侵蚀你自己。

case [keɪs]	**cas**(降落，降临)＋**e**(名词后缀)→掉下来东西就是出事了→事实，案件

It is absolutely the **case** that hospital conditions are improving. 医院条件得到改善的情况确实是**事实**。

A very interesting **case** has come to my notice. 我注意到一个非常有趣的**案件**。

casual ['kæʒʊəl]	**cas**（降落，降临）+ **ual**（形容词后缀）→随意掉下来的→非正式的，偶然的

I was wrong about it being a **casual** meeting. 我错认为那是一次**非正式的**会面。

The disease is spread by **casual** contact. 这种疾病是通过**偶然**接触传播的。

casualty ['kæʒʊəltɪ]	**cas**（降落，降临）+ **ual**（形容词后缀）+ **ty**（名词后缀）→生命都陨落了→遇难者，受害者

Both sides had suffered **heavy casualties**. 双方都**伤亡惨重**。

The car industry has been one of the greatest **casualties** of the recession. 汽车工业是经济不景气最大的**受害者**之一。

cascade [kæ'skeɪd]	**cas**（降落，降临）+ **cad**（降落，降临）+ **e**（动词后缀）→倾泻，如瀑布般落下

Water **cascaded** down the mountainside. 水从山腰**倾泻**而下。

Blonde hair **cascaded** over her shoulders. 她的金发**像瀑布似的披落**在肩头。

occasion [ə'keɪʒn]	**oc**（强调）+ **cas**（降落，降临）+ **ion**（名词后缀）→一次次降临的事情→某次，（某事发生的）时候，特别的仪式、庆典

I've met him on several **occasions**. 我曾见过他几**次**。

They marked the **occasion** with a big party. 他们举办大型派对来庆祝这个**特别的时刻**。

occasional [ə'keɪʒənl]	**oc**（强调）+ **cas**（降落，降临）+ **ion**（名词后缀）+ **al**（形容词后缀）→时不时掉下来的→偶尔的，临时的

I enjoy the **occasional** glass of wine. 我喜欢**偶尔**喝一杯葡萄酒。

He works for us on an **occasional** basis. 他在我们这里做**临时**工。

caddish ['kædɪʃ]	**cad**（降落，降临）+ **dish**（形容词后缀）→下流的，卑鄙的

I felt a shame of your **caddish** behavior. 我为你的**下流**行为感到羞耻。

The team leader has acted in a **caddish** manner. 那位团队领导的手段很**卑鄙**。

ce(e)d/cess 走

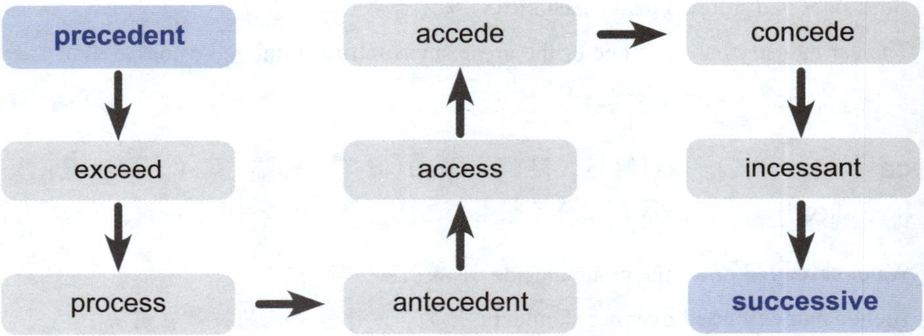

precedent ['presɪdənt]	**pre**(前)+**ced**(走)+**ent**(名词后缀)→之前走来的事物→先例，前例

They were determined to break from **precedent**. 他们决心打破**先例**。

This decision creates a dangerous **precedent**. 这个决定开创了一个危险的**先例**。

exceed [ɪk'siːd]	**ex**(出)+**ceed**(走)→走出去了→超过，超出

The price will not **exceed** $200. 价格不会**超过**200美元。

His performance **exceeded** all expectations. 他的表演**超出**了所有人的期待。

process ['prəʊses]	**pro**(向前)+**cess**(走)→向前走→流程，过程

The production **process** is to be streamlined. 生产**流程**还需改进。

Applying for jobs can be a long and painful **process**. 求职可能是一个漫长而又艰难的**过程**。

antecedent [ˌæntɪˈsiːdnt]	**ante**（之前，早于）+ **ced**（走）+ **ent**（形容词后缀）→先前的

That's the **antecedent** events that prompt me to diet. 那就是促使我节食的**先前**事件。

Those were events **antecedent** to the revolution. 那些都是革命**前的**事了。

access [ˈækses]	**ac**（强调）+ **cess**（走）→一直走→通道；到达，进入

Does the hotel have wheelchair **access**? 这家旅馆有轮椅**通道**吗？

The loft can be **accessed** by a ladder. 搭梯子可以**到达**阁楼。

accede [əkˈsiːd]	**ac**（强调）+ **ced**（走）+ **e**（动词后缀）→一直跟着走→同意，答应

He **acceded** to demands for his resignation. 他**同意**要他辞职的要求。

Why he didn't **accede** to our demands at the outset? 为什么他一开始不**答应**我们的请求？

concede [kənˈsiːd]	**con**（全部）+ **ced**（走）+ **e**（动词后缀）→全都走过来→承认

He reluctantly **conceded** me the point. 他不情愿地向我**承认**了这一点。

Injury forced her to **concede** defeat. 由于伤病，她被迫**承认**失败了。

incessant [ɪnˈsesnt]	**in**（里面）+ **cess**（走）+ **ant**（形容词后缀）→一直往里走→不停的，持续不断的

Incessant rain made conditions almost intolerable. **阴雨绵绵**让情况几乎无法忍受。

The noise of bombs and guns was **incessant**. 爆炸声和枪击声**接连不断**。

successive [səkˈsesɪv]	**suc**（底下）+ **cess**（走）+ **ive**（形容词后缀）→从底下一直走来→连续的，相继的

This was their third **successive** win. 这是他们**连续**第三次获胜。

Successive governments have tried to tackle the problem. **历届**政府都试图解决这个问题。

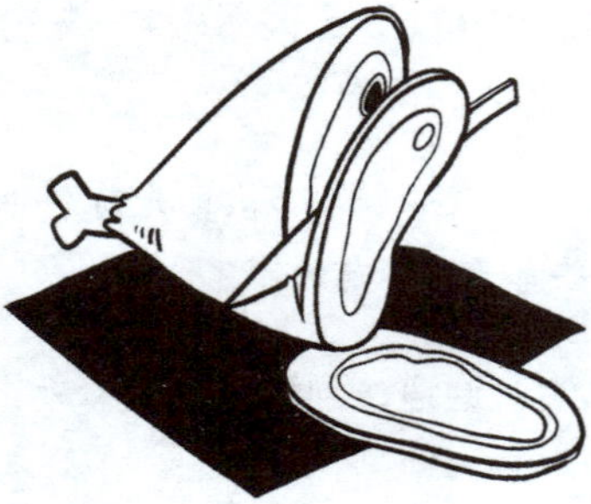

cid/cis 切，杀

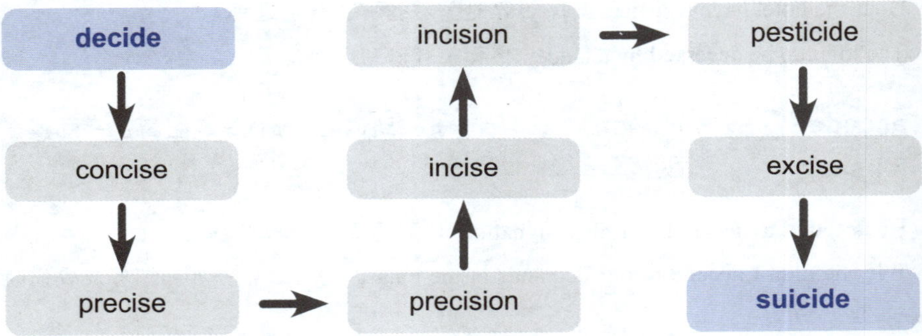

decide [dɪ'saɪd]	**de**（强调）+ **cid**（切，杀）+ **e**（动词后缀）→一下子就切下去→断定，决定

He **decided** Tom must be suffering from a bad cold. 他**断定**汤姆肯定是得了重感冒。

Before I **decide**, I need time to reflect. 在**决定**之前，我需要时间考虑一下。

concise [kən'saɪs]	**con**（全部）+ **cis**（切，杀）+ **e**（形容词后缀）→全都切下来→简洁的，简明的

The text is **concise** and informative. 该文章文字**简洁**、内容丰富。

The explanation in this dictionary is **concise**. 这本字典里的解释**简明扼要**。

precise [prɪ'saɪs]	**pre**（前）+ **cis**（切，杀）+ **e**（形容词后缀）→提前就知道往哪儿切→精确的，准确的

The shelf is 68cm, to be **precise**. **精确**地说，架子的长度是68厘米。

She gave me clear and **precise** directions. 她给了我清晰而**准确的**指示。

precision [prɪ'sɪʒn]	**pre**(前)+**cis**(切，杀)+**ion**(名词后缀)→精确，准确

Historians can't estimate the date with any **precision**. 历史学家无法**准确**估算这个日期。

The choir sang with **precision**. 合唱团的演唱**准确无误**。

incise [ɪn'saɪz]	**in**(里面)+**cis**(切，杀)+**e**(动词后缀)→切开，雕刻

The wound was **incised** and drained. 伤口被**切开**并做了引流。

After the surface is polished, a design is **incised**. 表面抛光后，**刻**上一个图案。

incision [ɪn'sɪʒn]	**in**(里面)+**cis**(切，杀)+**ion**(名词后缀)→雕刻出来的标识，手术的切口

There is a block of marble decorated with **incisions**. 这里有一大块装饰有**雕刻图案**的大理石。

Make a small **incision** below the ribs. 在肋骨下方**切开**一个小**口**。

pesticide ['pestɪsaɪd]	**pest**(昆虫)+**i**(连接)+**cid**(切，杀)+**e**(名词后缀)→杀虫子的东西→杀虫剂

Samples of the water contained **pesticide**. 水样中含有**杀虫剂**。

The crops are regularly sprayed with **pesticide**. 庄稼定期喷洒**杀虫剂**。

excise [ɪk'saɪz]	**ex**(出)+**cis**(切，杀)+**e**(动词后缀)→切出去了→切除，删除

The **excised** tissue will be tested during operation. 手术过程中**切除**的组织将被拿去化验。

Certain passages were **excised** from the book. 书中某些段落已被**删去**。

suicide ['suːɪsaɪd]	**sui**(自己)+**cid**(切，杀)+**e**(名词、形容词后缀)→自杀；自杀的

This is a case of attempted **suicide**. 这是一个**自杀**未遂的案子。

Her **suicide** attempt was really a cry for help. 她企图**自杀**实际上表明她迫切需要帮助。

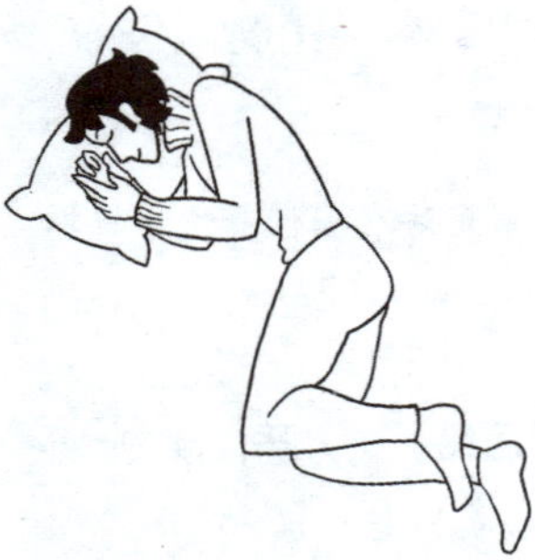

cu(m)b 躺，卧

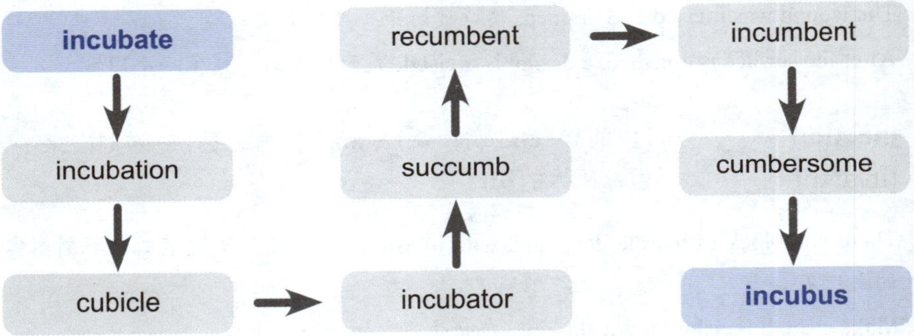

incubate ['ɪŋkjʊbeɪt]	**in**（里面）+ **cub**（躺，卧）+ **ate**（动词后缀）→孵化，培养

They lay eggs that **incubate** through the winter. 它们产下卵，要**孵化**整个冬天。
He **incubated** germs in a laboratory. 他在实验室中**培养**细菌。

incubation [ˌɪŋkjʊ'beɪʃn]	**in**（里面）+ **cub**（躺，卧）+ **ation**（名词后缀）→孵化，（传染病的）潜伏（期）

The chick hatches after a month's **incubation**. 经过一个月的**孵化**，小鸡破壳而出。
The **incubation period** usually is 8 to 14 days. **潜伏期**通常为 8~14 天。

cubicle ['kjuːbɪkl]	**cub**（躺，卧）+ **icle**（名词后缀，表示"小"）→小房间，隔间

The dormitory has a separate shower **cubicle**. 这个宿舍带独立的淋浴**间**。
She studies in a **cubicle** in the school library. 她在学校图书馆的**小自习室**里学习。

incubator ['ɪŋkjʊbeɪtə(r)]	**in**（里面）+ **cub**（躺，卧）+ **ator**（名词后缀，表示"工具"）→孵化器，恒温箱

The infant was taken to a hospital, where an **incubator** and expert care were available. 婴儿被送进了医院，在那里有**恒温箱**而且能得到专家护理。

This is a famous Technology Business **Incubator**. 这是一个著名的科技企业**孵化器**。

succumb [sə'kʌm]	**suc**(底下)+**cumb**(躺，卧)→躺下了→经不起，屈从，抵挡不住

Don't **succumb** to any temptation! 不要**经不住**任何诱惑！

His career was cut short when he **succumbed** to cancer. 他的事业随着他**抵挡不住**癌症而中断。

recumbent [rɪ'kʌmbənt]	**re**(一次次)+**cumb**(躺，卧)+**ent**(形容词后缀)→躺着的，躺倒的

He looked down at the **recumbent** figure. 他低头看**躺着的**那个人。

She looked at the **recumbent** form beside her. 她看着身边**躺着的**身影。

incumbent [ɪn'kʌmbənt]	**in**(里面)+**cumb**(躺，卧)+**ent**(形容词后缀)→躺在那里占着位置→在职的，必须履行的，义不容辞的

He is the **incumbent** president. 他是**现任**总统。

It is **incumbent** upon all of us to make an extra effort. 我们所有人都要**义不容辞**地加倍努力。

cumbersome ['kʌmbəsəm]	**cumb**(躺，卧)+**er**(名词后缀)+**some**(形容词后缀)→经常躺着不运动→大而笨重的，复杂累赘的

Although the machine looks **cumbersome**, it is actually easy to use. 尽管这台机器看上去很**笨重**，操作起来却很容易。

The organization changed its **cumbersome** title to something easier to remember. 这家机构把它那**复杂累赘的**名称改得好记一些了。

incubus ['ɪŋkjʊbəs]	**in**(里面)+**cub**(躺，卧)+**us**(名词后缀)→躺着睡觉时做的噩梦→噩梦，沉重的压力，巨大的精神负担

Doing so much more housework is totally an **incubus** to me! 每天做这么多家务，对我来讲简直就是个**噩梦**！

Unfortunately, these apparent advantages have turned into an **incubus**. 不幸的是，这些明显的优势变成了一种**精神负担**。

cur 关心，担心

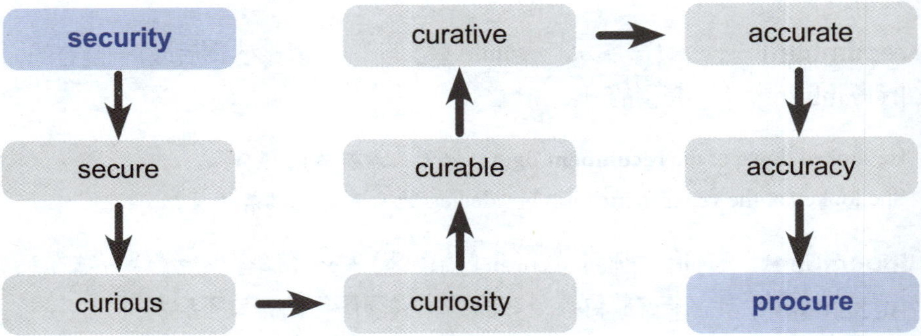

security [sɪ'kjʊərətɪ]	**se**（分开）+ **cur**（关心，担心）+ **ity**（名词后缀）→不用再为此担心了→保证，安全

Job security is a thing of the past. **稳定的工作**是过去的事了。

I'll undertake for your **security**. 我将保证你的**安全**。

secure [sɪ'kjʊə(r)]	**se**（分开）+ **cur**（关心，担心）+ **e**（形容词后缀）→安全的，稳定的

Double-check that the ladder is **secure**. 再检查一下梯子是否**安全**。

Giving up a **secure** job seems to be silly. 放弃一份**稳定的**工作似乎很愚蠢。

curious ['kjʊərɪəs]	**cur**（关心，担心）+ **ious**（形容词后缀，表示"多"）→什么事情都很关心→求知欲强的，好奇的

He is such a **curious** boy, always asking questions. 他是个**求知欲很强的**孩子，总是爱提问。

The boy was **curious** about everything he saw. 那男孩对所见的一切都感到**好奇**。

curiosity [ˌkjʊəriˈɒsəti]	**cur**（关心，担心）+ **ios**（形容词后缀）+ **ity**（名词后缀，表示“性质”）→好奇心，求知欲

My **curiosity** was aroused by the mysterious phone call. 那个神秘的电话引起了我的**好奇心**。

Children show **curiosity** about everything. 儿童对一切事物都显露出**好奇心**。

curable [ˈkjʊərəbl]	**cur**（关心，担心）+ **able**（形容词后缀，表示“能够”）→医生还能来关心→能治愈的，可医治的

Most skin cancers are completely **curable**. 大多数的皮肤癌是完全**可以治愈的**。

I hear from an authority that this disease is **curable**. 我听一位权威人士说，这种病**能治好**。

curative [ˈkjʊərətɪv]	**cur**（关心，担心）+ **ative**（形容词后缀）→有疗效的，可治愈的

The **curative effect** varies from person to person. **疗效**因人而异。

This is a hot spring credited with **curative** powers. 这是一个被认为**有治疗功效的**温泉。

accurate [ˈækjərət]	**ac**（强调）+ **cur**（关心）+ **ate**（形容词后缀）→每一个细节都特别关注，不能出错→正确无误的，精确的

Accurate records must be kept. 必须保存**准确的**记录。

My watch is not very **accurate**. 我的表走得不很**准**。

accuracy [ˈækjərəsɪ]	**ac**（强调）+ **cur**（关心）+ **acy**（名词后缀）→准确（性），精确（程度）

She hits the ball with great **accuracy**. 她击球十分**准确**。

He cannot vouch for the **accuracy** of the story. 他不能证明报道的**准确性**。

procure [prəˈkjʊə(r)]	**pro**（前）+ **cur**（关心）+ **e**（动词后缀）→总是提前关心→（设法）获得，得到

She managed to **procure** a ticket for the concert. 她好不容易**弄到**一张音乐会入场券。

It remained very difficult to **procure** daily necessities. 当时仍然很难**获得**日用必需品。

dit 给

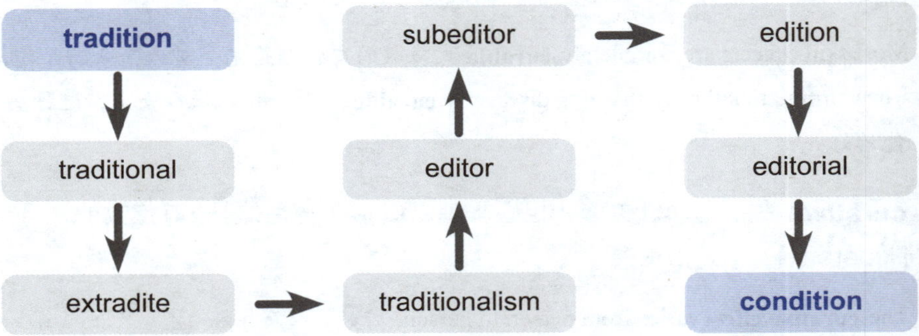

tradition [trəˈdɪʃn]	**tra**（经过，穿过）+ **dit**（给）+ **ion**（名词后缀）→经过祖辈传给晚辈的东西→传统，惯例

This was a practice sanctified by **tradition**. 这是一种合乎**传统**的做法。

This region is steeped in **tradition**. 这个地区有着深厚的**传统**。

traditional [trəˈdɪʃənl]	**tra**（经过，穿过）+ **dit**（给）+ **ion**（名词后缀）+ **al**（形容词后缀）→传统的

It's **traditional** to eat turkey on Thanksgiving Day. 感恩节时吃火鸡是一种**传统**。

Their music blends **traditional** and modern styles. 他们的音乐融合了**传统**和现代风格。

extradite [ˈekstrədaɪt]	**extra**（出去）+ **dit**（给）+ **e**（动词后缀）→向外交出（逃犯）→引渡

A judge agreed to **extradite** him to Texas. 一位法官同意将他**引渡**到得克萨斯州。

The authorities refused to **extradite** him. 当局拒绝**引渡**他。

traditionalism [trəˈdɪʃənəlɪzəm]	**tra**（经过，穿过）+ **dit**（给）+ **ion**（名词后缀）+ **al**（形容词后缀）+ **ism**（名词后缀，表示“主义”）→传统主义

It's a return of **traditionalism**. 这是一种对**传统主义**的回归。

The building's design is an interesting blend of **traditionalism** and modernism. 这幢大楼的设计有趣地集**传统主义**和现代主义于一身。

editor [ˈedɪtə(r)]	**e**（出来）+ **dit**（给）+ **or**（名词后缀，表示“人”）→把东西给写出来→主编，编辑

Her father was the former **editor** of the magazine. 她父亲是该杂志的前任**主编**。

The **editor** struck out the whole paragraph. **编辑**把整段全部删去了。

subeditor [ˌsʌbˈedɪtə(r)]	**sub**（副的）+ **e**（出来）+ **dit**（给）+ **or**（名词后缀，表示“人”）→副主编，助理编辑

The author also holds the post of special **subeditor**. 该作者还担任着特约**副主编**。

Sam worked as a **subeditor**. 萨姆是一名**助理编辑**。

edition [ɪˈdɪʃn]	**e**（出来）+ **dit**（给）+ **ion**（名词后缀）→版次，版本

The dictionary is now in its seventh **edition**. 本词典现在是第七**版**。

More readers choose the digital over the print **edition**. 更多的读者选择电子**版**而不是印刷**版**。

editorial [ˌedɪˈtɔːrɪəl]	**e**（出来）+ **dit**（给）+ **or**（形容词、名词后缀）+ **ial**（形容词、名词后缀）→编辑的；社论

I was promoted **editorial director**. 我被晋升为**编辑部主任**。

The **editorial** contained several factual errors. 这篇**社论**有几处事实性错误。

condition [kənˈdɪʃn]	**con**（全部）+ **dit**（给）+ **ion**（名词后缀）→全都给出要求→条件，健康状况

I'll accept your offer on one **condition**. 答应我一个**条件**，我就接受你的提议。

You are in no **condition** to go anywhere. 你的**身体状况**太差，不宜去任何地方。

doc(t) 教

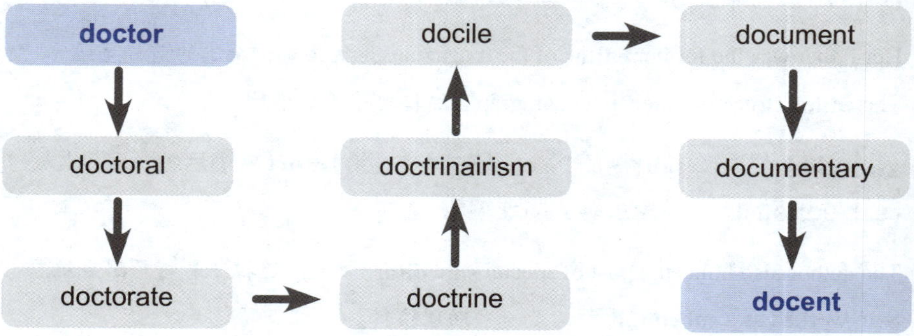

doctor ['dɒktə(r)]	**doct**（教）+ **or**（名词后缀，表示“人”）→能教别人的人→博士，医生

He is a **doctor** of philosophy. 他是一位哲学**博士**。

She later became a **doctor**. 她后来当了**医生**。

doctoral ['dɒktərəl]	**doct**（教）+ **or**（名词后缀，表示“人”）+ **al**（形容词后缀）→博士学位的，博士的

Have you finished your **doctoral** thesis? 你完成**博士学位**论文了吗？

I want to seek a chance to do my **doctoral** study here. 我想寻找机会在这里攻读**博士**。

doctorate ['dɒktərət]	**doct**（教）+ **or**（名词后缀，表示“人”）+ **ate**（名词后缀，表示“状态”）→博士学位，博士头衔

She's studying for her **doctorate**. 她正在攻读**博士学位**。

He earned his **doctorate** in philosophy. 他获得了哲学**博士**学位。

doctrine ['dɒktrɪn]	**doct**(教) + **rine**(名词后缀)→学说，信条

Within a few decades, his views became official medical **doctrine**. 就在数十年里，他的观点成了官方的医学**学说**。

The **doctrine** is unchangeable. 这一**信条**不容改变。

doctrinairism [ˌdɒktrɪ'neərɪzəm]	**doct**(教) + **rin**(名词后缀) + **airism**(名词后缀，表示"主义")→教条主义，空谈理论

This **doctrinairism** is not scientific. 这种**空谈理论**很不科学。

Many writers at this time held rigid **doctrinairism**. 这一时期许多作家刻板地固守**教条主义**。

docile ['dəʊsaɪl]	**doc**(教) + **ile**(形容词后缀，表示"容易，易于")→特别容易教导的→顺从的，听话的

She was just blindly loyal and **docile**. 她只是盲目地忠诚和**顺从**。

No, they will not be as **docile** as that. 不，他们不会那么容易**听话的**。

document ['dɒkjʊmənt]	**doc**(教) + **u**(连接) + **ment**(名词后缀)→能够教给别人的东西，都是很书面的、很严谨的文字→文件，(计算机)文档

The **document** bore her signature. **文件**上有她的签字。

Save the **document** before closing. 在关闭**文档**前存盘。

documentary [ˌdɒkjʊ'mentrɪ]	**doc**(教) + **u**(连接) + **ment**(名词后缀) + **ary**(形容词、名词后缀)→书面的；纪录片

Let me show more **documentary** evidence. 让我举出更多的**书面**证据。

The **documentary** will premiere at the Film Festival. 那部**纪录片**将在电影节上首映。

docent ['dəʊsnt]	**doc**(教) + **ent**(名词后缀，表示"人")→讲师，(博物馆等场所的)讲解员

The **docent** pointed out the research direction in future. 该**讲师**指出了未来的研究方向。

Do you need a **docent** while visit? 你们在参观时需要一位**讲解员**吗？

don 给

pardon → pardoner → pardonable → donor → donate → donation → donee → donative → condone

pardon ['pɑːdn]	**par**(全部) + **don**(给)→全都给出去了，不计较了→赦免，原谅

He was **pardoned** for his crime. 他的罪行得到了**赦免**。

I must crave your **pardon**. 我必须恳求您**原谅**。

pardoner ['pɑːd(ə)nə(r)]	**par**(全部) + **don**(给) + **er**(名词后缀)→宽恕的人，原谅者

The public pushes itself into the position of **pardoner**. 公众把自己推到了**赦免者**的位置。

Lincoln was a serial **pardoner**. 林肯一直**慈悲为怀**。

pardonable ['pɑːdnəbl]	**par**(全部) + **don**(给) + **able**(形容词后缀，表示"能够")→可原谅的

What happened was surely a **pardonable** misunderstanding. 发生的事情肯定是一种**可以原谅的**误解。

Such a small mistake is **pardonable**. 这样一个小错误是**可以原谅的**。

donor ['dəʊnə(r)]	**don**(给)+**or**(名词后缀，表示"人")→给别人东西的人→捐献者，捐赠者

Doctors removed the healthy kidney from the **donor**. 医生从**捐献者**体内取出了健康的肾脏。

The **donor** prefers to remain anonymous. **捐赠者**希望不披露姓名。

donate [dəʊ'neɪt]	**don**(给)+**ate**(动词后缀)→捐赠，捐献(血、器官)

He frequently **donates** large sums to charity. 他经常向慈善机构大笔**捐**款。

All **donated** blood is tested for infections. 对所有**捐献**的血都要进行传染病病毒检测。

donation [dəʊ'neɪʃn]	**don**(给)+**ation**(名词后缀)→捐赠物，捐赠

Employees make regular **donations** to charity. 员工们定期向慈善机构**捐赠物品**。

I gave a small **donation**. 我给了一点微薄的**捐助**。

donee [dəʊ'ni:]	**don**(给)+**ee**(名词后缀，表示"承受者")→被给予的人→受赠者

Limiting the annual gift amount to $500 per **donee**. 将年度赠品限制在每位**受赠者**500 美元。

The holders and **donees** are anxious to see the job done. 持有人和**受赠人**都急于看到这项工作被完成。

donative ['dəʊnətɪv]	**don**(给)+**ative**(名词后缀)→礼物，捐赠

The bonus isn't corporate **donative** but a recompense for her performance. 这笔奖金不是公司**捐赠**，而是她业绩的回报。

The support of the military was bought with a large **donative**. 军方的支持是通过一大笔**捐赠**换来的。

condone [kən'dəʊn]	**con**(全部)+**don**(给)+**e**(动词后缀)→宽恕，容忍，纵容

Terrorism can never be **condoned**. 决不能**容忍**恐怖主义。

I have never encouraged nor **condoned** violence. 我从来没有鼓励或**纵容**过暴力行为。

duc(t) 引导

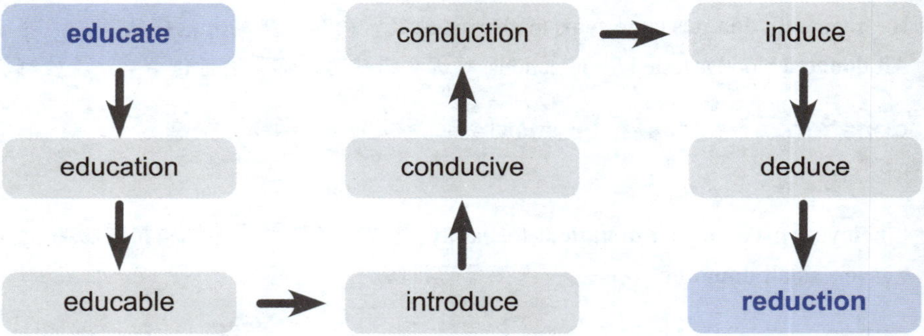

educate ['edʒʊkeɪt]	**e**(出) + **duc**(引导) + **ate**(动词后缀)→把人从无知状态引导出来→培养，教育

The object is to **educate** people to conserve water. 目的就是**培养**人们节约用水。

It is not easy to **educate** teenagers. **教育**青少年不是件容易的事。

education [ˌedʒʊ'keɪʃn]	**e**(出) + **duc**(引导) + **ation**(名词后缀)→教育，培养

Education is a top priority. **教育**是当务之急。

Communities can offer better health **education**. 社区可以提供更好的健康**教育**。

educable ['edʒʊkəb(ə)l]	**e**(出) + **duc**(引导) + **able**(形容词后缀，表示"可以")→可教育的

The commission that puts these things together can prove **educable**. 把这些事情放在一起的委员会可以证明是**可教育的**。

He held that all men were **educable**. 他认为所有的人都是**可教育的**。

introduce [ˌɪntrə'djuːs]	**intro**（里面）+ **duc**（引导）+ **e**（动词后缀）→引导进来→引进，介绍

The company **introduced** a new system for management. 该公司**引进**了一项新的管理制度。

He **introduced** himself. 他做了自我**介绍**。

conducive [kən'djuːsɪv]	**con**（全部）+ **duc**（引导）+ **ive**（形容词后缀）→全都引导过来→有助的，有利的

Chairs arranged in a circle are more **conducive** to discussion. 椅子摆放成圆形更**有助于**讨论。

Make your bedroom as **conducive** to sleep as possible. 把你的卧室尽可能地布置得**有利于**睡眠。

conduction [kən'dʌkʃn]	**con**（全部）+ **duct**（引导）+ **ion**（名词后缀）→全都能引导过来→（热或电等能量的）传导

Temperature becomes uniform by heat **conduction**. 通过热**传导**温度变得一致。

Its **conduction of electricity** is the highest of any metal. 它的**导电能力**是所有金属中最强的。

induce [ɪn'djuːs]	**in**（里面）+ **duc**（引导）+ **e**（动词后缀）→把别人引导进来→劝说，导致

Many teachers were **induced** to take early retirement. 很多教师被**劝说**提前退休。

Doctors said surgery could **induce** a heart attack. 医生们说手术可能**导致**心脏病。

deduce [dɪ'djuːs]	**de**（下面）+ **duc**（引导）+ **e**（动词后缀）→向下引导出来→推论，推断

We can **deduce** a lot from what people choose to buy. 从人们选购的东西我们可以作出多方面的**推断**。

They **deduced** that the fish died because of water pollution. 他们**推断**鱼是死于水污染。

reduction [rɪ'dʌkʃn]	**re**（返回）+ **duct**（引导）+ **ion**（名词后缀）→引导回去→减少，降低

There has been some **reduction** in unemployment. 失业人数有所**减少**。

The laws have led to a **reduction** in fuel consumption. 这些法律已导致燃料消耗的**降低**。

ego 我

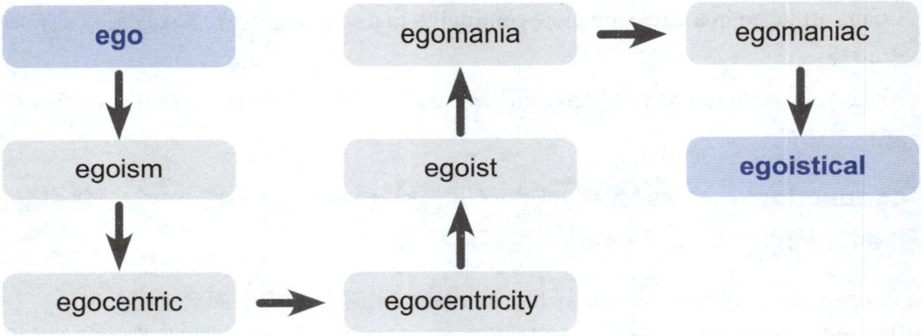

ego ['iːgəʊ]	**ego**（我）→自我，自我价值感，自负

He had a massive **ego**. 他有极强的**自我价值感**。

She was a prisoner of her own **ego**. 她被自己的**自负**所束缚。

egoism ['iːgəʊɪzəm]	**ego**（我）+**ism**（名词后缀，表示“主义”）→只想着自己→利己主义，自我主义

Egoism is an important part of human nature. **利己主义**是人性的一个重要方面。

The **egoism** of an artist sometimes seems natural. 艺术家的**自我主义**有时看起来很自然。

egocentric [ˌiːgəʊ'sentrɪk]	**ego**（我）+**centr**（中心）+**ic**（名词、形容词后缀）→以自我为中心的人；以自我为中心的，利己主义的

The book depicts him as an **egocentric**. 这本书把他描绘成一个**自我中心者**。

He is **egocentric** and never considers others. 他是个**以自我为中心**、从来不为别人

着想的人。

egocentricity [ˌiːɡəʊsenˈtrɪsətɪ]	**ego**（我）+ **centr**（中心）+ **ic**（形容词后缀）+ **ity**（名词后缀）→自我中心，自私自利

He has to give up his **egocentricity** and be kind to others. 他必须放弃**自私自利**，友好待人。

Empathy is the natural enemy of **egocentricity**. 同理心是**自我中心**的天敌。

egoist [ˈiːɡəʊɪst]	**ego**（我）+ **ist**（名词后缀，表示"人"）→只考虑自己利益的人→利己主义者，自我主义者

The **egoist** never gave a thought to others. **利己主义者**从不考虑别人。

He is too much of an **egoist**. 他是一个彻头彻尾的**利己主义者**。

egomania [ˌiːɡəʊˈmeɪnɪə]	**ego**（我）+ **mania**（极端的、疯狂的状态）→极端利己，自大狂

That movie star's **egomania** is on an unprecedented scale. 那个电影明星的**自大**史无前例。

The behavior is due to immaturity or pure **egomania**. 这种行为是因为不成熟抑或纯粹的**自大**。

egomaniac [ˌiːɡəʊˈmeɪnɪæk]	**ego**（我）+ **maniac**（疯狂）→只为自己疯狂→利己主义者

Adam is clever enough, but he's also an **egomaniac**. 亚当很聪明，但他也是一个利己主义者。

I never worry about he will become a **raging egomaniac**. 我从不担心他会变成一个**自大狂**。

egoistical [ˌiːɡəʊˈɪstɪkəl]	**ego**（我）+ **ist**（名词后缀，表示"人"）+ **ical**（形容词后缀）→自我中心的，利己的，自大的

I have always been aware that I am by nature self-absorbed and **egoistical**. 一直以来，我也意识到我会自然而然地只顾自己，**以自我为中心**。

Altruistic individuals are more apt to evolve than those **egoistical** individuals. 利他的个体比**利己的**个体更易于进化。

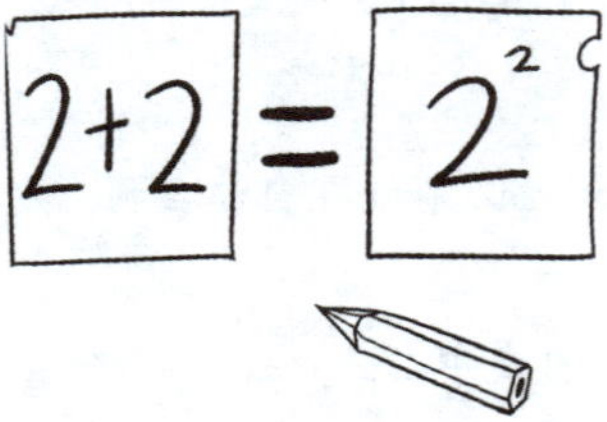

equ 相等，平均

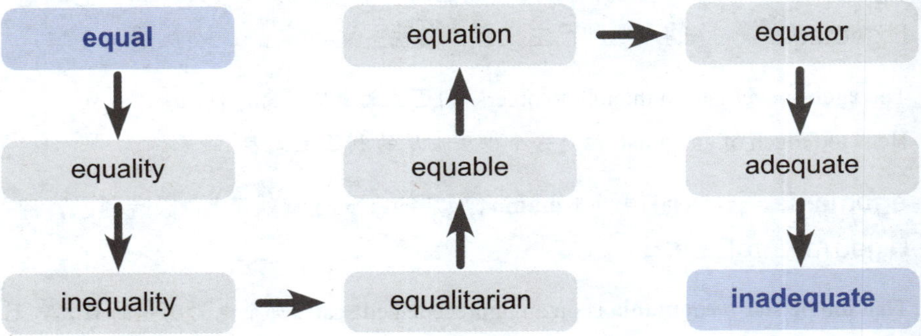

equal [ˈiːkwəl]	**equ**（相等，平均）+ **al**（形容词后缀）→相等的，平等的

Each question in the exam has **equal** weighting. 考试中每道题的分值**相等**。

We are **equal** in every way. 我们在各方面都是**平等的**。

equality [iˈkwɒlətɪ]	**equ**（相等，平均）+ **al**（形容词后缀）+ **ity**（名词后缀）→平等，均等

Don't you believe in **equality** between men and women? 难道你不相信男女**平等**吗？

He only wants freedom, justice and **equality**. 他只要自由、公正和**平等**。

inequality [ˌɪnɪˈkwɒlətɪ]	**in**（否定前缀）+ **equ**（相等，平均）+ **al**（形容词后缀）+ **ity**（名词后缀）→不平等，不平衡

People are concerned about social **inequality**. 人们对社会**不公**感到担忧。

Economic **inequality** may affect people's wellbeing. 经济**不平等**可能会影响人们的幸福感。

equalitarian [ɪˌkwɒlɪ'teərɪən]	**equ**（相等，平均）+ **al**（形容词后缀）+ **it**（的 **ity** 变体，名词后缀）+ **arian**（名词后缀）→平等主义者

He described himself as "an **egalitarian**". 他自称为"**平等主义者**"。

An **equalitarian** believes in the equality of all people. **平等主义者**相信所有人都是平等的。

equable ['ekwəbl]	**equ**（相等，平均）+ **able**（形容词后缀，表示"能够"）→能让状态一直保持→稳定的，性情温和的

An **equable** climate is good for nurturing life. **稳定的**气候有助于孕育生命。

He was a man of the most **equable** temper. 他是个**性情很温和的**人。

equation [ɪ'kweɪʒn]	**equ**（相等，平均）+ **ation**（名词后缀，表示"状态"）→等式，等同看待

X and Y in the **equation** are both unknowns. **等式**中的 X 和 Y 都是未知数。

The **equation** of wealth with happiness can be dangerous. 把财富与幸福**等同起来**可能是危险的。

equator [ɪ'kweɪtə(r)]	**equ**（相等，平均）+ **ator**（名词后缀）→赤道

To the north of the **equator** these are called north-easterlies. 在**赤道**以北，这些被称为东北风。

He says countries closest to the **equator** will be hardest hit. 他说最靠近**赤道**的国家将受损最严重。

adequate ['ædɪkwət]	**ad**（强调）+ **equ**（相等，平均）+ **ate**（形容词后缀）→每个人都能获得相等数量的东西→足够的，充分的

The room was small but **adequate**. 房间虽小但**够用**。

I have no **adequate** preparation. 我没有**充分的**准备。

inadequate [ɪn'ædɪkwət]	**in**（否定前缀）+ **ad**（强调）+ **equ**（相等，平均）+ **ate**（形容词后缀）→不充分的，不胜任的

Supplies of food and medicines are **inadequate**. 食品和药物的供应是**不足的**。

I felt totally **inadequate** as a parent. 我觉得我作为父亲（或母亲）完全**不称职**。

err 漫游，行走

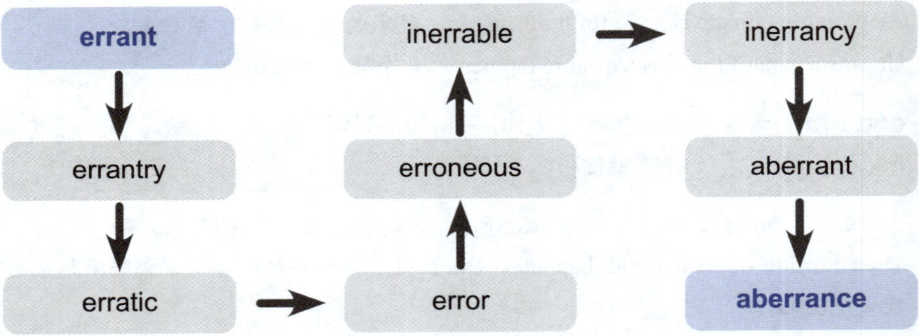

errant ['erənt]	**err**（漫游，行走）+ **ant**（形容词后缀）→走来走去的→错误的，偏离正确位置的

He could never forgive his father's **errant** ways. 他永远也无法原谅自己父亲的**错误**行为。

The enemy is afraid of being hit by an **errant** bullet. 敌人生怕被打**偏的**子弹击中。

errantry ['erəntrɪ]	**err**（漫游，行走）+ **ant**（形容词后缀）+ **ry**（名词后缀）→游侠行为，骑士精神

Novels on **errantry** spread during that period. **游侠行为**的主题小说在那个时期流传开来。

The **errantry spirit** is praised by many people. 这种**侠义精神**被很多人称颂。

erratic [ɪ'rætɪk]	**err**（漫游，行走）+ **atic**（形容词后缀）→总是走来走去的→不稳定的，难以预测的

The electricity supply here is quite **erratic**. 这里的电力供应相当**不稳定**。

This clock is rather **erratic**. 这个钟不太**准**。

error ['erə(r)]	**err**（漫游，行走）+ **or**（名词后缀）→错误，差错

The delay was due to human **error**. 延误是人为**错误**造成的。

It was an **error** on my part. 那是我的**过失**。

erroneous [ɪ'rəʊnɪəs]	**err**（漫游，行走）+ **on**（名词后缀）+ **eous**（形容词后缀）→错误的

It was an **erroneous** assumption. 这是一个**错误的**假设。

His approach is certainly **erroneous**. 他的方法必然是**错误的**。

inerrable [ɪn'erəb(ə)l]	**in**（否定前缀）+ **err**（漫游，行走）+ **able**（形容词后缀，表示"能够"）→不会漫无目的走来走去的→永远不会错的

Can you tell me some **inerrable** methods of memorizing words? 你能告诉我一些**百试百灵的**背词方法吗？

Doctors are not **inerrable**. 医生并非**永不犯错**。

inerrancy [ɪn'erənsɪ]	**in**（否定前缀）+ **err**（漫游，行走）+ **ancy**（名词后缀）→无差错，绝对正确

He is a believer in Biblical **inerrancy**. 他是一个相信圣经**无误**的人。

Not a single quality of human nature can be said to act with **inerrancy**. 人性中没有一种品质可以说是**绝对正确**的。

aberrant [ə'berənt]	**ab**（错误，坏）+ **err**（漫游，行走）+ **ant**（形容词后缀）→走错了→异常的，反常的

The **aberrant** behaviour is not unusual in zoo animals. 动物园里这种**异常**行为并不罕见。

Bill's rages and **aberrant** behaviour worsened. 比尔的盛怒和**变态**行为愈演愈烈。

aberrance [ə'berəns]	**ab**（错误，坏）+ **err**（漫游，行走）+ **ance**（名词后缀）→变异，偏离常轨

Nuclear radiation will lead to genetic **aberrance**. 核辐射会导致基因**变异**。

The operating behaviour produced **aberrance** in some degree. 这种经营行为在一定程度上产生了**偏差**。

fer 带，拿

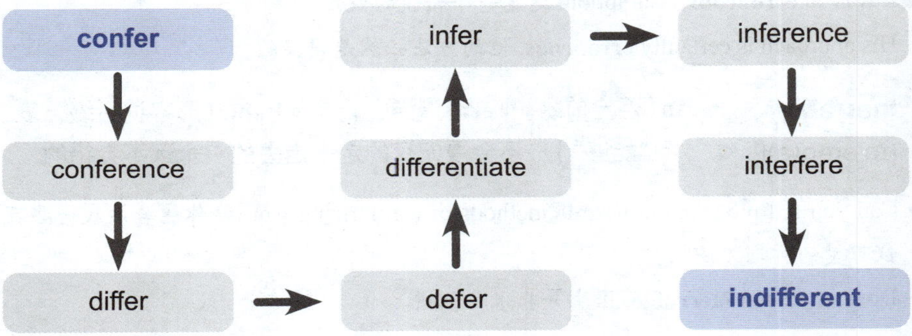

confer [kən'fɜː(r)]	**con**（全部）+ **fer**（带，拿）→全都拿到一起来→授予，商讨

An honorary degree was **conferred** on him last year. 去年他被**授予**了荣誉学位。

He wanted to **confer** with his colleagues. 他想和同事们**商量**一下。

conference ['kɒnfərəns]	**con**（全部）+ **fer**（带，拿）+ **ence**（名词后缀）→商讨，会议

He was in **conference** with his lawyers all day. 他与他的律师们**商讨**了一整天。

Paris is a good place for the **conference**. 巴黎是举行这次**会议**的理想地点。

differ ['dɪfə(r)]	**dif**（分开）+ **fer**（带，拿）→每个人都分开拿→意见有分歧，不同

I have to **differ** with you on that. 在这一点上我**不能同意**你的看法。

The regions **differ** in size, but not in kind. 这些地区大小**不同**，但类型相同。

defer [dɪ'fɜː(r)]	**de**（否定前缀）+ **fer**（带，拿）→暂时不拿了→推迟，延缓

Customers often **defer** payment for as long as possible. 顾客们经常尽可能地**推迟**付款。
She had applied for **deferred** admission to college. 她已申请**延期**入学。

differentiate [ˌdɪfə'renʃɪeɪt]	**dif**（分开）+ **fer**（带，拿）+ **ent**（形容词后缀）+ **iate**（动词后缀）→区分，认出，辨别

A botanist can **differentiate** varieties of plants. 植物学家能**区分**各种不同的植物。
At this age your baby cannot **differentiate** one person from another. 这个年龄的婴儿还不能**认**人。

infer [ɪn'fɜː(r)]	**in**（里面）+ **fer**（带，拿）→从里面拿出来→推断，暗示

Much of the meaning must be **inferred** from the context. 大部分含义必须从上下文中**推断**。
Are you **inferring** I'm not capable of doing the job? 你**言外之意**是不是我不能胜任这份工作？

inference ['ɪnfərəns]	**in**（里面）+ **fer**（带，拿）+ **ence**（名词后缀）→从里面一步步拿出来→推断的结果，推论

We should draw **inferences** from the given data. 我们应该根据指定的资料**推论出结果**。
There were two **inferences** to be drawn from her letter. 从她的来信可以得出两种**推论**。

interfere [ˌɪntə'fɪə(r)]	**inter**（中间）+ **fer**（带，拿）+ **e**（动词后缀）→从中间拿走了→干涉，干预，介入

We take the view that it would be wrong to **interfere**. 我们所持的态度是：**干涉**是错误的。
I wish my mother would stop **interfering** and let me make my own decisions. 我希望我母亲不再**干预**，让我自己拿主意。

indifferent [ɪn'dɪfrənt]	**in**（否定前缀）+ **dif**（分开）+ **fer**（带，拿）+ **ent**（形容词后缀）→不去分开拿→漠不关心的，无法区分好坏的，平庸的

People have become **indifferent** to the suffering of others. 人们已经变得对别人的痛苦**漠不关心**。
The festival has the usual mixture of movies—good, bad and **indifferent**. 电影节的影片一如既往地良莠不齐——有优秀的、低劣的和**既不好也不差的**。

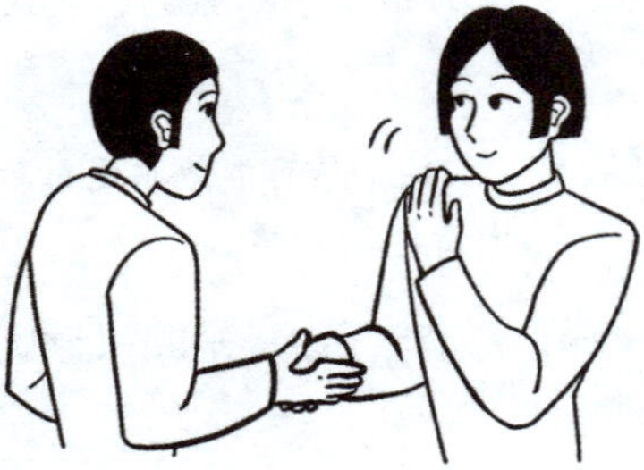

fid 相信

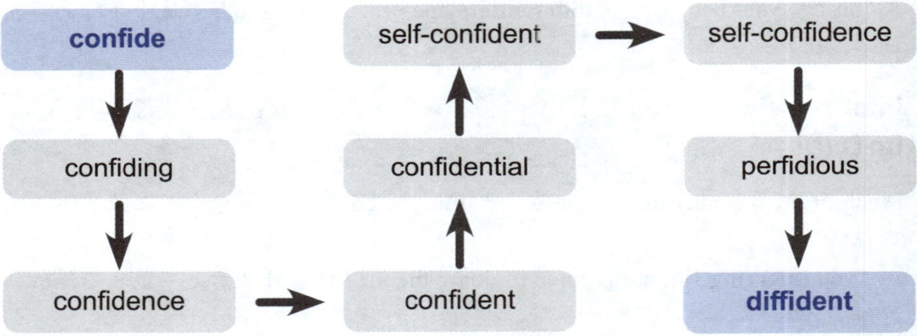

confide [kən'faɪd]

con（全部）+ **fid**（相信）+ **e**（动词后缀）→全都相信别人→倾诉，吐露

It is important to have a friend in whom we can **confide**. 有一个能**倾诉**心声的朋友是很重要的。

She **confided** to me the secret. 她向我**吐露**了那个秘密。

confiding [kən'faɪdɪŋ]

con（全部）+ **fid**（相信）+ **ing**（形容词后缀）→推心置腹的，信任的

They've developed a very **confiding** relationship over the years. 他们多年来建立了一种非常**信任的**关系。

He told me his story in a **confiding** voice. 他用**信任的**口吻告诉我他的故事。

confidence ['kɒnfɪdəns]

con（全部）+ **fid**（相信）+ **ence**（名词后缀）→信任，信心

It took me a long time to gain her **confidence**. 我花了很长的时间才赢得她的**信任**。

Confidence is the key to success. 信心是成功的关键。

confident ['kɒnfɪdənt]	**con**(全部)+**fid**(相信)+**ent**(形容词后缀)→有把握的，自信的

The team feels **confident** of winning. 这个队觉得**有把握**取胜。

I'm **confident** in the path I have chosen. 我对我自己选择的道路有绝对的**自信**。

confidential [ˌkɒnfɪ'denʃl]	**con**(全部)+**fid**(相信)+**ent**(名词后缀，表示"人")+**ial**(形容词后缀)→完全信任的人才能知道的→隐秘的，保密的

He spoke in a **confidential** tone, his voice low. 他低声用**隐秘的**语气说话。

Your medical records are strictly **confidential**. 你的病历是绝对**保密的**。

self-confident [ˌself 'kɒnfɪdənt]	**self**(自己)+**confident**(相信的)→自信的

She has now changed into a **self-confident** child. 她现在已经变成了一个**自信的**孩子。

Her **self-confident** attitude was a cover for her nervousness. 她以**自信的**态度来掩饰紧张的心情。

self-confidence [ˌself 'kɒnfɪdəns]	**self**(自己)+**confidence**(相信)→自信

He has no **self-confidence**. 他毫无**自信**。

He radiated **self-confidence** and optimism. 他显得**自信**乐观。

perfidious [pə'fɪdɪəs]	**per**(假的)+**fid**(相信)+**ious**(形容词后缀)→虚假的信任→背叛的，不忠的

Your **perfidious** gossip is dangerous. 你**背信弃义的**流言蜚语很危险。

The company was betrayed by its **perfidious** allies. 这家公司被**背信弃义的**盟友出卖了。

diffident ['dɪfɪdənt]	**dif**(分开)+**fid**(相信)+**ent**(形容词后缀)→缺乏自信的，胆怯的

He is a **diffident** youth. 他是一个**缩手缩脚的**年轻人。

She was modest and **diffident** about her own success. 她很谦虚，**不愿**谈及自己的成功。

flu 流淌

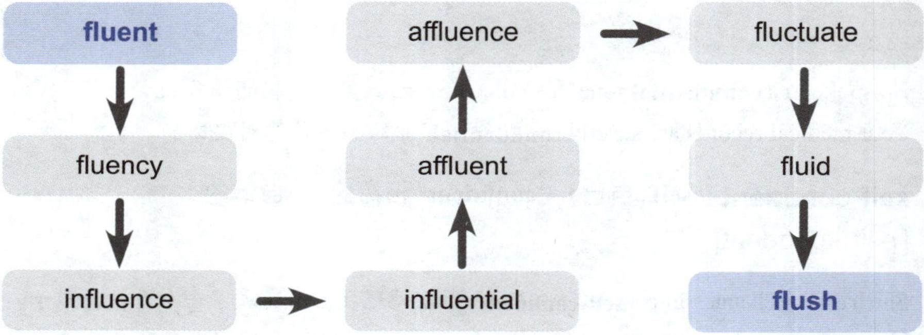

fluent ['flu:ənt]	**flu**（流淌）+ **ent**（形容词后缀）→像河水流淌一样的→优美自如的，流利的

Her style of play was fast and **fluent**. 她的动作轻快**优美**。

He speaks **fluent** Italian. 他说一口**流利的**意大利语。

fluency ['flu:ənsɪ]	**flu**（流淌）+ **ency**（名词后缀）→流畅，流利

The team lacked **fluency** during the first half. 该队在上半场打得不够**流畅**。

He speaks English and French with equal **fluency**. 他说英语和法语同样**流利**。

influence ['ɪnflʊəns]	**in**（里面）+ **flu**（流淌）+ **ence**（名词、动词后缀）→流淌进心里，就会产生影响→影响，作用；对……起作用

The artist has a major **influence** on modern painting. 该艺术家对现代绘画有着重大的**影响**。

Don't let me **influence** your decision. 不要让我**影响**你的决定。

influential [ˌɪnfluˈenʃl]	**in**（里面）+ **flu**（流淌）+ **ent**（形容词后缀）+ **ial**（形容词后缀）→有很大影响的，有支配力的

She is one of the most **influential** figures in local politics. 她是本地政坛**举足轻重的**人物。

This book was enormously **influential**. 这本书**影响**极大。

affluent [ˈæfluənt]	**af**（强调）+ **flu**（流淌）+ **ent**（形容词后缀）→一直源源不断地流→富裕的

Cigarette smoking used to be more common among **affluent people**. 吸烟过去在**富人**中更为普遍。

They live in **affluent** neighbourhood of town. 他们生活在本市的**富人**区。

affluence [ˈæfluəns]	**af**（强调）+ **flu**（流淌）+ **ence**（名词后缀）→富裕，富足

Unfortunately, **affluence** also creates new complaints. 不幸的是，**富裕**也会产生新的抱怨。

In addition to intelligence, they also symbolize **affluence** and wealth. 除了智慧，它们也象征着**富足**和财富。

fluctuate [ˈflʌktʃueɪt]	**fluct**（**flu** 的变体，表示"流淌"）+ **u**（连接）+ **ate**（动词后缀）→像河水一样流淌→（大小、数量、质量等）波动，起伏不定

Body temperature can **fluctuate** if you are ill. 如果你病了，体温会**波动**。

My mood seems to **fluctuate** from day to day. 我的情绪似乎天天在**起伏不定**。

fluid [ˈfluːɪd]	**flu**（流淌）+ **id**（名词后缀，表示"事物"）→液体，流体

The plant exudes a sticky **fluid**. 这种植物分泌出一种黏**液**。

The doctor told him to drink plenty of **fluids**. 医生要他多喝**流质**。

flush [flʌʃ]	**flu**（流淌）+ **sh**（动词后缀）→冲洗→情绪在内心流淌→脸红

Flush the pipe out with clean water. 用净水**冲洗**管子。

She **flushed** with anger. 她气得**涨红了脸**。

fug 逃

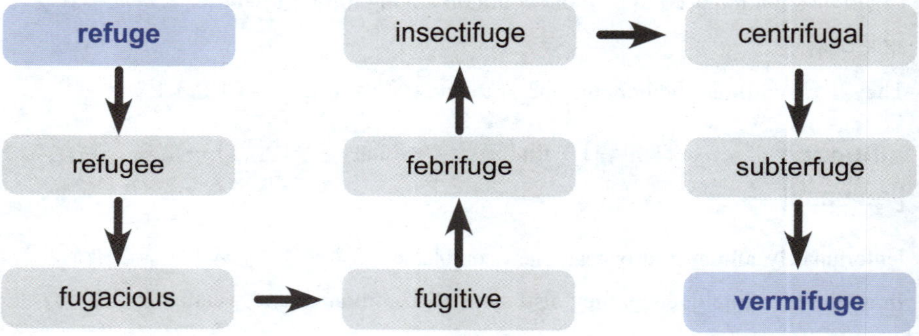

refuge [ˈrefjuːdʒ]	**re**（一次次）+ **fug**（逃）+ **e**（名词后缀）→可以逃离的地方→避难，庇护

They took **refuge** in a bomb shelter. 他们在一个防空洞里**避难**。

They were forced to seek **refuge** from the fighting. 他们被迫寻求**庇护**，以躲避战争。

refugee [ˌrefjʊˈdʒiː]	**re**（一次次）+ **fug**（逃）+ **ee**（名词后缀，表示“被动者”）→被迫逃离的人→避难者，难民

We can arrange a collection for a **refugee** charity. 我们可以为**避难者**组织一次慈善募捐。

Many **refugees** have to flee their homeland. 许多**难民**不得不逃离家园。

fugacious [fjuːˈgeɪʃəs]	**fug**（逃）+ **ac**（走）+ **ious**（形容词后缀）→一下子就逃掉了→短暂的，转瞬即逝的

The band's rise in popularity turned out to be **fugacious**. 这支乐队的人气上升结果是**昙花一现**。

She was acutely conscious of her **fugacious** youth. 她十分清楚自己的青春**转瞬即逝**。

fugitive ['fju:dʒətɪv]	**fug**(逃)+**it**(走)+**ive**(名词后缀)→逃走的人→逃亡者，逃避者

The detention of the **fugitive** was lawful. 对**逃亡者**的拘留是合法的。

The rebel leader was a **fugitive** from justice. 叛军首领是一个**逃避**司法**的人**。

febrifuge ['febrɪˌfju:dʒ]	**febri**(热)+**fug**(逃)+**e**(名词后缀)→让热离开的东西→退烧药

It provides reference to help choose oral **febrifuge** in clinic. 它为临床选择口服**退烧药**提供了参考。

Have you been taking **febrifuge** for your fever? 你发烧吃什么**退烧药**了吗?

insectifuge [ɪn'sektɪfju:dʒ]	**insect**(虫子)+**i**(连接)+**fug**(逃)+**e**(名词后缀)→让虫子离开的东西→驱虫剂，杀虫剂

The **insectifuge** is a chemical substance that repels insects. **驱虫剂**是一种能驱虫的化学物质。

I will buy some **insectifuge** to kill all the cockroaches. 我要买些**杀虫药**来杀灭所有的蟑螂。

centrifugal [ˌsentrɪ'fju:gl]	**centri**(中心)+**fug**(逃)+**al**(形容词后缀)→离心的

The juice is extracted by **centrifugal** force. 果汁被**离心**力提取出来。

Here we have a household, simple **centrifugal** machines. 我们这里有一个简单的、家用**离心**机。

subterfuge ['sʌbtəfju:dʒ]	**sub**(底下)+**ter**(土地)+**fug**(逃)+**e**(名词后缀)→逃到地下(求生)的办法→花招，诡计

Playing to the referee does not always require such **subterfuge**. 在裁判面前表演并不总需要这样的**花招**。

Most people can see right through that type of **subterfuge**. 大多数人一眼就能看穿那种**诡计**。

vermifuge ['vɜ:mɪfju:dʒ]	**verm**(虫子)+**i**(连接)+**fug**(逃)+**e**(名词后缀)→让虫子逃走的东西→驱虫药

If you have ascarid, try this **vermifuge**. It's very curative! 如果你有蛔虫，试试这款**驱虫药**。非常有效果!

Vermifuge is a medication capable of causing the evacuation of parasitic intestinal worms. **驱虫药**是一种能够引起肠道寄生虫排出的药物。

fus 流淌，倾泻

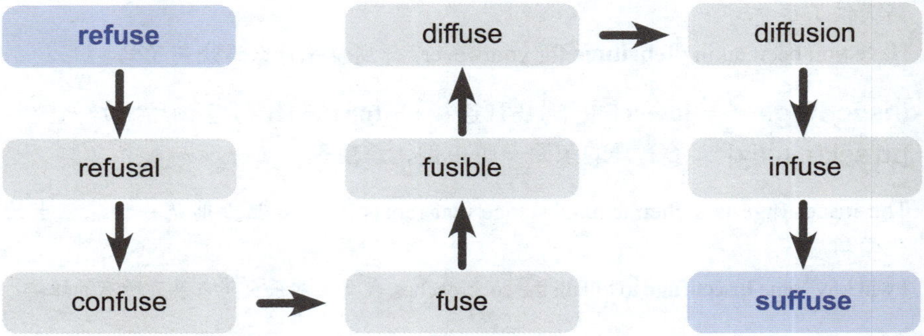

refuse [rɪ'fju:z]	**re**（返回）+ **fus**（流淌，倾泻）+ **e**（动词后缀）→让流过来的返回去→回绝，拒绝

I politely **refused** their invitation. 我礼貌地**回绝**了他们的邀请。

I **refuse** to answer that question. 我**拒绝**回答那个问题。

refusal [rɪ'fju:zl]	**re**（返回）+ **fus**（流淌，倾泻）+ **al**（名词后缀）→回绝，拒绝

His **refusal** to talk was simple stubbornness. 他**拒绝**交谈只是出于固执。

I translate his silence as a **refusal**. 我把他的沉默解释为**拒绝**。

confuse [kən'fju:z]	**con**（全部）+ **fus**（流淌，倾泻）+ **e**（动词后缀）→全都流到一起来了→使迷惑，混淆

My words surprised and **confused** him. 我的话使他既惊讶又**困惑**。

Be careful not to **confuse** quantity with quality. 注意不要把数量与质量**混淆**了。

fuse [fjuːz]	**fus**（流淌，倾泻）+ **e**（名词后缀）→导火线的火苗流动非常快，就像流淌的河水→导火线（索），保险丝

A bomb was deactivated at the last moment, after the **fuse** had been lit. 炸弹在**导火索**已点燃的最后一刻被解除了。

Check whether a **fuse** has blown. 检查一下**保险丝**是否烧断了。

fusible ['fjuːzəb(ə)l]	**fus**（流淌，倾泻）+ **ible**（形容词后缀，表示"能够"）→可熔的，易熔的

These alloys are harder, more **fusible** than pure gold. 这些合金比纯金更硬，更易**熔合**。

This part is made by using a thin film of **fusible** alloy. 这一部分是通过使用**易熔**合金薄膜制成的。

diffuse [dɪ'fjuːs]	**dif**（分开）+ **fus**（流淌，倾泻）+ **e**（动词后缀）→就像流淌的河水散去→扩散，传播

It allows nicotine to **diffuse** slowly into the bloodstream. 它使尼古丁缓慢地**扩散**到血液当中。

The technology is **diffused** and adopted by other countries. 这项技术在其他国家得以**传播**并使用。

diffusion [dɪ'fjuːʒn]	**dif**（分开）+ **fus**（流淌，倾泻）+ **ion**（名词后缀）→扩散

The rate of **diffusion** of a gas can be astonishing. 气体**扩散**的速度是惊人的。

There are data on the rates of **diffusion** of molecules. 有一些关于分子的**扩散**速率的数据。

infuse [ɪn'fjuːz]	**in**（里面）+ **fus**（流淌，倾泻）+ **e**（动词后缀）→放在流淌的河水里→浸泡，充满

Her novels are **infused** with sadness. 她的小说**充满**哀伤。

The tea should be allowed to **infuse** for several minutes. 应该让茶**浸泡**几分钟。

suffuse [sə'fjuːz]	**suf**（下面）+ **fus**（流淌，倾泻）+ **e**（动词后缀）→从上面一直往下流淌→弥漫于，充满

Her face was **suffused** with colour. 她**满**脸通红。

This poem is **suffused** with idealism. 这首诗**充满**了理想主义色彩。

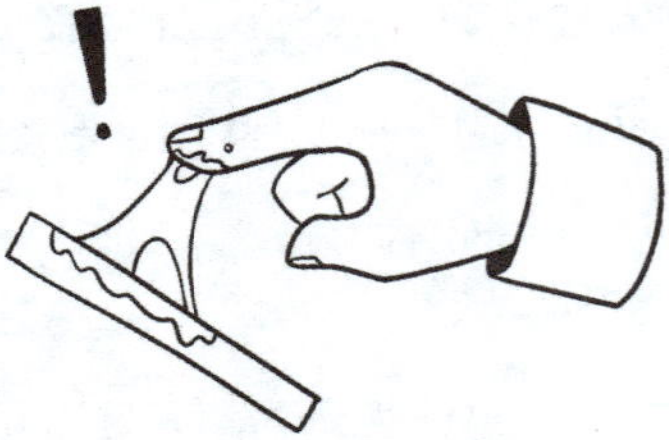

hes/her 黏住

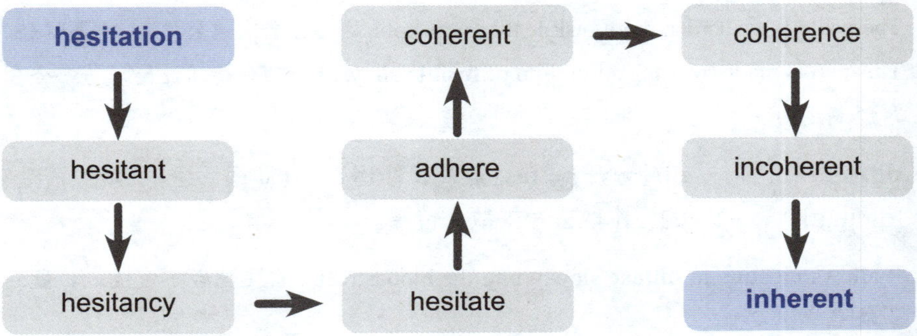

hesitation [ˌhezɪ'teɪʃn]	**hes**（黏住）+ **it**（走）+ **ation**（名词后缀）→走起路来被黏住了→犹豫，不情愿

She agreed without the slightest **hesitation**. 她毫不**犹豫**地同意了。

There is no room for **hesitation**. 没有**犹豫**的余地。

hesitant ['hezɪtənt]	**hes**（黏住）+ **it**（走）+ **ant**（形容词后缀）→不愿的，犹豫的

Doctors are **hesitant** to comment on the new treatment. 医生们**不愿**对新疗法作出评论。

He was **hesitant** about giving her the secret. 他对是否告诉她秘密还**犹豫不决**。

hesitancy ['hezɪtənsɪ]	**hes**（黏住）+ **it**（走）+ **ancy**（名词后缀）→踌躇，犹豫

A trace of **hesitancy** showed in the doctor's eyes. 一丝**迟疑**出现在医生的双眼中。

I noticed a certain **hesitancy** in his voice. 我注意到他的声音有点**犹豫**。

hesitate ['hezɪteɪt]	**hes**(黏住)+**it**(走)+**ate**(动词后缀)→犹豫，不愿意

She **hesitated** before replying. 她**犹豫**了一下才回答。

I would **hesitate** to get involved in this adventure. 我**犹豫**是否参加这次探险。

adhere [əd'hɪə(r)]	**ad**(强调)+**her**(黏住)+**e**(动词后缀)→黏附，附着，遵守

The bacteria **adhere** to the surface of the red cells. 细菌**附着**在红细胞表面上。

For months he **adhered to** a strict low-salt diet. 几个月来他严格**坚持**少盐饮食。

coherent [kəʊ'hɪərənt]	**co**(全部)+**her**(黏住)+**ent**(形容词后缀)→全都黏住，彼此紧密相连→连贯的，合乎逻辑的

He was **coherent** when answering questions in interviews. 他**有条不紊地**回答了访谈中的问题。

The subjects of the curriculum form a **coherent** whole. 课程中的科目构成了一个**连贯的**整体。

coherence [kəʊ'hɪərəns]	**co**(全部)+**her**(黏住)+**ence**(名词后缀)→连贯性，条理性

The whole essay lacks **coherence**. 整篇文章缺乏**呼应连贯**。

The anthology has a surprising sense of **coherence**. 该诗集的**连贯性**令人惊奇。

incoherent [ˌɪnkəʊ'hɪərənt]	**in**(否定前缀)+**co**(全部)+**her**(黏住)+**ent**(形容词后缀)→语无伦次的，无逻辑的，不连贯的

The man was almost **incoherent** with fear. 那人害怕得几乎**语无伦次**。

Can you explain such an **incoherent** policy? 你能解释一下这**前后不一致的**政策吗？

inherent [ɪn'hɪərənt]	**in**(里面)+**her**(黏住)+**ent**(形容词后缀)→固有的，内在的

The phenomenon is **inherent** in our society. 在我们的社会中该现象是**难免的**。

This is an **inherent** weakness in the design of machine. 这是机器设计中的**内在**缺陷。

ign 火

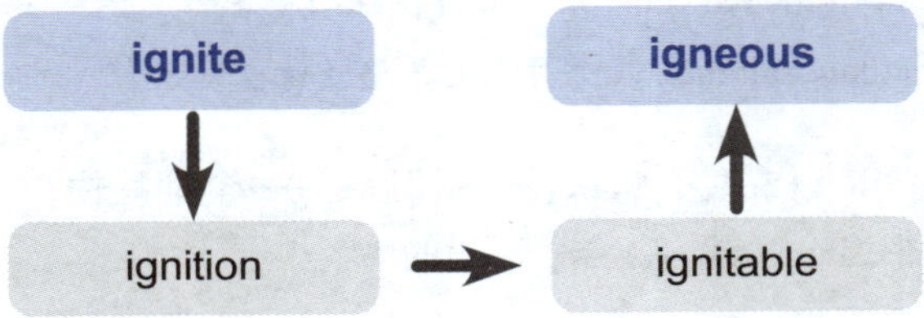

ignite [ɪɡ'naɪt]	**ign**（火）+ **ite**（动词后缀）→燃烧，点燃

Gas **ignites** very easily. 汽油易**燃**。

What can you do to **ignite** your own passion? 有什么办法可以**点燃**你的热情？

ignition [ɪɡ'nɪʃn]	**ign**（火）+ **ition**（名词后缀）→着火，点火装置

The flames begin to spread within minutes of **ignition.** **着火**几分钟后火焰就开始蔓延。

Would you please turn off the car **ignition**? 请你把汽车的**点火装置**关掉好吗？

ignitable [ɪɡ'naɪtəbl]	**ign**（火）+ **itable**（形容词后缀，表示“能够”）→可着火的，可燃的

Nylons are relatively easily **ignitable** materials. 尼龙是相对易**燃的**材料。

Those most easily **ignitable** will catch fire. 那些最容易**点燃的**东西会着火。

igneous ['ɪgnɪəs]	**ign**(火) + **eous**(形容词后缀，表示“多”)→火山爆发的

Some ancient sediments have been converted to **igneous** rocks. 一些非常古老的沉积物已转化为**火山爆发(形成)的**岩石。

How can **igneous** activity occur? **火山**活动是如何发生的呢?

leg/lect 读，说

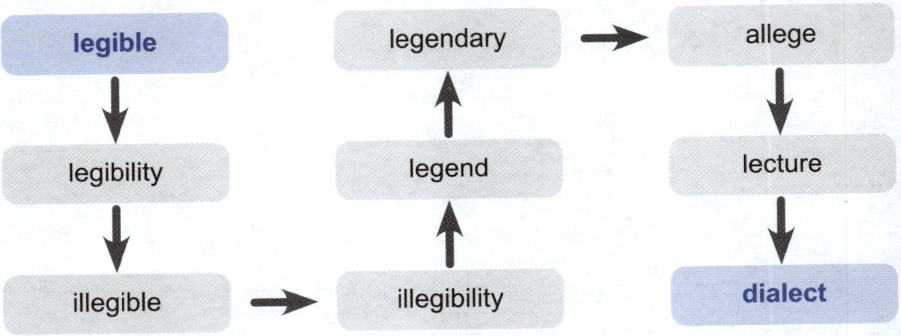

legible ['ledʒəbl]	**leg**（读）+ **ible**（形容词后缀，表示“能够”）→能够读出来的→（字迹 / 印刷）清楚的，易读的

The signature was still **legible**. 签名仍**清晰可辨**。

His handwriting is barely **legible**. 他的笔迹难以**辨认**。

legibility [ˌledʒə'bɪlətɪ]	**leg**（读）+ **ibility**（名词后缀，表示“能力，特性”）→易读性，易辨认

This may reduce **legibility** of the code. 这可能会降低代码的**易读性**。

Legibility is the core of book design. **易读性**是图书设计的核心。

illegible [ɪ'ledʒəbl]	**il**（否定前缀）+ **leg**（读）+ **ible**（形容词后缀，表示“能够”）→读不出来的→字迹模糊的，难辨认的

It is impossible to deliver because the address is **illegible**. 地址**字迹不清**致使无法投递。

His handwriting is completely **illegible**. 他的笔迹完全**难以辨认**。

illegibility [ɪledʒə'bɪlətɪ]	**il**（否定前缀）+ **leg**（读）+ **ibility**（名词后缀，表示“能力，特性”）→模糊，不清不楚

The **illegibility** of his handwriting made me crazy. 他的字迹**难以辨认**，简直要把我气疯了。

The workers won't have any time to check **illegibility**. 工人没有时间去核查那些**难以辨认**的东西。

legend ['ledʒənd]	**leg**（读）+ **end**（名词后缀）→被读出来的东西→传奇，传说

The castle is steeped in history and **legend**. 这座城堡充满着历史和**传奇**色彩。

This oriental **legend** is fascinating. 这个东方**传说**很吸引人。

legendary ['ledʒəndrɪ]	**leg**（读）+ **end**（名词后缀）+ **ary**（形容词后缀）→被读出来的→非常著名的，传说中的

He is a **legendary** figure in this field. 他是这个领域里**非常著名的**人物。

The hill is supposed to be the resting place of the **legendary** King. 这座山据说是**传说中的**国王休息的地方。

allege [ə'ledʒ]	**al**（强调）+ **leg**（读）+ **e**（动词后缀）→非常认真地读出来→（未提出证据）断言，声称

The teacher **alleged** that he was the most promising student in the class. 老师**断言**他是班上最有前途的学生。

She **alleges** that her watch has been stolen. 她**声称**手表被偷了。

lecture ['lektʃə(r)]	**lect**（说）+ **ure**（名词后缀）→给别人讲的东西→演讲，（通常指大学里的）讲座，（冗长的）教训，训斥，谴责

The **lecture** dragged on and my mind wandered. **演讲**没完没了的，我心不在焉了。

I know I should stop smoking—don't give me a **lecture** about it. 我知道我该戒烟，别再**教训**我了。

dialect ['daɪəlekt]	**dia**（两个人）+ **lect**（说）→说两个人能听懂的话→方言，地方话

In the fifties, many Italians spoke only local **dialect**. 在 20 世纪 50 年代，许多意大利人只会说当地**方言**。

They began to speak rapidly in **dialect**. 他们开始叽里呱啦地说起**地方话**来。

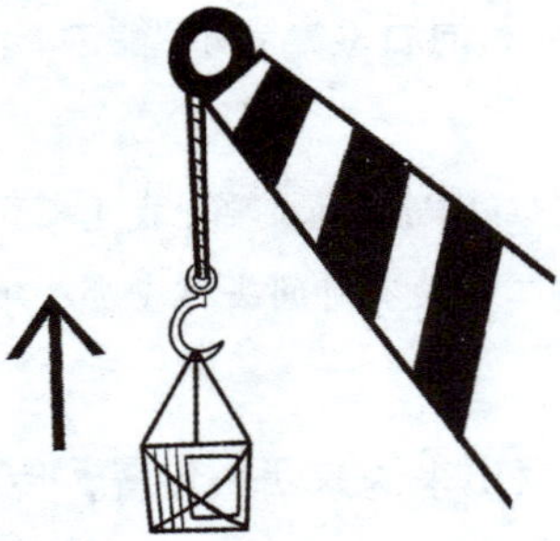

lev 举起，升高

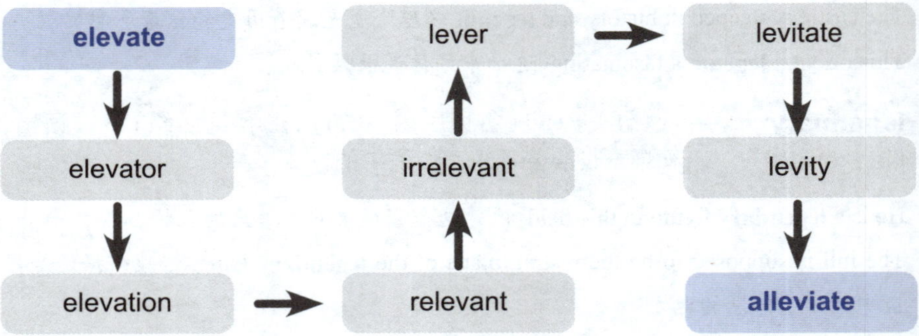

elevate ['elɪveɪt]	**e**（出）+ **lev**（举起，升高）+ **ate**（动词后缀）→提拔，升高

He was **elevated** to the post of president. 他被**提拔**到总裁的职位。

Smoking often **elevates** blood pressure. 抽烟常常使血压**升高**。

elevator ['elɪveɪtə(r)]	**e**（出）+ **lev**（举起，升高）+ **ator**（名词后缀）→升降机，电梯

Operating the **elevator** must obey the regulations. 使用**升降机**必须遵照规定进行。

I go up by the **elevator**. 我搭**电梯**上去。

elevation [ˌelɪ'veɪʃn]	**e**（出）+ **lev**（举起，升高）+ **ation**（名词后缀）→提拔；海拔

His **elevation** to manager is entirely justified. 他被**提拔**成经理是完全合理的。

The house is at an **elevation** of 2,000 metres. 那幢房子位于**海拔**两千米的高处。

relevant ['reləvənt]	**re**（一次次）+ **lev**（举起，升高）+ **ant**（形容词后缀）→一次次举起来使用→紧密相关的，有意义的

Do you have the **relevant** experience? 你有**相关的**经历吗？

His works are still **relevant** today very much. 他的作品在今天仍然非常**有意义**。

irrelevant [ɪ'reləvənt]	**ir**（否定前缀）+ **re**（一次次）+ **lev**（举起，升高）+ **ant**（形容词后缀）→不需要再举起来了→无关紧要的，不相关的

Whether I believe you or not is **irrelevant** now. 我是否相信你，现在已**无关紧要**了。

That evidence is **irrelevant** to the case. 那条证据与本案**无关**。

lever ['liːvə(r)]	**lev**（举起，升高）+ **er**（名词、动词后缀，表示"工具"）→（车辆或机器的）操纵杆；撬动

Pull the **lever** towards you to adjust the speed. 把**操纵杆**向你身体一侧拉动以调节速度。

They managed to **lever** the door open. 他们设法**撬开**了门。

levitate ['levɪteɪt]	**lev**（举起，升高）+ **it**（走）+ **ate**（动词后缀）→一边走一边向上升→使升空，（使）飘浮空中

He has claimed the toy can **levitate**. 他声称这个玩具能**飘向空中**。

The girl can **levitate** a ball between her hands. 小女孩能使一个球在她双手之间**上升**。

levity ['levətɪ]	**lev**（举起，升高）+ **ity**（名词后缀，表示"状态"）→轻飘飘的样子→轻率的举止，轻松逗趣的态度

My father disapproved of such **levity**. 我父亲不赞成如此的**轻浮行为**。

I prefer films with **levity**, not tearjerkers. 我喜欢**轻松**的电影，而不是催泪的电影。

alleviate [ə'liːvɪeɪt]	**al**（强调）+ **lev**（举起，升高）+ **i**（连接）+ **ate**（动词后缀）→不断上升，越来越轻→缓解，减轻

A number of measures were taken to **alleviate** the problem. 采取了一系列措施**缓解**这个问题。

A great deal can be done to **alleviate** back pain. 很多方法可以被用来**减轻**背部疼痛。

loc 地方

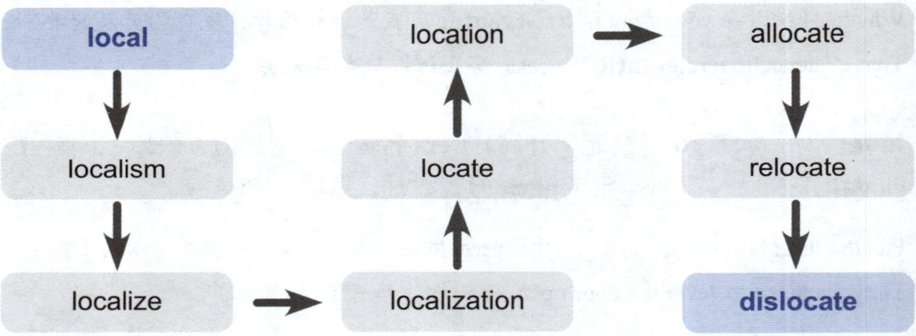

local ['ləʊkl]	**loc**（地方）+ **al**（名词、形容词后缀）→当地人，本地人；当地的，地方的

The **locals** are very friendly. **当地人**很友好。

Many **local** people object to building the new airport. 许多**当地的**居民反对兴建新机场。

localism ['ləʊkəlɪz(ə)m]	**loc**（地方）+ **al**（形容词后缀）+ **ism**（名词后缀，表示“特性，主义”）→具有当地特性→乡土情结，地方主义

I was deeply impressed by his **localism**. 我深深地被他的**乡土情结**所打动。

Localism is a major obstacle to the integration. **地方主义**是一体化的最大阻碍。

localize ['ləʊkəlaɪz]	**loc**（地方）+ **al**（形容词后缀）+ **ize**（动词后缀，使……）→使地方化，（使）局部化

It will be a more **localized** news service. 它将会是一个更**具地方色彩**的新闻社。

The infection seemed to **localize** in the foot. 感染似乎**局限**于脚部。

localization [ˌləʊkəlaɪˈzeɪʃn]	**loc**（地方）+ **al**（形容词后缀）+ **ization**（名词后缀，表示“状态”）→本地化，地方化

The crew agreed on the **localization** of the set. 剧组同意将拍摄地点**本地化**。

Globalization and **localization** are both inevitable. 全球化和**地方化**都是不可避免的。

locate [ləʊˈkeɪt]	**loc**（地方）+ **ate**（动词后缀）→找出准确位置，把……建在

The mechanic **located** the fault immediately. 机械师立即**找到**了出故障**的地方**。

They **located** their headquarters in London. 他们**把**总部**建在**了伦敦。

location [ləʊˈkeɪʃn]	**loc**（地方）+ **ation**（名词后缀）→地点，位置

What is the exact **location** of the bus? 那辆公共汽车的确切**位置**在哪里？

The importance of the town is due to its geographical **location**. 这座城镇的重要性在于它的地理**位置**。

allocate [ˈæləkeɪt]	**al**（强调）+ **loc**（地方）+ **ate**（动词后缀）→放到每个地方去→拨 / 分配……（给）

More resources are being **allocated** to the project. 正在**调拨**更多的资源**给**这个项目。

The funds will be **allocated** to those who apply first. 资金将**分配**给那些先申请的人。

relocate [ˌriːləʊˈkeɪt]	**re**（再一次）+ **loc**（地方）+ **ate**（动词后缀）→搬迁，重新安置

The company **relocated** its head office to New York. 公司将总部**迁**到了纽约。

Some workers will be **relocated** to Sweden. 一些员工将被**调**到瑞典工作。

dislocate [ˈdɪsləkeɪt]	**dis**（分开）+ **loc**（地方）+ **ate**（动词后缀）→脱位（臼），扰乱

He **dislocated** his shoulder in the accident. 他在事故中肩膀**脱臼**了。

It would **dislocate** a traditional way of life. 它会**打乱**一种传统的生活方式。

log 说话

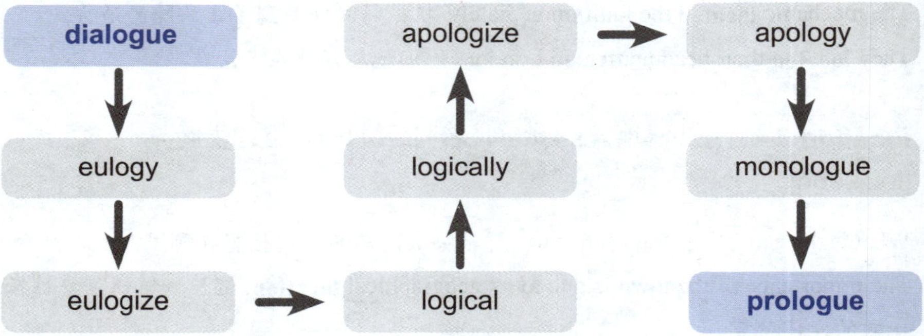

dialogue ['daɪəlɒg]	**dia**（两个）+ **log**（说话）+ **ue**（名词后缀）→两个人相互说话→对白，对话

That book has much clever **dialogue**. 这本书有许多巧妙的**对白**。

The novel contains more narrative than **dialogue**. 这部小说里的叙述比**对话**多。

eulogy ['juːlədʒɪ]	**eu**（美好）+ **log**（说话）+ **y**（名词后缀）→悼词，颂词

They won't even deliver a **eulogy**. 他们连**悼词**也不发。

He pronounced a **eulogy** upon the hero. 他向英雄致**颂词**。

eulogize ['juːlədʒaɪz]	**eu**（美好）+ **log**（说话）+ **ize**（动词后缀）→称赞，颂扬

The boss **eulogized** about Jack's versatility. 老板**称赞**了杰克的多才多艺。

He was **eulogized** as a hero. 他被**赞誉**为英雄。

logical ['lɒdʒɪkl]	**log**（说话）+**ical**（形容词后缀）→说出话都是有逻辑的→符合逻辑的，合乎情理的

The key to his success is his **logical** mind. 他成功的关键在于他的**逻辑**思维。

There was a **logical** explanation. 存在一个**合理的**解释。

logically ['lɒdʒɪklɪ]	**log**（说话）+**ical**（形容词后缀）+**ly**（副词后缀）→逻辑上地，合乎逻辑地

We should learn to look at things **logically**. 我们应该学会**逻辑地**看待事物。

It follows **logically** that one of them is lying. 可以**合乎逻辑地**给出这样的结论：他们之中有一人在说谎。

apologize [ə'pɒlədʒaɪz]	**apo**（离开）+**log**（说话）+**ize**（动词后缀）→犯错后说一些可以洗脱自己错误的话→道歉，谢罪，致歉

Why should I **apologize**? 我为什么要**道歉**?

We **apologize** for the late departure. 因起飞延误，我们向您**致歉**。

apology [ə'pɒlədʒɪ]	**apo**（离开）+**log**（说话）+**y**（名词后缀）→道歉，致歉

You owe him an **apology** for what you said. 你要为你所说的话向他**道歉**。

She made her **apologies** and left early. 她**致歉**后就提前离开了。

monologue ['mɒnəlɒg]	**mono**（独自，单个）+**log**（说话）+**ue**（名词后缀）→一个人在说话→（戏剧、电影等的）独白，滔滔不绝的讲话

His actions were accompanied by a rambling **monologue**. 他的行动伴随着一串冗长含糊的**独白**。

He went into a long **monologue** about life in America. 他开始**滔滔不绝**地谈起美国的生活。

prologue ['prəʊlɒg]	**pro**（前面）+**log**（说话）+**ue**（名词后缀）→在图书正文前说的话→序言，前言

Have you read the suppressed **prologue**? 你读过那令人压抑的**序言**了吗?

The **prologue** to the novel is written in the form of a newspaper account. 这部小说的**前言**是以新闻报道的形式写的。

man 居住，停留

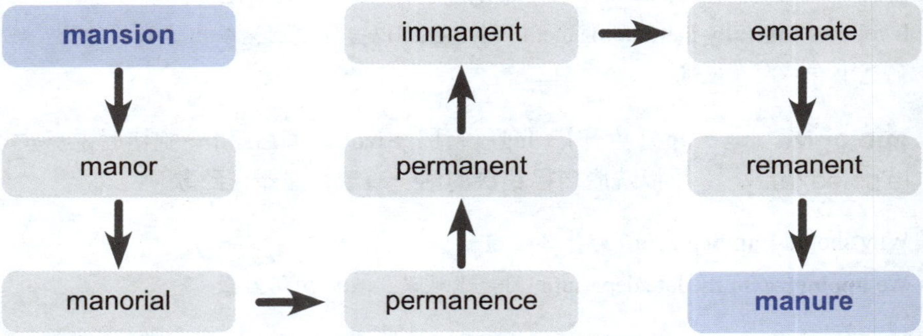

mansion ['mænʃn]	**man**（居住，停留）+ **ion**（名词后缀）→住的地方→大厦，宅邸

He showed me the miniature of the **mansion**. 他给我展示了**大厦**的模型。

The old **mansion** was built in 1850. 这座古**宅**建于 1850 年。

manor ['mænə(r)]	**man**（居住，停留）+ **or**（名词后缀，表示"工具，地点"）→庄园宅第，庄园

It was the quintessence of an English **manor house**. 那是典型的英式**庄园宅第**。

Thieves broke into the **manor** at night. 小偷晚上闯进了**庄园**。

manorial [mə'nɔːrɪəl]	**man**（居住，停留）+ **or**（名词后缀，表示"工具，地点"）+ **ial**（形容词后缀）→庄园的

Chapter I discusses the **manorial** history and literary tradition. 第一章论述**庄园的**历史与文学传统。

They also established the **manorial** system. 他们还建立了**庄园**制度。

permanence ['pɜːmənəns]	**per**（全部）+ **man**（居住，停留）+ **ence**（名词后缀）→一辈子全都住在这里→持久（性），永久（性）

The **permanence** of the dyes is obvious to all. 染料的**耐久性**是有目共睹的。

We believe the **permanence** of the sun. 我们相信太阳的**永恒**。

permanent ['pɜːmənənt]	**per**（全部）+ **man**（居住，停留）+ **ent**（形容词后缀）→长久的，永久的

They are now living together on a **permanent** basis. 他们现在决定**长期**同住。

The accident has not done any **permanent** damage. 那场事故没有造成什么**永久性**损伤。

immanent ['ɪmənənt]	**in**（里面）+ **man**（居住，停留）+ **ent**（形容词后缀）→住在里面的→内在的，固有的

Hope seems **immanent in human nature**. 希望似乎是**与生俱来**的。

Modern capitalist economy follows its own **immanent** laws. 现代资本主义经济遵循其**固有**法则。

emanate ['eməneɪt]	**e**（出来）+ **man**（居住，停留）+ **ate**（动词后缀）→住到外面去了→表现，散发

He **emanates** power and confidence. 他**表现**出力量和信心。

The smoke **emanated** from the stove. 味道从炉子里**散发**出来。

remanent ['remənənt]	**re**（一次次）+ **man**（居住，停留）+ **ent**（形容词后缀）→一次次留下来的→剩余的，残余的

We should be serious to our **remanent** life. 我们应该认真地面对**余下的**生活。

As you said, here sure have one **remanent** chicken leg. 正如你说的一样，这里的确还有一只**余下的**鸡腿。

manure [mə'njʊə(r)]	**man**（居住，停留）+ **ure**（名词后缀）→让种子可以留存在土地里→施肥→肥料

She should put some **manure** on her land. 她应该往地里**施肥**。

Pig-breeding not only improves the people's diet; it makes more **manure** available. 养猪不仅可以改善人民生活，还能多积**肥料**。

mar 海

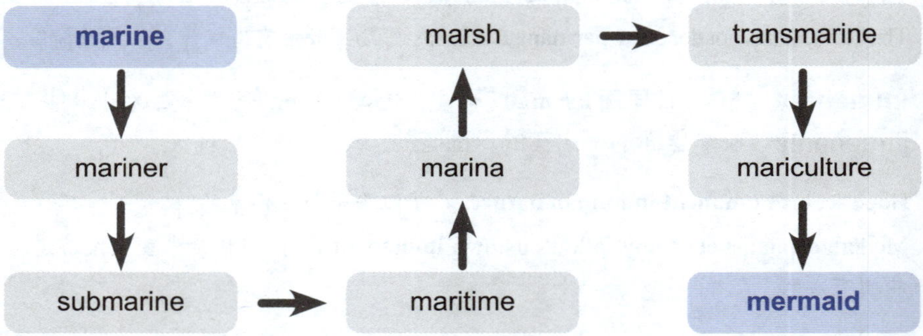

marine [mə'riːn]	**mar**（海）+ **ine**（名词、形容词后缀）→海军陆战队士兵；海洋的，海产的

A small number of **Marines** were wounded. 几名**海军陆战队士兵**受了伤。

Pollution can harm **marine** life. 污染会危及**海洋**生物。

mariner ['mærɪnə(r)]	**mar**（海）+ **iner**（名词后缀，表示“某种职业”）→水手，海员

A smooth sea never made a skill **mariner**. 平静的大海造就不了熟练的**水手**。

There are more than 50 **mariners** on this ship. 船上有五十多名**水手**。

submarine [ˌsʌbmə'riːn]	**sub**（底下）+ **mar**（海）+ **ine**（名词、形容词后缀）→潜艇，潜水艇；海面下的，海底的

These **submarine** earthquakes give rise to sea waves. 这些**海底**地震会引起海浪。

A **submarine** emerged from the sea. 一艘**潜艇**浮出海面。

maritime ['mærɪtaɪm]	**mar**（海）+ **i**（连接）+ **tim**（形容词后缀，表示"最……"）+ **e**（形容词后缀）→最接近海的→海洋的，近海（地区）的

It is the largest **maritime** museum of its kind. 它是同类型**海洋**博物馆中最大的。
These new species occur in the **maritime** Antarctica. 这些新物种在南极**近海地区**被发现。

marina [mə'riːnə]	**mar**（海）+ **ina**（名词后缀，通常表示"地点"）→游艇停靠区，码头

The **marina** can accommodate up to 100 ships. 这个**游艇停靠区**最多可以容纳 100 艘船。
Alternatively, you can enjoy some relaxing yachting at the **marina**. 或者你也可以在**码头**享受游艇休闲。

marsh [mɑːʃ]	**mar**（海）+ **sh**（名词后缀）→被海水浸泡的地方→湿地，沼泽

Cows were grazing on the **marshes**. 牛群在**湿地**上吃草。
They are working their way through the **marsh** on foot. 他们正在徒步走过**沼泽**。

transmarine [ˌtrænzmə'riːn]	**trans**（跨越）+ **mar**（海）+ **ine**（形容词后缀）→海外的，横越海洋的

A **transmarine** stranger saved the boy. 一位**从海外来的**陌生人救了那个男孩。
Some birds make long **transmarine** migrations. 有些鸟类会**横越海洋**长途迁徙。

mariculture ['mærɪkʌltʃə(r)]	**mar**（海）+ **i**（连接）+ **cult**（耕作）+ **ure**（名词后缀）→海水养殖

Clean-up **mariculture** ponds will be a priority. 清理**海水养殖**池塘将成为优先重点。
Traditional **mariculture** has been practiced for hundreds of years. 传统的**海水养殖**已有几百年的历史。

mermaid ['mɜːmeɪd]	**mer**（**mar** 变体，表示"海"）+ **maid**（少女）→美人鱼

"I found a **mermaid**." — "Don't be daft. There's no such thing." "我发现了一条**美人鱼**。"——"别说傻话了。没有那种东西。"
In fairy stories and legends, a **mermaid** is a woman with a fish's tail instead of legs, who lives in the sea. 在童话故事和传说中，**美人鱼**是一个生活在海里的女人，她有尾巴而不是腿。

min 伸出，突出

prominent → prominence → eminent → eminence → preeminent → preeminence → imminent → imminence → **diminish**

prominent ['prɒmɪnənt]	**pro**（前面）+ **min**（伸出，突出）+ **ent**（形容词后缀）→重要的，著名的

He played a **prominent** part in the campaign. 他在这次运动中发挥了**重要**作用。

That school is **prominent** in baseball. 那个学校**以**棒球（运动）**著称**。

prominence ['prɒmɪnəns]	**pro**（前面）+ **min**（伸出，突出）+ **ence**（名词后缀）→重要，出名

She has achieved a **prominence** she hardly deserves. 她实在不配享有这么大的**名声**。

It gives the musicians a place of **prominence**. 这就突出了琴师们的**显著**地位。

eminent ['emɪnənt]	**e**（出）+ **min**（伸出，突出）+ **ent**（形容词后缀）→卓越的，突出的

Dickens was very **eminent** among English writers of his day. 狄更斯在其同时期英国作家中极为**出色**。

He is an **eminent** lawyer. 他是位**杰出的**律师。

eminence ['emɪnəns]	**e**(出) + **min**(伸出，突出) + **ence**(名词后缀)→权威人士，著名

The judge considered the views of legal **eminence**. 法官考虑了许多法律界**权威人士**的意见。
He is a statesman of great **eminence**. 他是个**声名显赫**的政治家。

preeminent [ˌpriːˈemɪnənt]	**pre**(前面) + **e**(出) + **min**(伸出，突出) + **ent**(形容词后缀)→杰出的，出类拔萃的

He was **preeminent** among writers of his day. 他在其同时期作家中**极为出色**。
Can you name some of the **preeminent** baseball players? 你能说出一些**杰出的**棒球运动员的名字吗？

preeminence [priːˈemɪnəns]	**pre**(前面) + **e**(出) + **min**(伸出，突出) + **ence**(名词后缀)→卓越，杰出

The organization will reassert its **preeminence** in Western art. 该组织将确立其在西方艺术上的**卓越地位**。
No one doubted his **preeminence** in medicine. 没有人怀疑他在医学方面的**杰出**成就。

imminent [ˈɪmɪnənt]	**im**(里面) + **min**(伸出，突出) + **ent**(形容词后缀)→刚刚伸进来→即将发生的，临近的

The system is in **imminent** danger of collapse. 这个体制**面临**着崩溃的危险。
It is not an overstatement to say a crisis is **imminent**. 说危机**当头**绝非危言耸听。

imminence [ˈɪmɪnəns]	**im**(里面) + **min**(伸出，突出) + **ence**(名词后缀)→临近，迫近的危险或祸患

Dark clouds and thunder showed the **imminence** of a storm. 乌云和雷声预示着一场暴雨**即将来临**。
The **imminence** of death often intensifies a man's desire for happiness. 死亡的**迫近**往往会加剧一个人对幸福的渴望。

diminish [dɪˈmɪnɪʃ]	**di**(分开) + **min**(伸出，突出) + **ish**(动词后缀)→不断向外伸、向外分开，自身变小→减少；(使)减弱，缩减

The world's resources are rapidly **diminishing**. 世界资源正在迅速**减少**。
His influence has **diminished** with time. 随着时间的推移，他的影响力越来越**弱**。

mir(r) 看见，惊奇

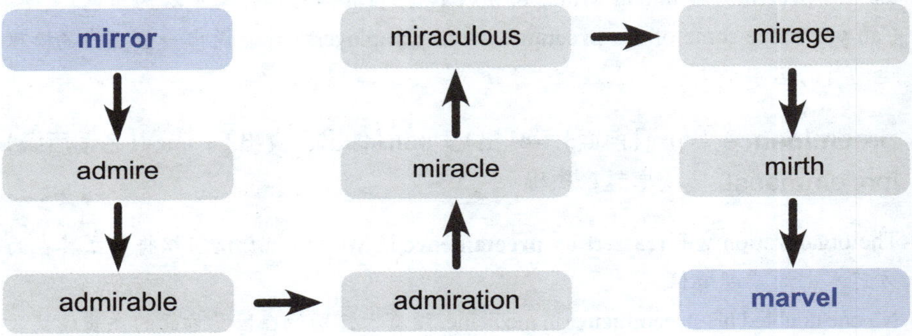

mirror ['mɪrə(r)]	**mirr**（看见，惊奇）+ **or**（名词、动词后缀，表示“工具”）→能够看到自己的工具→镜子，写照；反映，反射

Steam has fogged the bathroom **mirror**. 水蒸气把浴室里的**镜子**遮住了。

The book inevitably **mirrors** my own experiences. 这本书不可避免地**反映**了我自己的经历。

admire [əd'maɪə(r)]	**ad**（强调）+ **mir**（看见，惊奇）+ **e**（动词后缀）→一直看别人→欣赏，钦佩

He stood back to **admire** his handiwork. 他退后几步**欣赏**他的手工制品。

I really **admire** your enthusiasm. 我确实**钦佩**你的热情。

admirable ['ædmərəbl]	**ad**（强调）+ **mir**（看见，惊奇）+ **able**（形容词后缀，表示“能够”）→能让大家一直去看的→值得赞赏的，令人钦佩的

He made his points with **admirable** clarity. 他阐述观点明确，**值得赞赏**。

His bravery is **admirable**. 他的勇气**令人钦佩**。

admiration [ˌædməˈreɪʃn]	**ad**(强调)＋**mir**(看见，惊奇)＋**ation**(名词后缀)→钦佩，欣赏

I have great **admiration** for the writer. 我十分**钦佩**这位作家。

They were **lost in admiration** of the scenery. 他们**陶醉**在景色中。

miracle [ˈmɪrəkl]	**mir**(看见，惊奇)＋**acle**(名词后缀)→让大家很惊奇的事情→奇迹，不平凡的事

Short of a **miracle**, we're certain to lose. 除非发生**奇迹**，否则我们输定了。

At work he was regarded as a **miracle** worker. 工作中他被看作**奇迹**的缔造者。

miraculous [mɪˈrækjələs]	**mir**(看见，惊奇)＋**ac**(做)＋**ulous**(形容词后缀)→奇迹般的，不可思议的

She's made a **miraculous** recovery. 她**奇迹般地**康复了。

Then something close to **miraculous** happened. 然后一些近乎**不可思议的**事情发生了。

mirage [ˈmɪrɑːʒ]	**mir**(看见，惊奇)＋**age**(名词后缀)→看到了令人很惊奇的事物→海市蜃楼，幻想

It hovered before his eyes like the **mirage** of an oasis. 它在他眼前晃动，好像**海市蜃楼**里的绿洲。

His idea of love was a **mirage**. 他的爱情观**不现实**。

mirth [mɜːθ]	**mir**(看见，惊奇)＋**th**(名词后缀，表示"状态")→看到了惊奇的事情会很快乐→欢乐，欢笑

The performance produced much **mirth** among the audience. 这场演出使观众**笑声**不断。

His hollow laugh had no **mirth** in it. 他虚伪的笑声里没有一点**快乐**。

marvel [ˈmɑːvl]	**mar**(**mir** 的变体，表示"看见，惊奇")＋**vel**(名词、动词后缀)→奇迹，令人惊奇的事物(或事例)；对……感到惊奇

Niagara Falls is one of the greatest **marvels** in the world. 尼亚加拉瀑布是世界大**奇景**之一。

Everyone **marveled** at his courage. 人人对他的勇气都**惊叹**不已。

mob 动

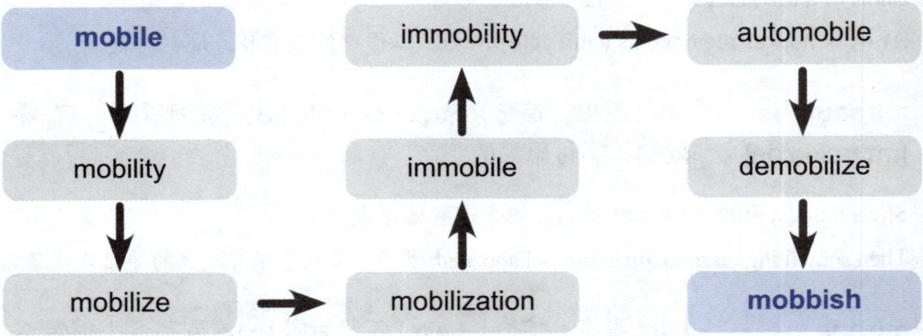

mobile ['məʊbaɪl]	**mob**（动）+ **ile**（形容词后缀，表示"能够……的"）→活动的，可移动的

The band rented a **mobile** recording studio. 乐队租了一间**移动**录音室。

The **mobile phone** is now a must-have for children. **手机**现在已经成了孩子们的必备品。

mobility [məʊ'bɪlətɪ]	**mob**（动）+ **ility**（名词后缀，表示"性质"）→移动能力，流动性

This exercise helps retain **mobility** in the damaged joints. 这项运动有助于受损关节保持**活动能力**。

Recent years have witnessed a growing social **mobility**. 近年来人们的社会**流动性**越来越大。

mobilize ['məʊbəlaɪz]	**mob**（动）+ **ilize**（动词后缀）→调动，动员

They were unable to **mobilize** the resources they needed. 他们无法**调用**他们需要的资源。

They are **mobilizing** their supporters to vote. 他们正在**动员**支持者投票。

mobilization [ˌməʊbɪlaɪˈzeɪʃn]	**mob**（动）+ **ilization**（名词后缀，表示“状态”）→调动，动员

This requires **mobilization** of affected communities. 这需要**动员**各个受影响的社区。

This gained time for the **mobilization** of the people. 这就赢得了**动员**人民的时间。

immobile [ɪˈməʊbaɪl]	**im**（否定前缀）+ **mob**（动）+ **ile**（形容词后缀，表示“能够……的”）→不动的，不能活动的

She stood **immobile** by the window. 她**一动不动地**靠窗站着。

An accident left him **immobile**. 一场事故使他**瘫痪**。

immobility [ˌɪməˈbɪlətɪ]	**im**（否定前缀）+ **mob**（动）+ **ility**（名词后缀，表示“性质”）→不能动，静止

Again, the pain locked me into **immobility**. 我再次痛得**动弹不得**。

Immobility will increase bone loss. **不活动**会增加骨质疏松。

automobile [ˈɔːtəməbiːl]	**auto**（自动）+ **mob**（动）+ **ile**（名词后缀）→能自己开动的东西→汽车

The **automobile** industry is rejoicing at the cut in car tax. **汽车**工业对汽车减税感到非常高兴。

The **automobile** was burning down the road. **汽车**沿着公路疾驰而去。

demobilize [dɪˈməʊbəlaɪz]	**de**（否定前缀）+ **mob**（动）+ **ilize**（动词后缀）→不再移动了→遣散，退伍

Both sides have agreed to **demobilize** 70% of their armies. 双方都同意各自**遣散** 70% 的军队。

He was **demobilized** in May 1948. 他于 1948 年 5 月**退伍**。

mobbish [ˈmɒbɪʃ]	**mobb**（**mob** 的变形，表示“动”）+ **ish**（形容词后缀）→到处动来动去的→滋扰的，暴徒的

This is a very severe **mobbish** behaviour. 这是一种非常严重的**滋扰**行为。

Mobbish behaviour will be severely punished by the law. **暴徒的**行为将受到法律的严厉惩罚。

mot 移动

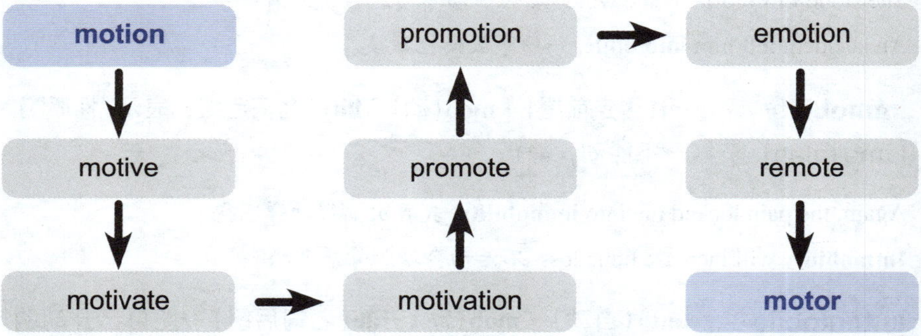

motion ['məʊʃn]	**mot**（移动）+ **ion**（名词后缀）→做出的一个动作→提议，动作

The **motion** was adopted by six votes to one. 这项**提议**以六比一的票数通过。

Parts of the film were shown again in slow **motion**. 影片的一些部分以慢**动作**重放。

motive ['məʊtɪv]	**mot**（移动）+ **ive**（名词后缀）→动机，目的

I'm suspicious of his **motives**. 我怀疑他的**动机**。

There seemed to be no **motive** for the murder. 这起谋杀案看不出有什么**动机**。

motivate ['məʊtɪveɪt]	**mot**（移动）+ **ivate**（动词后缀）→成为……的动机，激励

He is **motivated** entirely by self-interest. 他做事完全**出于**私利。

She's very good at **motivating** her students. 她非常擅长**激励**她的学生。

motivation [ˌməʊtɪˈveɪʃn]	**mot**（移动）+ **ivation**（名词后缀）→动力，动机

Money is my **motivation**. 金钱就是我的**动力**。

What is the **motivation** behind this sudden change? 这种突然转变背后的**动机**是什么？

promote [prəˈməʊt]	**pro**（向前）+ **mot**（移动）+ **e**（动词后缀）→向前移动→升职，促进

She worked hard and was soon **promoted**. 她工作勤奋，不久就得到**提升**了。

Physical activity **promotes** good health. 体育活动**促进**身体健康。

promotion [prəˈməʊʃn]	**pro**（向前）+ **mot**（移动）+ **ion**（名词后缀）→提拔，促销活动

Consider changing jobs or trying for **promotion**. 考虑换工作或者争取**晋升**。

We are doing a special **promotion** of wines. 我们正在进行葡萄酒特别**促销活动**。

emotion [ɪˈməʊʃn]	**e**（出来）+ **mot**（移动）+ **ion**（名词后缀）→从心里发出的活动→情绪，感情

He lost control of his **emotions**. 他**情绪**失去了控制。

Laughter is one of the most infectious expressions of **emotion**. 笑是最具感染力的**感情**表达方式之一。

remote [rɪˈməʊt]	**re**（一次次）+ **mot**（移动）+ **e**（形容词、名词后缀）→一次次地移动→偏远的；遥控器

The **remote** desert area is accessible only by helicopter. 只有乘直升机才能进入那**偏远的**荒漠地区。

He flipped through the channels with the **remote**. 他用**遥控器**快速浏览了各个频道。

motor [ˈməʊtə(r)]	**mot**（移动）+ **or**（名词后缀，表示"工具"）→能够动起来的工具→发动机，汽车

He started the **motor**. 他启动了**发动机**。

The latest models will be on display at the **motor** show. 最新的车型将会在这次**汽车**展上展出。

nav 船

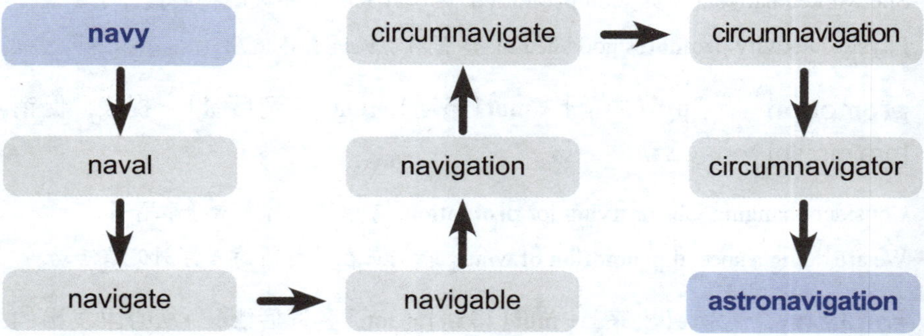

navy ['neɪvɪ]	**nav**（船）+ **y**（名词后缀）→海军，船队

He has joined the **navy**. 他加入了**海军**。

He has served in the **navy** since 1959. 自 1959 年以来，他一直在**海军**服役。

naval ['neɪvl]	**nav**（船）+ **al**（形容词后缀）→海军的

The harbour is an important **naval** base. 该港是一个重要的**海军**基地。

He accepted a commission as a **naval** officer. 他接受任命成为一名**海军**军官。

navigate ['nævɪgeɪt]	**nav**（船）+ **ig**（走）+ **ate**（动词后缀）→跟着船一起走→导航，航行

Perhaps they can **navigate** by the stars. 也许他们可以通过星星**导航**。

The river was too narrow to **navigate**. 这条河太窄，无法**航行**。

navigable ['nævɪgəbl]	**nav**(船) + **ig**(走) + **able**(形容词后缀)→可航行的，适于通航的

The lower reaches of the river are **navigable** for steamers. 这条河的下游**能够行驶**轮船。
The new boat will undergo trials along the **navigable** portion of the river. 新船将在**适于通航的**河段进行试航。

navigation [ˌnævɪ'geɪʃn]	**nav**(船) + **ig**(走) + **ation**(名词后缀)→航行，导航

Pack ice was becoming a threat to **navigation**. 浮冰一度成为船舶**航行**的威胁。
They will be helped by the latest **navigation** systems. 他们将得到最新**导航**系统的帮助。

circumnavigate [ˌsɜːkəm'nævɪgeɪt]	**circum**(四周) + **nav**(船) + **ig**(走) + **ate**(动词后缀)→环航，(尤指)环绕地球航行

Our race to **circumnavigate** the globe is over. 我们的**环球航行**结束了。
Who is the first person to **circumnavigate** the globe? 谁是第一个**环球航行**的人?

circumnavigation [ˌsɜːkəmˌnævɪ'geɪʃn]	**circum**(四周) + **nav**(船) + **ig**(走) + **ation**(名词后缀)→周游世界，环球航行

This ship accomplished the first **circumnavigation** of the globe in 1522. 这艘船于1522年完成了第一次**环球航行**。
The hero was ordered to prepare an expedition for the **circumnavigation** of Arabia. 这位英雄奉命准备一次**环游**阿拉伯的远征。

circumnavigator [ˌsɜːkəm'nævɪˌgeɪtə(r)]	**circum**(四周) + **nav**(船) + **ig**(走) + **ator**(名词后缀，表示“人”)→周游世界者，环球航海家

You have just become a **circumnavigator**. 你已经成为一名环球航海者。
She is said to be the world's oldest non-stop **circumnavigator**. 据说她是世界上年龄最大的不间断**环球航海家**。

astronavigation ['æstrəʊˌnævɪ'geɪʃən]	**astro**(星星) + **nav**(船) + **ig**(走) + **ation**(名词后缀)→太空航行

We put on the **astronavigation** clothing and entered the vacuum cabin. 我们穿上**宇航**服后进入了真空舱。
This experimental design incorporates a prototype **astronavigation** system. 这项实验设计包括一个**天文导航**系统的原型。

nov 新

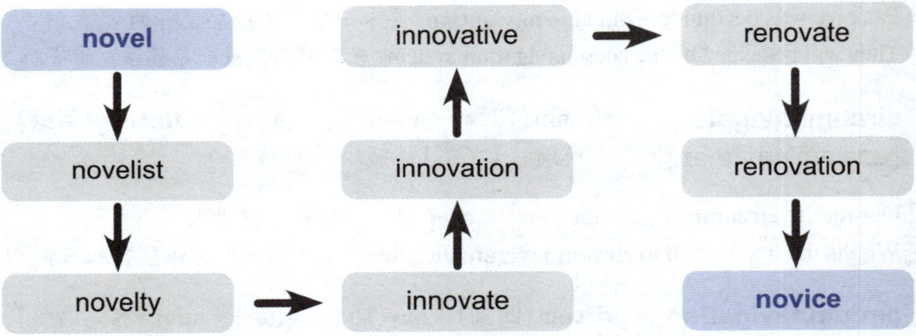

novel ['nɒvl]	**nov**(新) + **el**(形容词、名词后缀)→新颖的，珍奇的→一种全新的文体→(长篇)小说

Students like the teacher's **novel** teaching methods. 学生们喜欢老师**新颖的**教学方法。

He is working on a new **novel**. 他正在写一部新**小说**。

novelist ['nɒvəlɪst]	**novel**(小说) + **ist**(名词后缀，表示"专业的人")→小说家

She was esteemed the perfect **novelist**. 她被认为是最完美的**小说家**。

I dreamed of becoming a **novelist**. 我梦想成为一个**小说家**。

novelty ['nɒvltɪ]	**nov**(新) + **elty**(名词后缀，表示"性质")→新颖，新奇性

There's a certain **novelty** value in this approach. 这种方法有一定的**新意**。

Electric-powered cars are still something of a **novelty**. 电动汽车仍然是一种**新鲜玩意儿**。

innovate ['ɪnəveɪt]	**in**（里面）+ **nov**（新）+ **ate**（动词后缀）→创新，改革

We must constantly adapt and **innovate**. 我们必须不时地适应并**创新**。

A company should also find ways to **innovate** in business models. 一个公司还应寻求商业模式方面的**创新**。

innovation [ˌɪnə'veɪʃn]	**in**（里面）+ **nov**（新）+ **ation**（名词后缀）→创新，新事物

We must inspire creativity and encourage **innovation**. 我们必须激发创造力，鼓励**创新**。

The food is an **innovation** which was rapidly exported. 这是一种被迅速销往国外的**新**食品。

innovative ['ɪnəveɪtɪv]	**in**（里面）+ **nov**（新）+ **ative**（形容词后缀）→革新的，创新的

There will be a prize for the most **innovative** design. 将设立一项最具**创意**设计奖。

He was one of the most **innovative** engineers of his generation. 他是同代人中最富有**革新**精神的工程师之一。

renovate ['renəveɪt]	**re**（再一次）+ **nov**（新）+ **ate**（动词后缀）→一次次变新→修复，翻新

The couple spent thousands **renovating** the house. 这对夫妻花了几千元来**整修**房子。

The old school has been **renovated** as a private house. 旧学校已被**修复**成一所私人住宅。

renovation [ˌrenə'veɪʃn]	**re**（再一次）+ **nov**（新）+ **ation**（名词后缀）→翻新，整修

The **renovation** project is due for completion next month. **翻新**工程预定在下月竣工。

There will be extensive **renovation** to the hospital. 这所医院将进行大规模的**翻修**。

novice ['nɒvɪs]	**nov**（新）+ **ice**（名词后缀，表示"人"）→新手，初学者

I'm a complete **novice** at skiing. 滑雪我完全是个**新手**。

The computer software is designed for **novices**. 这是给**初学者**设计的电脑软件。

ori 升起

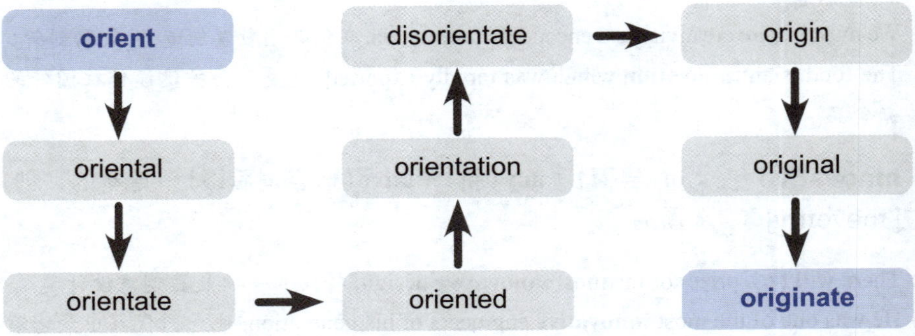

orient ['ɔːrɪent]	**ori**（升起）+ **ent**（动词后缀）→以太阳升起的方向辨认朝向→辨认，以……为方向

The mountaineers found it hard to **orient** themselves in the fog. 登山者在大雾中很难**辨认**方向。

Most students here are **oriented** to computers. 这里的大部分学生都**对**计算机**感兴趣**。

oriental [ˌɔːrɪ'entl]	**ori**（升起）+ **ent**（动词后缀）+ **al**（形容词后缀）→太阳升起的方向→东方的

This design came to be known as the **Oriental** style. 这种设计后来被称为**东方**风格。

He specializes in **oriental** history. 他专门研究**东方**史。

orientate ['ɔːrɪənteɪt]	**ori**（升起）+ **ent**（动词后缀）+ **ate**（动词后缀）→确定方向，朝向

Mary found it difficult to **orientate** herself in a strange place. 玛丽感到在陌生的地方难以**辨别方向**。

News reports must **orientate** correct public opinions. 新闻报道必须**以**正确的舆论**为导向**。

oriented ['ɔːrɪəntɪd]	**ori**（升起）+ **ent**（动词后缀）+ **ed**（形容词后缀）→以……为方向的，重视……的

Our students are **oriented** towards science subjects. 我们教的学生都**是**理科**方向的**。
Such courses are generally more research **oriented**. 这类课程通常更**偏重于**研究。

orientation [ˌɔːrɪən'teɪʃn]	**ori**（升起）+ **ent**（动词后缀）+ **ation**（名词后缀）→方向，目标

Your surroundings provide clues to help in **orientation**. 你四周的环境提供了帮助辨别**方向**的线索。
The course is essentially theoretical in **orientation**. 该课程的**目标**基本上是理论性的。

disorientate [dɪs'ɔːrɪənteɪt]	**dis**（否定前缀）+ **ori**（升起）+ **ent**（动词后缀）+ **ate**（动词后缀）→找不到太阳升起的方向了→使迷失方向，使迷惘

The darkness had **disorientated** him. 黑暗**使**他**迷失了方向**。
These people can be **disorientated** by the transition to a new life. 这些人在转向新生活后可能会感到**迷惘**。

origin ['ɒrɪdʒɪn]	**ori**（升起）+ **ig**（走）+ **in**（名词后缀）→从某地走上来的→起源，出身

The **origin** of the custom is obscure. 该习俗的**起源**鲜为人知。
She has risen from humble **origins** to immense wealth. 她**出身**卑微，终成巨富。

original [ə'rɪdʒənl]	**ori**（升起）+ **ig**（走）+ **inal**（形容词后缀）→原来的，真迹的

The room still has many of its **original** features. 房间还保留着**当初的**许多特点。
The **original** manuscript has been lost. **原**稿已经遗失。

originate [ə'rɪdʒɪneɪt]	**ori**（升起）+ **ig**（走）+ **inate**（动词后缀）→起源，创立

The disease is thought to have **originated** in the tropics. 据说这种疾病**起源**于热带地区。
The scientist **originated** this theory in the 17th century. 这位科学家于 17 世纪**创立**了这个理论。

pet 追赶

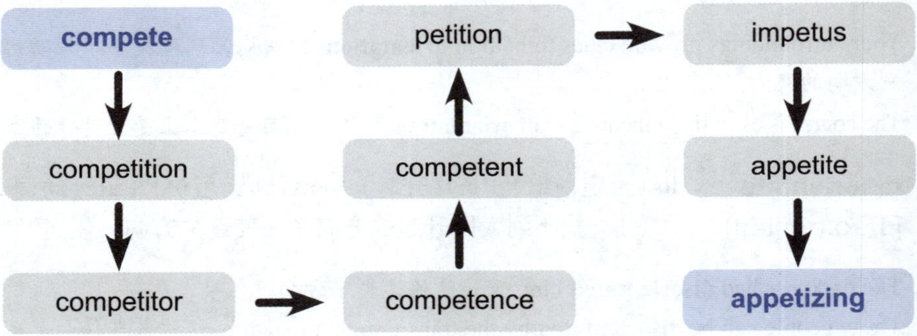

compete [kəm'piːt]	**com**（全部）+ **pet**（追赶）+ **e**（动词后缀）→大家你追我赶→参加比赛，竞争

They hope to **compete** in the marathon. 他们希望**参加**马拉松**比赛**。

We can't **compete** with them on price. 我们在价格上无法与他们**竞争**。

competition [ˌkɒmpə'tɪʃn]	**com**（全部）+ **pet**（追赶）+ **it**（走）+ **ion**（名词后缀）→比赛，竞争

She won first prize in the **competition**. 她在**竞赛**中获得头奖。

Most businesses face plenty of **competition**. 多数企业都面临大量的**竞争**。

competitor [kəm'petɪtə(r)]	**com**（全部）+ **pet**（追赶）+ **it**（走）+ **or**（名词后缀，表示"人"）→参赛者，竞争者

Over 100 **competitors** entered the race. 100多名**选手**参加了赛跑。

That company is a strong **competitor** of us. 那个公司是我们强有力的**竞争对手**。

competence ['kɒmpɪtəns]	**com**(全部)+**pet**(追赶)+**ence**(名词后缀，表示“特性，状态”)→能够你追我赶的特性→能力，胜任

Many people have testified to his **competence**. 很多人已证实了他的**能力**。

Teachers have to constantly update their professional **competence**. 教师必须不断更新他们的专业**能力**。

competent ['kɒmpɪtənt]	**com**(全部)+**pet**(追赶)+**ent**(形容词后缀)→足以胜任的，有能力的

He's very **competent** in his work. 他非常**胜任**自己的工作。

Make sure the firm is **competent** to carry out the work. 要确保这家公司**有能力**完成这项工作。

petition [pə'tɪʃn]	**pet**(追赶)+**it**(走)+**ion**(名词后缀)→追着你，跟着你一起走→请愿(书)

We're collecting signatures for a **petition**. 我们在为**请愿书**收集签名。

The workers are getting up a **petition** for higher salary. 工人正发起**请愿**，要求提高工资。

impetus ['ɪmpɪtəs]	**im**(里面)+**pet**(追赶)+**us**(名词后缀)→心里面追赶着→动力，促进，冲力

The debate seems to have lost much of its initial **impetus**. 辩论会似乎没有开始时那么大的**冲劲**了。

The **impetus** for change came from lawyers. 转变的**动力**来自律师们。

appetite ['æpɪtaɪt]	**ap**(强调)+**pet**(追赶)+**ite**(名词后缀)→一直追着你要东西吃→食欲，强烈欲望

The walk gave me a good **appetite**. 散步使我**胃口**大开。

The public have an insatiable **appetite** for scandal. 公众对丑事总是**喜闻乐道**。

appetizing ['æpɪtaɪzɪŋ]	**ap**(强调)+**pet**(追赶)+**izing**(形容词后缀)→开胃的，引起食欲的

The list of ingredients sounds very **appetizing**. 配料表(上的原料)听起来很**开胃**。

Even the most finicky eater will find something **appetizing** here. 即使最挑剔的食客也能在这儿找到**开胃**美食。

pur 纯净，干净

purify → purity → purification → impure → impurity → depuration → purism → purge → purgative

purify ['pjʊərɪfaɪ]	**pur**（纯净，干净）+ **ify**（动词后缀，表示“使……”）→使纯净，净化

Lotus can also help to **purify** the water quality. 莲花也可以**净化**水质。
The endless lea will **purify** your thought. 一望无际的草原会**净化**你的思想。

purity ['pjʊərətɪ]	**pur**（纯净，干净）+ **ity**（名词后缀，表示“特性，状态”）→纯洁，纯净

White is meant to represent **purity** and innocence. 白色被视作**纯洁**和清白的象征。
We must ensure the **purity** of drinking water. 我们必须确保饮用水的**纯净**。

purification [ˌpjʊərɪfɪ'keɪʃn]	**pur**（纯净，干净）+ **i**（连接）+ **fic**（做）+ **ation**（名词后缀）→做一件可以让东西变干净的事情→提纯，净化

That can be used as a basis for **purification**. 这可以用作**提纯**的基础。
Reading a good book may bring **purification** to souls. 读一本好书可以带来心灵的**净化**。

impure [ɪm'pjʊə(r)]	**im**（否定前缀）+ **pur**（纯净，干净）+ **e**（形容词后缀）→不纯的，有杂质的

Some diseases are caused by **impure** water. 有些疾病是由**不洁的**水所引起的。
The gold in irregular shape is **impure**. 这块形态不规则的金子质地**不纯**。

impurity [ɪm'pjʊərətɪ]	**im**（否定前缀）+ **pur**（纯净，干净）+ **ity**（名词后缀）→杂质

A filter will remove most **impurities** found in water. 过滤器会滤掉水中的大部分**杂质**。
Aluminum and lead are **impurities** frequently found in tap water. 铝和铅是自来水中常见的**杂质**。

depuration [dɪpjʊə'reɪʃ(ə)n]	**de**（强调）+ **pur**（纯净，干净）+ **ation**（名词后缀）→净化（作用）

We must solve oil's **depuration** problem in the frying process. 我们必须解决煎炸过程中油脂的**净化**问题。
Even with **depuration**, the virus may persist for several weeks. 即使经过**净化**，这种病毒仍可存活数周。

purism ['pjʊərɪzəm]	**pur**（纯净，干净）+ **ism**（名词后缀，表示"理论，主义"）→纯粹主义（指在语言、艺术等方面过于严格遵守传统规范）

The modernist aesthetic is made up of many artistic movements such as futurism and **purism**. 现代美学是由未来主义和**纯粹主义**等许多艺术运动所组成的。
By **purism** is to be understood a needless and irritating insistence on purity or correctness of speech. **纯粹主义**被理解为对语言的纯洁性或规范的一种不必要且令人不愉快的坚持。

purge [pɜːdʒ]	**purg**（**pur** 的变体，表示"纯净，干净"）+ **e**（动词后缀）→清除，（使）净化，肃清

Nothing could **purge** the guilt from her mind. 她内心的愧疚是无法**消除**的。
He closed his eyes and lay still, trying to **purge** his mind of anxiety. 他闭上眼躺着不动，试图**消除**内心的焦虑。

purgative ['pɜːgətɪv]	**purg**（**pur** 的变体，表示"纯净，干净"）+ **ative**（名词后缀）→帮助体内清除毒素→泻药，通便药

He was given a **purgative** before the operation. 他在手术前用了**通便药**。
The doctors attempted to reduce his high fever by inducing diarrhea with a **purgative**. 医生们尝试用**通便药**催泻以使他退烧。

rid/ris 笑

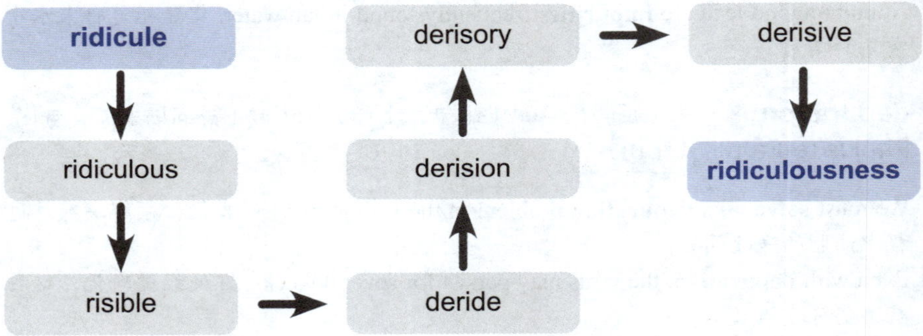

ridicule ['rɪdɪkjuːl]	**rid**（笑）+ **ic**（形容词后缀）+ **ule**（名词后缀）→嘲笑，奚落

She became the object of **ridicule** from classmates. 她成了同学们的**笑柄**。

Her ideas were **ridiculed** at that time. 她的观点在当时受到了**嘲笑**。

ridiculous [rɪ'dɪkjələs]	**rid**（笑）+ **ic**（形容词后缀）+ **ulous**（形容词后缀）→可笑的，荒谬的

These plots have developed into a **ridiculous** fantasy. 这些情节已发展成为**荒谬的**幻想。

I look **ridiculous** in this hat. 我戴这顶帽子看上去很**可笑**。

risible ['rɪzəbl]	**ris**（笑）+ **ible**（形容词后缀，表示“能够”）→可笑的，引人笑的

The entire proposal is **risible**. 这个建议完全是**荒唐可笑的**。

The results can be **risible**. 其结果可能很**可笑**。

deride [dɪ'raɪd]	**de**（强调）+ **rid**（笑）+ **e**（动词后缀）→嘲笑，愚弄

Critics **derided** the proposals just as clumsy attempts. 批评者**嘲笑**那些建议只是拙劣的尝试。

His views were **derided** as old-fashioned. 他的观点被当作旧思想受到**嘲弄**。

derision [dɪ'rɪʒn]	**de**（强调）+ **ris**（笑）+ **ion**（名词后缀）→嘲笑，嘲弄

He became an object of universal **derision**. 他成了众人**嘲笑**的对象。

My stories were greeted with **derision** and disbelief. 我讲的经历遭到**嘲弄**和怀疑。

derisory [dɪ'raɪsərɪ]	**de**（强调）+ **ris**（笑）+ **ory**（形容词后缀）→嘲弄的，少得可怜的

His **derisory** gaze swept over her. 他用**嘲弄的**目光扫视她。

They were given a **derisory** pay. 他们的工资**少得可怜**。

derisive [dɪ'raɪsɪv]	**de**（强调）+ **ris**（笑）+ **ive**（形容词后缀）→讥讽的，嘲弄的

She gave a short, **derisive** laugh. 她**讥讽地**笑了笑。

They flushed, however, when she burst into a shout of **derisive laughter**. 然而，当她大声**嘲笑**起来的时候，她们的脸不禁涨红了。

ridiculousness [rɪ'dɪkjələsnəs]	**rid**（笑）+ **ic**（形容词后缀）+ **ulous**（形容词后缀）+ **ness**（名词后缀，表示"性质"）→荒谬性

The **ridiculousness** of the situation made all of them laugh. 这**荒谬**的情景使他们都大笑起来。

Am I the only one who sees the **ridiculousness** of this tendency? 难道只有我看到了这种趋势的**荒谬性**吗？

rud 粗野，原始

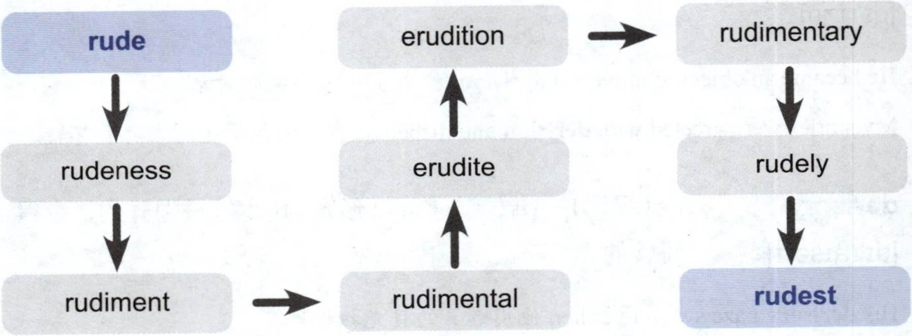

rude [ru:d]	**rud**（粗野，原始）+ **e**（形容词后缀）→粗鲁的，无礼的

They chose to pass over her **rude** remarks. 他们决定不计较她的**粗鲁**言辞。

Don't be so **rude** to your parents! 别对你的父母这么**没礼貌**!

rudeness ['ru:dnəs]	**rud**（粗野，原始）+ **ness**（名词后缀，表示"性质，状态"）→无礼，粗鲁

He was abrupt to the point of **rudeness**. 他唐突到了**无礼**的地步。

I must offer him an apology for my **rudeness**. 我必须为我的**粗鲁行为**向他道歉。

rudiment ['ru:dɪmənt]	**rud**（粗野，原始）+ **i**（连接）+ **ment**（名词后缀）→最原始的状态→雏形，入门

A **rudiment** of the system should be put into production for trial. 该系统初具**雏形**，需要尽快投入试用。

She taught them the **rudiment** of writing. 她教他们写作**入门**。

rudimental [ˌruːdɪˈmentəl]	**rud**（粗野，原始）+ **i**（连接）+ **ment**（名词后缀）+ **al**（形容词后缀）→初步的，基本的

This article gives a **rudimental** analysis to the category of power. 本文首先对权力概念进行了**初步的**界定。

I had gathered only the most **rudimental** information. 我只搜集到最**基本的**一点信息。

erudite [ˈerʊdaɪt]	**e**（出去，离开）+ **rud**（粗野，原始）+ **ite**（形容词后缀）→离开原始无知状态的→博学的，有学问的

She wrote in an original and highly **erudite** style. 她的写作风格具原创性且十分**博学**。

He was always **erudite** and well-informed. 他一直是那么**博学**多识。

erudition [ˌerʊˈdɪʃn]	**e**（出去，离开）+ **rud**（粗野，原始）+ **ition**（名词后缀）→博学，学问

His **erudition** was apparently endless. 他显然**学识渊博**。

Such **erudition** is greatly praised and honoured. 这种**博学**是极受赞赏和尊重的。

rudimentary [ˌruːdɪˈmentrɪ]	**rud**（粗野，原始）+ **i**（连接）+ **ment**（名词后缀）+ **ary**（形容词后缀）→还处在原始状态的→未充分发展的，基本的

Some dinosaurs had only **rudimentary** teeth. 有些恐龙只有**未充分长成的**牙齿。

He had only a **rudimentary** knowledge of French. 他只懂最**基本的**法语知识。

rudely [ˈruːdlɪ]	**rud**（粗野，原始）+ **e**（形容词后缀）+ **ly**（副词后缀）→粗鲁地，不礼貌地，突如其来地

They brushed **rudely** past us. 他们**粗暴无礼地**与我们擦身而过。

I was **rudely** awakened by the phone ringing. 我**突如其来地**被电话铃声吵醒了。

rudest [ruːdɪst]	**rud**（粗野，原始）+ **est**（形容词最高级后缀）→极为无礼的，最粗糙的，最粗鲁的

You are the **rudest** person I’ve ever met. 你是我所见过的人中**最粗鲁的**。

He made the **rudest** remark! 他说了**极为粗野的**话！

rur/rus 农村

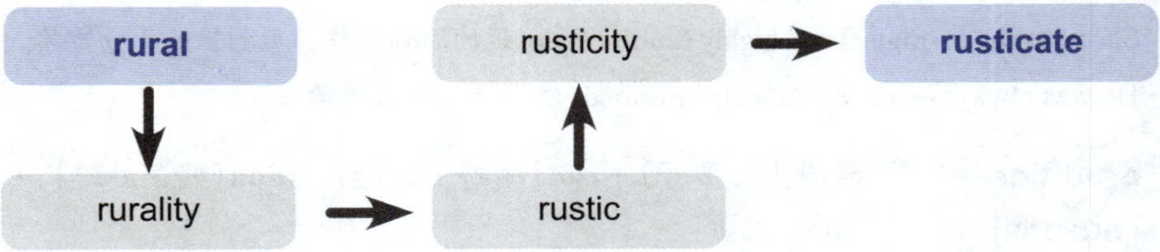

rural ['rʊərəl]	**rur**（农村）+ **al**（形容词后缀）→农村的，乡村的

Agriculture forms the backbone of the **rural** economy. 农业是**农村**经济的基础。

It was a delightful **rural** scene. 那是赏心悦目的**乡村**风光。

rurality [rʊə'rælɪtɪ]	**rur**（农村）+ **al**（形容词后缀）+ **ity**（名词后缀）→农村田地的景色→田园风光

The scenic spot is characterized by ancient villages and **rurality**. 景区以古村落和**田园风光**为主。

The **rurality** of the small village is very beautiful. 那个小村庄的**田园风光**非常秀丽。

rustic ['rʌstɪk]	**rus**（农村）+ **ic**（名词、形容词后缀）→乡下人；乡村的，淳朴的

The man he met was a **rustic** carrying a bag. 他遇到的男人是一个背着包的**乡下人**。

The village has a certain **rustic** charm. 这个村子有某一种**淳朴的**魅力。

rusticity [rʌ'stɪsɪtɪ]	**rus**（农村）+ **ic**（名词、形容词后缀）+ **ity**（名词后缀）→ 乡村生活

It pleases me to think of growing up here in deep **rusticity**. 我想到在这里过着**田园生活**长大就感到高兴。

The town, on the whole, had an air of **rusticity**. 总的说来，这个城镇有一种**乡村**气氛。

rusticate ['rʌstɪˌkeɪt]	**rus**（农村）+ **ic**（名词、形容词后缀）+ **ate**（动词后缀）→ 在农村居住，下乡

To him the small valley served well enough as a place to **rusticate**. 对他来说这个小山谷是一个**适合乡村生活**的地方。

The workers were ordered to **rusticate** and help the farmers. 工人们奉命**下乡**帮助农民。

sal 盐

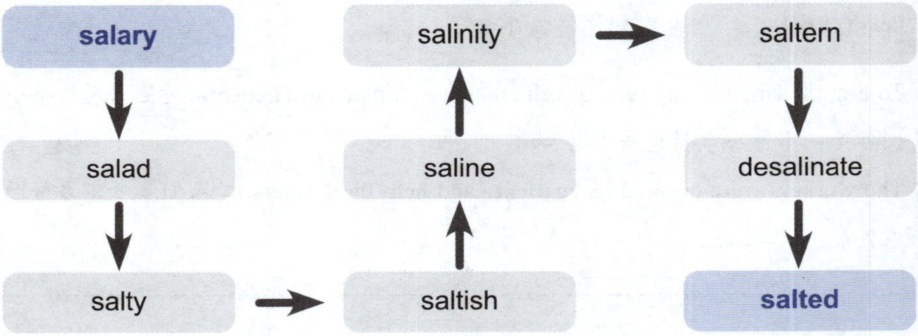

salary ['sælərɪ]	**sal**（盐）+ **ary**（名词后缀）→古代的盐很宝贵，发给罗马士兵的饷银就是"盐钱"→薪金，薪水

He gets a basic **salary** plus commission. 他领取基本**薪金**，外加佣金。

His money comes mainly from **salary**. 他的钱主要来自**工资**。

salad ['sæləd]	**sal**（盐）+ **ad**（名词后缀）→用盐和蔬菜拌成的食物→沙拉

I think I'll go for the fruit **salad**. 我想要水果**沙拉**。

It only takes a minute to make a **salad**. 做**沙拉**用不了多少时间。

salty ['sɔːltɪ]	**sal**（盐）+ **ty**（形容词后缀）→咸的，含盐的

Don't have too much **salty** foods such as ham and bacon. 不要吃太多火腿和熏肉这样的**咸味**食品。

She could smell the **salty** tang of the sea. 她能闻到海水的**咸**腥味。

saltish ['sɔːltɪʃ]	**sal**(盐)+**tish**(形容词后缀，表示“稍微，轻微”)→略带咸味的

The water is perfectly clear, with a **saltish** taste. 水很清澈，**略有咸味**。
The sweat is a **saltish** fluid. 汗是一种**略带咸味的**液体。

saline ['seɪlaɪn]	**sal**(盐)+ +**ine**(形容词、名词后缀)→含盐的，咸的；盐水

Wash the lenses in **saline** solution. 用**盐**溶液清洗镜片。
The control group was fed with same amount of **saline**. 对照组以同样的方法灌喂等量的**生理盐水**。

salinity [sə'lɪnətɪ]	**sal**(盐)+ +**inity**(名词后缀)→盐度，盐分

The results showed that **salinity** had obvious effect on the animal. 结果表明**盐度**对这种动物有明显的影响。
The plant appears to be of definite **salinity** tolerance ability. 该植物表现出一定的耐**盐**能力。

saltern ['sɔːltən]	**sal**(盐)+**tern**(土地)→盐场，盐田

First **saltern** here were observed in 1430. 1430年，这里首次发现了**盐场**。
Forest land and **saltern** have decreased these years. 林地、**盐田**逐年减少。

desalinate [diː'sælɪˌneɪt]	**de**(离开)+**sal**(盐)+ +**inate**(动词后缀)→让盐离开→淡化(海水)，(从海水中)除去盐分

So why don't **desalinate** more to alleviate shortages? 为什么不多**淡化**些**海水**来缓解水荒呢？
This method is cheaper than **desalinating** the ocean water. 这个办法比进行海水**脱盐**更便宜。

salted ['sɔːtɪd]	**sal**(盐)+**ted**(形容词后缀)→盐腌的，盐味的

Cook the pasta in plenty of boiling **salted** water. 把足够的**盐**水烧开来煮意大利面食。
Herrings can be **salted**, smoked and pickled. 鲱鱼可以**盐腌**、熏制和泡制。

sci 知道

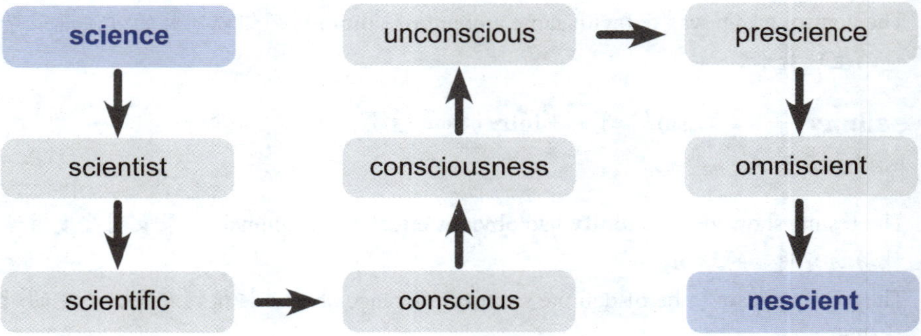

science ['saɪəns]	**sci**（知道）+ **ence**（名词后缀）→需要我们知道的东西→科学，理科

Science means honest, solid knowledge. **科学**是老老实实的学问。

I'm hopeless at **science**. 我对**理科**一窍不通。

scientist ['saɪəntɪst]	**sci**（知道）+ **ent**（形容词后缀）+ **ist**（名词后缀，表示“专业的人”）→专门研究科学的人→科学家

Scientists already collected more data than had been expected. **科学家**们已经搜集到比预期更多的数据。

He is a brilliant young **scientist**. 他是一个才华横溢的青年**科学家**。

scientific [ˌsaɪən'tɪfɪk]	**sci**（知道）+ **ent**（形容词后缀）+ **ific**（形容词后缀）→科学的，细致严谨的

He took a very **scientific** approach to management. 他采取了一种非常**科学的**管理方法。

We need to be more **scientific** about this problem. 在这个问题上我们需要更为**严谨**一些。

conscious ['kɒnʃəs]	**con**（全部）+ **sci**（知道）+ **ous**（形容词后缀）→全都知道了→有意识的，意识到的，神志清醒的

I was vaguely **conscious** that I was being watched. 我隐隐约约地**意识到**有人在监视我。
A patient who is not fully **conscious** should never be left alone. 神志并非完全**清醒的**病人必须时刻有人照料。

consciousness ['kɒnʃəsnəs]	**con**（全部）+ **sci**（知道）+ **ous**（形容词后缀）+ **ness**（名词后缀）→知觉，意识

She banged her head and lost **consciousness**. 她撞了头，失去了**知觉**。
I was meditating, and reached a higher state of **consciousness**. 我正在冥想，进入了一种更高的**意识**境界。

unconscious [ʌn'kɒnʃəs]	**un**（否定前缀）+ **con**（全部）+ **sci**（知道）+ **ous**（形容词后缀）→不清醒的，未意识到的

By the time the ambulance arrived he was **unconscious**. 救护车赶到时他已**神志不清**。
He was quite **unconscious** of the danger. 他丝毫**没有意识到**危险。

prescience ['presɪəns]	**pre**（前面）+ **sci**（知道）+ **ence**（名词后缀）→提前就知道→先见，预知

He's demonstrated a certain **prescience** in foreign affairs. 他在外交事务上表现出了一定的**预见能力**。
He predicted their response with amazing **prescience**. 他以惊人的**先见之明**预测了他们的反应。

omniscient [ɒm'nɪsɪənt]	**omni**（全部）+ **sci**（知道）+ **ent**（形容词后缀）→无所不知的，全知全能的

Nobody can be regarded as **omniscient** person. 没有一个人可以被认为是**无所不知的**。
The novel has an **omniscient** narrator. 这部小说有一个**全知全能的**叙述者。

nescient ['nesɪənt]	**ne**（否定前缀）+ **sci**（知道）+ **ent**（形容词后缀）→无知的，没有知识的

The **nescient** guys ventured into the restaurant. **无知的**家伙们壮着胆子走进那家餐馆。
Many people are **completely nescient** regarding that history. 很多人对那段历史**一无所知**。

sen 老

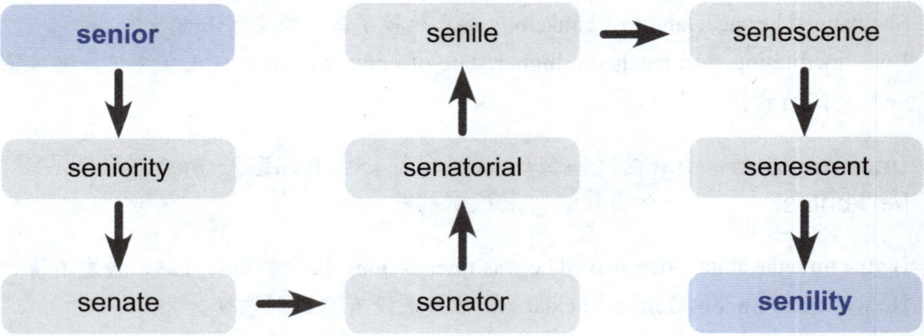

senior ['siːnɪə(r)]	**sen**(老)+**ior**[名词、形容词后缀，表示"比……更(的人)"]→较……年长的人；级别(或地位)高的

My brother is my **senior** by two years. 我哥哥**比**我**大**两岁。

She will be racing for the **senior** team next year. 明年她将参加**高级**组别的比赛。

seniority [ˌsiːnɪ'ɒrətɪ]	**sen**(老)+**ior**[名词、形容词后缀，表示"比……更(的人)"]+**ity**(名词后缀)→辈分，年长，级别高，资历

The officers were listed in order of **seniority**. 军官们是按**级别**排列的。

Ought promotion to go by **seniority** or by abilities? 晋升应以**资历**为准，还是以能力为准？

senate ['senət]	**sen**(老)+**ate**(名词后缀)→年长有资历的人在一起协商的地方→参议院

The **Senate** should not make hasty decisions. **参议院**不应做出草率的决定。

The **Senate** is expected to pass the bill shortly. 预计**参议院**不久就会通过此议案。

senator ['senətə(r)]	**sen**(老)+**ator**(名词后缀，表示“人”)→参议员

I am astounded at the comments made by the **senator**. 我被那位**参议员**的评论所震惊。
The **senator** was invited but was unable to attend. **参议员**受到了邀请，但是未能出席。

senatorial [ˌsenəˈtɔːrɪəl]	**sen**(老)+**ator**(名词后缀，表示“人”)+**ial**(形容词后缀)→参议院的，与参议院有关的，参议员的

He has **senatorial** experience in defense and foreign policy. 他有**参议院**国防和外交政策方面的经验。
He lost his **senatorial** bid in 1923. 他在 1923 年的**参议员**竞选中落败。

senile ['siːnaɪl]	**sen**(老)+**ile**(形容词后缀)→衰老的，年老糊涂的

I think she's going **senile**. 我想她是**年老糊涂**了。
She is suffering from **senile** dementia. 她受**老年**痴呆症折磨。

senescence [sɪ'nesns]	**sen**(老)+**escence**(名词后缀，表示“状态”)→衰老，老年化

This will lead the cells to **senescence** and death. 这会导致细胞的**衰老**和死亡。
She is deaf and blind, in **senescence** phase. 她耳聋眼花，处于**老年**期。

senescent [sɪ'nesənt]	**sen**(老)+**escent**(形容词后缀)→衰老的

The scientists developed a way to kill **senescent** cells. 科学家们发明了一种杀死**衰老**细胞的方法。
The habit may affect the **senescent** process of kidney. 这种习惯可能会影响肾脏的**衰老**过程。

senility [sə'nɪlətɪ]	**sen**(老)+**ility**(名词后缀)→衰老，高龄

The old man showed unmistakable signs of **senility**. 那个老人明显有了**年老糊涂**的迹象。
Moderate exercise can resist **senility** to some extent. 适量运动具有一定的抗**衰老**作用。

sol 太阳，单独

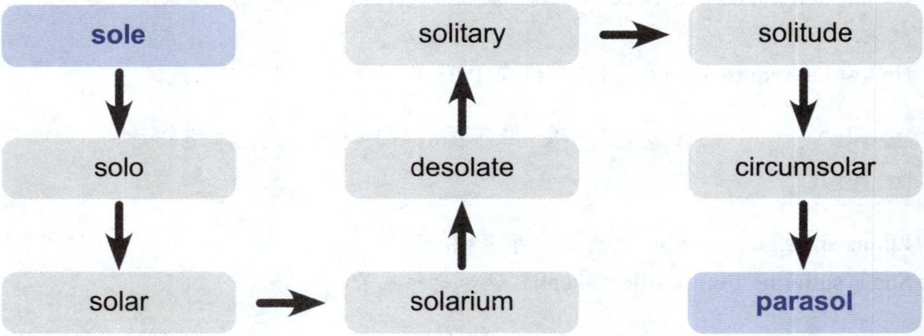

sole [səʊl]	**sol**（太阳，单独）+ **e**（形容词后缀）→唯一的，专用的

This is the **sole** means of access to the building. 这是这栋建筑物**唯一的**入口。

She has **sole** responsibility for the project. 那个项目由她**一人**负责。

solo ['səʊləʊ]	**sol**（太阳，单独）+ **o**（名词、形容词后缀）→独奏；独唱的，独奏的

The original version featured a guitar **solo**. 原版以吉他**独奏**为特色。

He had just completed his final **solo** album. 他刚刚录完了他的最后一张**独唱**唱片。

solar ['səʊlə(r)]	**sol**（太阳，单独）+ **ar**（形容词后缀）→太阳的，太阳能的

Saturn is the second biggest planet in the **solar system**. 土星是**太阳系**第二大的行星。

Solar panels can only operate in sunlight. **太阳能**电池板只能在日光下起作用。

solarium [sə'leərɪəm]	**sol**（太阳，单独）+**arium**（名词后缀，表示“地点”）→日光浴室

The hotel has a sauna and **solarium**. 这家旅馆有一个桑拿浴室和**日光浴室**。

I want to make my skin darker in the **solarium**. 我想在**日光浴室**把皮肤晒黑些。

desolate ['desələt]	**de**（强调）+**sol**（太阳，单独）+**ate**（形容词后缀）→只有单独一个人→孤独凄凉的，荒凉的

He was **desolate** without her. 没有她，他感到很**凄凉**。

A bleak and **desolate** landscape was in sight. 一片**荒凉的**景色映入眼帘。

solitary ['sɒlətrɪ]	**sol**（太阳，单独）+**it**（走）+**ary**（形容词后缀）→喜欢一个人走的→独自的，喜欢（或惯于）独处的

He led a **solitary** life. 他过着**独**居生活。

He was a **solitary** man who avoided the society of others. 他是个**孤僻的**人，不愿和人交往。

solitude ['sɒlɪtjuːd]	**sol**（太阳，单独）+**it**（走）+**ude**（名词后缀）→独处，独居

She longed for peace and **solitude**. 她渴望安宁，渴望**独**享清静。

He enjoyed his moments of **solitude** before midnight. 他很喜欢深夜前的**独处**时刻。

circumsolar [ˌsɜːkəm'səʊlə]	**circum**（四周，周围）+**sol**（太阳，单独）+**ar**（形容词后缀）→围绕太阳的

Apply these considerations to the **circumsolar** region. 将这些考虑应用到**太阳周围的**区域。

Two astronauts will be launched on a **circumsolar** mission next month. 两名宇航员将在下个月执行**环绕太阳的**任务。

parasol ['pærəsɒl]	**para**（挡住）+**sol**（太阳，单独）→挡住太阳的工具→遮阳伞

We need a **parasol** to protect us against the sun. 我们需要一把**遮阳伞**以免被太阳晒伤。

A **parasol** becomes a necessity for ladies. **遮阳伞**成为女士们（外出时）的必带物品。

son 声音

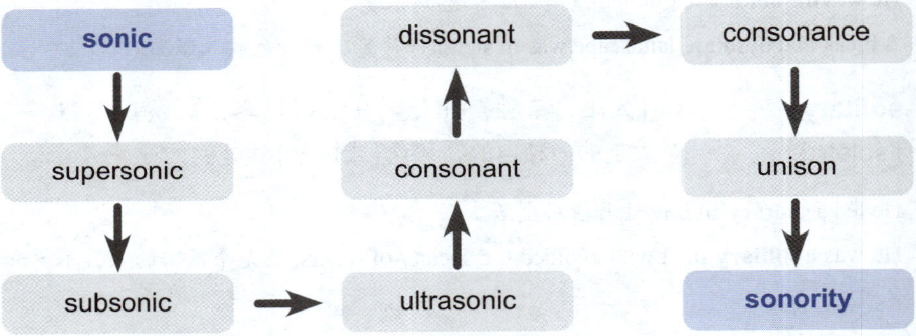

sonic ['sɒnɪk]	**son**（声音）+ **ic**（形容词后缀）→音波的，声音的

This paper sums up the application result of **sonic wave** technique. 本文总结了**声波**测试技术的应用成果。

The new aircraft creates a **sonic** boom. 那种新飞机会产生**声**震。

supersonic [ˌsuːpə'sɒnɪk]	**super**（超过）+ **son**（声音）+ **ic**（形容词后缀）→超音速的

It sounded like a **supersonic** jet. 听起来像一架**超音速**喷气式飞机。

Have you taken **supersonic** aircraft? 你坐过**超音速**飞机吗？

subsonic [ˌsʌb'sɒnɪk]	**sub**（底下）+ **son**（声音）+ **ic**（形容词后缀）→亚音速的

Until it reaches that point, it will be flying at **subsonic** speed. 在到达那个高度之前，它将以**亚音速**飞行。

This is 20,000 feet higher than most **subsonic** airliners. 这比大多数**亚音速**飞机的飞

行高度高 20 000 英尺。

ultrasonic [ˌʌltrəˈsɒnɪk]	**ultra**（超过）+ **son**（声音）+ **ic**（形容词后缀）→超声的，超声波的

Picture shows how the **ultrasonic** sensor works. 图片显示了**超声波**传感器是如何工作的。

Ultrasonic detectors should deal with that problem. **超声波**检测仪倒是能解决那个问题。

consonant [ˈkɒnsənənt]	**con**（全部）+ **son**（声音）+ **ant**（形容词后缀）→全都一起发出声音→一致的，和谐的

The findings are **consonant** with other researches. 这些发现和其他研究**相符**。

Is the bass **consonant** with all the upper notes? 低音音程和所有音符都是**和谐的**吗？

dissonant [ˈdɪsənənt]	**dis**（分开）+ **son**（声音）+ **ant**（形容词后缀）→声音都分开了→不协调的，不协和的

The artist employs **dissonant** color choices. 艺术家运用了**相冲的**颜色搭配。

It will only grow louder and more **dissonant**. 这样的声音只会更大和更加**刺耳**。

consonance [ˈkɒnsənəns]	**con**（全部）+ **son**（声音）+ **ance**（名词后缀）→声音全都发出来→一致，和……协调

His actions were not in **consonance** with his words. 他的行为与他的言论不**一致**。

The policy is in **consonance** with traditional party doctrine. 该政策与传统的政党宗旨**一致**。

unison [ˈjuːnɪsn]	**uni**（一个）+ **son**（声音）→合成了一个声音→合奏，一起

Good **unisons** are formed by flutes and violin. 长笛与小提琴构成了美妙的**合奏**。

Every morning the kids say the pledge in **unison**. 每天早晨孩子们**齐声**进行宣誓。

sonority [səˈnɒrɪtɪ]	**son**（声音）+ **ority**（名词后缀，表示“状态”）→响亮，响度

The lower strings contribute a splendid richness of **sonority**. 低音弦乐能产生一种华丽浓厚的**音效**。

Vowels possess greater **sonority** than consonants. 元音比辅音更**响亮**。

vad/vas 走路

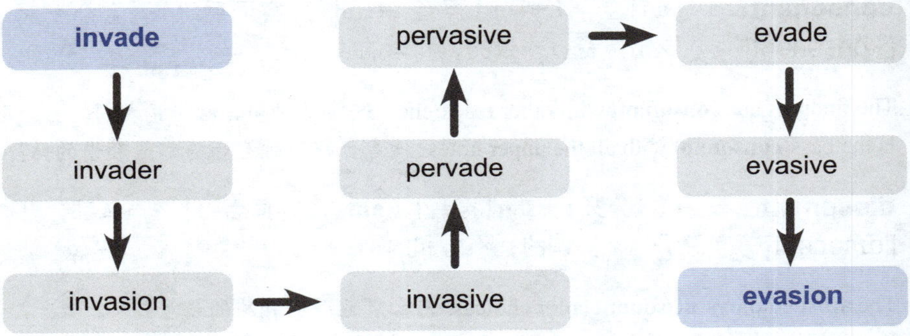

invade [ɪn'veɪd]	**in**（里面）+ **vad**（走路）+ **e**（动词后缀）→走进别人的家→武力入侵，侵犯

Troops **invaded** on July that year. 军队是在那年七月**入侵**的。

Don't **invade** the rights of others. 不要**侵犯**别人的权利。

invader [ɪn'veɪdə(r)]	**in**（里面）+ **vad**（走路）+ **er**（名词后缀，表示"人"）→侵略者，侵略军

The city was destroyed by foreign **invaders**. 这座城市被外国**侵略者**毁坏了。

They prepared to repel the **invaders**. 他们准备赶走**侵略军**。

invasion [ɪn'veɪʒn]	**in**（里面）+ **vas**（走路）+ **ion**（名词后缀）→涌入，入侵

There was a brief pitch **invasion** when the team scored. 球队得分后人群一时**涌入**了球场。

They are determined to resist **invasion**. 他们决定抵抗**入侵**。

invasive [ɪn'veɪsɪv]	**in**（里面）+ **vas**（走路）+ **ive**（形容词后缀）→侵入的，扩散性的

Her speech is both **invasive** and persuasive. 她的演讲既**有攻击性**，又有说服力。

They found **invasive** cancer during a routine examination. 他们在常规体检中发现了**扩散性的**癌变。

pervade [pə'veɪd]	**per**（穿过）+ **vad**（走路）+ **e**（动词后缀）→渗透，遍及

The entire house was **pervaded** by a sour smell. 整所房子都**充满**了酸味。

Sadness **pervades** most of her novels. 她大部分的小说都**充斥**着悲伤。

pervasive [pə'veɪsɪv]	**per**（穿过）+ **vas**（走路）+ **ive**（形容词后缀）→遍布的，弥漫的

Ageism is **pervasive** in our society. 年龄歧视在我们的社会中非常**普遍**。

A sense of social change is **pervasive** in her novels. 她的小说里**充斥**着社会变化的意识。

evade [ɪ'veɪd]	**e**（出）+ **vad**（走路）+ **e**（动词后缀）→逃脱，回避

He managed to **evade** capture. 他设法**逃脱**了抓捕。

Don't you think you are **evading** the issue? 你不认为你是在**回避**这个问题吗？

evasive [ɪ'veɪsɪv]	**e**（出）+ **vas**（走路）+ **ive**（形容词后缀）→回避提问的，逃避的

He was **evasive** about why she had not been at home that night. 他对那天晚上不在家的原因**避而不谈**。

They decided to take **evasive** action. 他们决定采取**回避**行动。

evasion [ɪ'veɪʒn]	**e**（出）+ **vas**（走路）+ **ion**（名词后缀）→逃避，避而不谈

She has been charged with tax **evasion**. 她被控**逃**税。

We want straight answers. No **evasions**. 我们要直接的答复。不要**绕弯子**。

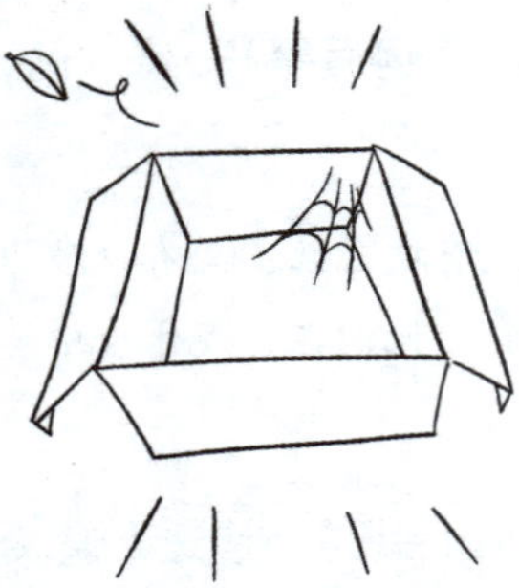

van 空

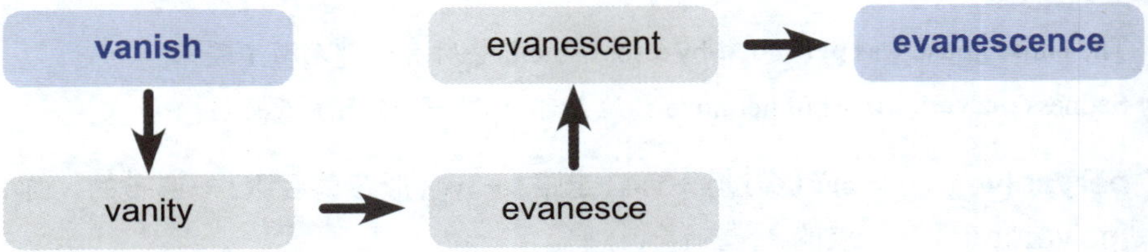

vanish ['vænɪʃ]	**van**（空）+ **ish**（动词后缀）→突然不见，消失

He **vanished** without trace. 他**消失**得无影无踪。

My glasses seem to have **vanished**. 我的眼镜似乎**不翼而飞**了。

vanity ['vænətɪ]	**van**（空）+ **ity**（名词后缀）→总追求不切实际的东西→自负，虚荣心

She had no personal **vanity**. 她对自己的相貌毫不**自负**。

She married the rich man out of **vanity**. 她出于**虚荣心**而嫁给了那个富人。

evanesce [ˌiːvə'nes]	**e**（离开）+ **van**（空）+ **esce**（动词后缀）→（烟、雾）逐渐消散，（诗、文）消失，消散

The thick fog will **evanesce** gradually this afternoon. 浓雾将在今天下午**逐渐消散**。

I don't want the memory of us to **evanesce**. 我不希望我们的回忆会**逐渐消散**。

evanescent [ˌiːvə'nesnt]	**e**（离开）+ **van**（空）+ **escent**（形容词后缀）→瞬息即逝的，迅速遗忘的

The kids are curious about the shimmering **evanescent** bubble. 孩子们对闪闪发光**瞬息即逝的**气泡很好奇。

We would miss the **evanescent** moment without camera. 如果没有照相机，我们将错过这**瞬息即逝的**瞬间。

evanescence [ˌevəˈnesns]	**e**（离开）+ **van**（空）+ **escence**（名词后缀）→转瞬即逝

The **evanescence** of the ocean waves amazed the toddler. 海浪的**转瞬即逝**使这个蹒跚学步的孩子感到惊奇。

Most New Year's resolutions have a hint of **evanescence** attached. 大多数新年计划都有**转瞬即逝的**意味。

ver 真实

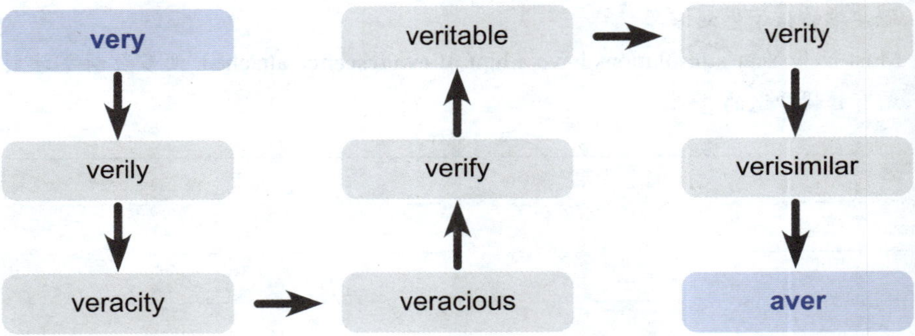

very ['verɪ]

ver（真实）+ **y**（副词、形容词后缀）→很，非常；真实的，最佳的

Very few people know that. 很少有人知道那件事。

Everybody says he is the **very** man for the case. 人人都说他是这件案子的**最佳**人选。

verily ['verɪlɪ]

ver（真实）+ **ily**（副词后缀）→肯定地，确实地

Verily these men are mad. 这些人**肯定**是疯了。

Verily this is a lie. 这**确实**是一个谎言。

veracity [və'ræsətɪ]

ver（真实）+ **ac**（做）+ **ity**（名词后缀）→做的事情都是真实的→诚实，真实（性）

Voters should be concerned about his **veracity** and character. 选民有理由关注他的**诚信**和品行。

They questioned the **veracity** of her story. 他们质疑她所述事情的**真实性**。

veracious [və'reɪʃəs]	**ver**（真实）+ **ac**（做）+ **ious**（形容词后缀，表示“性质”）→诚实的，真实的

Critics praised him as a **veracious** historian. 评论家称赞他是一位**诚实的**历史学家。
Please offer **veracious** information of individual. 请提供**真实的**个人资料。

verify ['verɪfaɪ]	**ver**（真实）+ **ify**（动词后缀，表示“使……”）→成为真实的→核实，证实

We have no way of **verifying** his story. 我们无法**核实**他所说的情况。
The government has not **verified** any of those reports. 该政府尚未**证实**那些报道中的任何一个。

veritable ['verɪtəbl]	**ver**（真实）+ **it**（走）+ **able**（形容词后缀，表示“能够”）→走来的都是真实的→名副其实的

Thank you for that lovely meal; it was a **veritable** feast! 谢谢你那顿美餐，真是**名副其实的**盛宴！
This book is a **veritable** storehouse of information. 这本书是**名副其实的**信息宝库。

verity ['verətɪ]	**ver**（真实）+ **ity**（名词后缀，表示“状态”）→真理，客观事实

There are no absolute, invariable **verity**. 没有绝对不变的**真理**。
The topic today is about some **verities** of human nature. 今天要谈论的主题是关于人性的一些**事实**。

verisimilar [ˌverɪ'sɪmɪlə(r)]	**ver**（真实）+ **i**（连接）+ **similar**（相似的）→与真实的很相似→与事实很相似的，貌似真实的

The police thought her story was **verisimilar**. 警方认为她的叙述**与事实很相似**。
Skilled liars craft **verisimilar** stories that seem so real. 熟练的说谎者会编造出**貌似真实的**故事。

aver [ə'vɜː(r)]	**a**（强调）+ **ver**（真实）→一定是真实的→断言，确认

He **avers** that chaos will erupt if he loses. 他**断言**如果他失败将会爆发动乱。
She **averred** that she had never seen the man before. 她**斩钉截铁地说**以前从未见过这个男人。

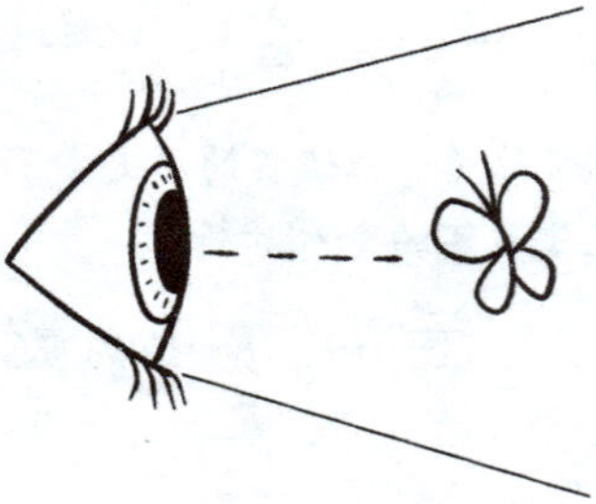

vis/vid 看见

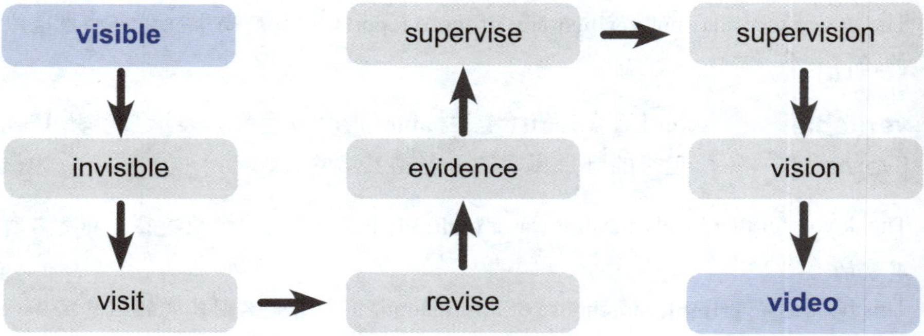

visible ['vɪzəbl]	**vis**（看见）+ **ible**（形容词后缀，表示“能够”）→看得见的，明显的

She made a **visible** effort to control her anger. **看得出**她竭力控制自己不发火。

The clever general took no **visible** action. 机智的将军并没有采取什么**明显的**行动。

invisible [ɪn'vɪzəbl]	**in**（否定前缀）+ **vis**（看见）+ **ible**（形容词后缀，表示“能够”）→无形的，看不见的

You are fighting against an **invisible** enemy. 你是在和一个**无形的**敌人斗争。

The air is full of millions of **invisible** germs. 空气中充满了许多**看不见的**细菌。

visit ['vɪzɪt]	**vis**（看见）+ **it**（走）→走过去看看→参观，游览

She will try and **visit** tomorrow. 她明天将设法去**参观**。

It's my first **visit** to New York. 这是我第一次**访问**纽约。

revise [rɪˈvaɪz]	re（再一次）+ vis（看见）+ e（动词后缀）→一次次去看→修改，复习

We may have to **revise** this figure upwards. 我们也许要将这个数字往上**调一调**。

I spent the weekend **revising** for my exam. 我花了整个周末**复习**备考。

evidence [ˈevɪdəns]	e（出来）+ vid（看见）+ ence（名词后缀）→能够看出端倪的东西→证明，证据

They have destroyed all the **evidence**. 他们销毁了一切**证据**。

I had no concrete **evidence**. 我当时没有明确而具体的**证据**。

supervise [ˈsu:pəvaɪz]	super（上面）+ vis（看见）+ e（动词后缀）→在上面看着你、盯着你→监督，指导

A team was sent to **supervise** the elections. 一队人马被派去**监督**选举。

Nurses were **supervised** by a consultant physician. 护士们由一位顾问医师**指导**。

supervision [ˌsu:pəˈvɪʒən]	super（上面）+ vis（看见）+ ion（名词后缀）→监督，监管

A toddler requires close **supervision** at all times. 刚学走路的孩子需要时刻认真**照看**。

Without **supervision**, the judges might misuse their power. 没有**监管**，裁判可能会滥用权力。

vision [ˈvɪʒn]	vis（看见）+ ion（名词后缀）→视力，视野

It causes blindness or serious loss of **vision**. 这会引起失明或严重的**视力**衰退。

The car blocked his **vision** and he could see nothing. 汽车挡住了他的**视野**，什么也看不见了。

video [ˈvɪdɪəʊ]	vid（看见）+ eo（名词后缀）→录像

All **video** equipment is on sale today and tomorrow. 所有**录像**设备今明两天降价出售。

A wedding is the perfect subject for **video**. 婚礼是极好的**录像**主题。

viv 生命

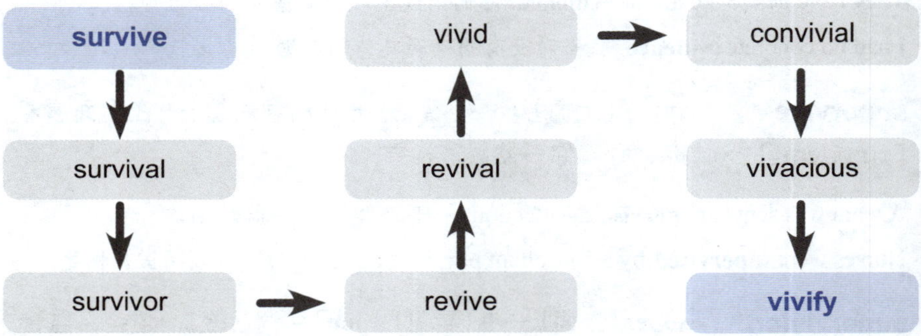

survive [sə'vaɪv]	**sur**（超过）+ **viv**（生命）+ **e**（动词后缀）→超过别人的生命→幸存，艰难渡过

They had **survived** by sheer determination. 他们全凭坚强的决心**幸存**下来。

The company managed to **survive** the crisis. 公司设法**艰难渡过**了危机。

survival [sə'vaɪvl]	**sur**（超过）+ **viv**（生命）+ **al**（名词后缀）→存活，生存

If cancers are spotted early there's a high chance of **survival**. 如果癌症在早期被发现，**存活**的概率就高。

Life became a struggle for **survival**. 生活变成了一场争取**生存**的斗争。

survivor [sə'vaɪvə(r)]	**sur**（超过）+ **viv**（生命）+ **or**（名词后缀，表示“人”）→（灾难性事故中的）幸存者，生还者

Officials said there were no **survivors** of the plane crash. 官员们说这次飞机失事中没有**幸存者**。

Firefighters led the **survivors** to safety. 消防队员把**幸存者**带到了安全的地方。

revive [rɪˈvaɪv]	**re**(再一次)+**viv**(生命)+**e**(动词后缀)→再一次有了生命→复活，(使)复苏

The flowers soon **revived** in water. 这些花见了水很快就**活过来**了。

The economy is beginning to **revive**. 经济开始**复苏**。

revival [rɪˈvaɪvl]	**re**(再一次)+**viv**(生命)+**al**(名词后缀)→复苏，再流行

It's a sure sign of economic **revival**. 这是经济**复苏**的确切迹象。

Jazz is enjoying a **revival**. 爵士音乐**再度盛行**。

vivid [ˈvɪvɪd]	**viv**(生命)+**id**(形容词后缀)→生动的，清晰的

The report paints a **vivid** picture of life in the city. 报告**生动地**描绘了都市生活。

People have **vivid** memories of the feeling of panic. 人们还**清晰地**记得那种恐慌感。

convivial [kənˈvɪvɪəl]	**con**(全部)+**viv**(生命)+**ial**(形容词后缀)→很有生命力的→(气氛或性格)欢快的，欢乐的

The atmosphere was quite **convivial**. 气氛很**欢快**。

We spend a **convivial** evening together. 我们度过了一个**欢乐的**夜晚。

vivacious [vɪˈveɪʃəs]	**viv**(生命)+**ac**(做)+**ious**(形容词后缀)→活泼的，可爱的

He had two pretty, **vivacious** daughters. 他有两个漂亮**活泼的**女儿。

She is beautiful, **vivacious**, and charming. 她美丽、**可爱**、迷人。

vivify [ˈvɪvɪˌfaɪ]	**viv**(生命)+**ify**(动词后缀，表示"使……")→使生动，使有生气

Outings **vivify** learning for children. 出游**使**孩子的学习变得**生动活泼**。

His remarks always **vivify** an otherwise dull story. 他的话总是**使**原本沉闷的故事**生动起来**。

voc/vok 叫喊

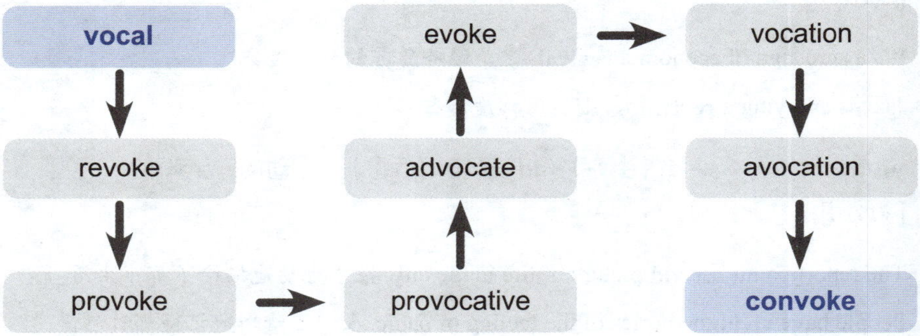

vocal ['vəʊkl]	**voc**（叫喊）+ **al**（形容词后缀）→直言不讳的，发声的

The protesters are a small but **vocal** minority. 抗议者人数不多但**敢于直言**。

She started **vocal** training at 12. 她从 12 岁就开始了**声乐**训练。

revoke [rɪ'vəʊk]	**re**（返回）+ **vok**（叫喊）+ **e**（动词后缀）→喊回来→撤回，撤销

The government **revoked** her licence. 政府**撤销**了她的许可证。

His driving licence was **revoked** after the crash. 他撞车后驾驶执照被**吊销**了。

provoke [prə'vəʊk]	**pro**（前面）+ **vok**（叫喊）+ **e**（动词后缀）→在别人面前大声地喊→激起，挑衅

The announcement **provoked** a storm of protest. 这个声明**激起**了抗议的风潮。

Most dogs will not attack unless **provoked**. 大多数狗受到**挑衅**才会攻击。

provocative [prə'vɒkətɪv]	**pro**(前面)+**voc**(叫喊)+**ative**(形容词后缀)→挑衅的，煽动性的

He has made a string of **provocative** speeches in recent years. 他最近几年做了一系列带有**挑衅的**演说。

The show is very imaginative and **provocative**. 这部电影极具想象力和**煽动性**。

advocate ['ædvəkeɪt]	**ad**(强调)+**voc**(叫喊)+**ate**(动词、名词后缀)→大声为你喊话→拥护，支持；拥护者，倡导者

The group does not **advocate** the use of violence. 该团体不**支持**使用暴力。

He was a strong **advocate** of free market policies. 他是自由市场政策的坚定**倡导者**。

evoke [ɪ'vəʊk]	**e**(出)+**vok**(叫喊)+**e**(动词后缀)→喊出来→引起，唤起

His case is unlikely to **evoke** public sympathy. 他的情况不大可能**引起**公众的同情。

The music **evoked** memories of her youth. 这乐曲**唤起**了她对青年时代的回忆。

vocation [vəʊ'keɪʃn]	**voc**(叫喊)+**ation**(名词后缀)→召唤去做的事情→职业，使命感

Nursing is not just a job—it's a **vocation**. 护理不仅仅是一份工作，还是一种**职业**。

She is a doctor with a strong sense of **vocation**. 她是一位具有强烈**使命感**的医生。

avocation [ˌævəʊ'keɪʃn]	**a**(否定前缀)+**vocation**(职业)→不是职业的→业余爱好，副业

Learning foreign languages is just an **avocation** with me. 学外语只是我的**业余爱好**。

Writing is just my **avocation**. 写作只是我的**副业**。

convoke [kən'vəʊk]	**con**(共同)+**vok**(叫喊)+**e**(动词后缀)→把大家都喊过来→召开(会议)

She sent messages **convoking** a meeting. 她通知**召开**会议。

The council may **convoke** a formal conference. 理事会可能会**召开**一次正式会议。

vol 意志，意愿

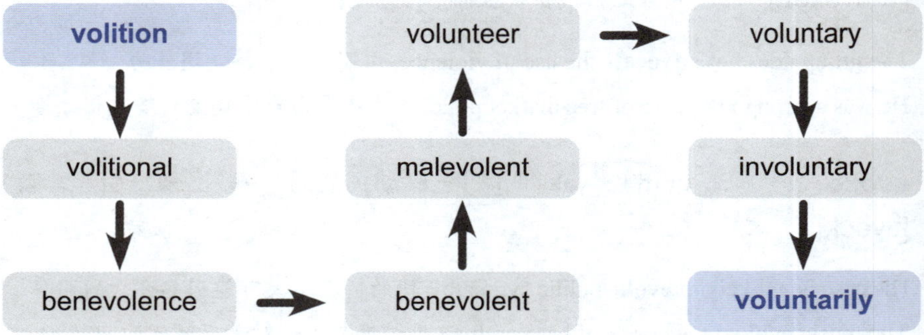

volition [və'lɪʃn]	**vol**（意志，意愿）+ **it**（走）+ **ion**（名词后缀）→意志（力），自愿选择

The man had gone to the police of his own **volition**. 那人是自己**主动**去投案的。

They left entirely of their own **volition**. 他们完全是**自愿**离开的。

volitional [və'lɪʃənl]	**vol**（意志，意愿）+ **it**（走）+ **ion**（名词后缀）+ **al**（形容词后缀）→意志的，凭意志的

He awed the world with his **volitional** quality. 他用自己坚强的**意志**震惊了世界。

Almost any deficit can be explained as **volitional**. 几乎任何缺陷都可解释为**意志方面的**原因。

benevolence [bə'nevələns]	**bene**（好）+ **vol**（意志，意愿）+ **ence**（名词后缀）→仁慈，慈善

A bit of **benevolence** from people in power is not what we need. 来自老板的一点点**仁慈**不是我们所需要的。

Benevolence can never be measured in money. **善举**绝不应该用金钱衡量。

benevolent [bəˈnevələnt]	**bene**(好)+**vol**(意志，意愿)+**ent**(形容词后缀)→仁慈的，乐善好施的

The company has proved to be a **benevolent** employer. 结果证明该公司是一个**仁慈的**雇主。
He possesses a mild and **benevolent** countenance. 他的面容温和而**慈祥**。

malevolent [məˈlevələnt]	**male**(坏)+**vol**(意志，意愿)+**ent**(形容词后缀)→有恶意的，有坏心肠的

Her stare was **malevolent**, her mouth a thin line. 她目光**狠毒**，嘴唇紧闭。
I have heard some **malevolent** misrepresentation of him. 我已听到一些对他**恶意**曲解的话。

volunteer [ˌvɒlənˈtɪə(r)]	**vol**(意志，意愿)+**unt**(名词后缀)→**eer**(名词、动词后缀)→自愿做事情的人→志愿者；自愿做

She helps in a local school as a **volunteer**. 她作为一名**志愿者**在当地一所学校帮忙。
He **volunteered** his services as a driver. 他**自愿**服务充当司机。

voluntary [ˈvɒləntrɪ]	**vol**(意志，意愿)+**unt**(名词后缀)+**ary**(形容词后缀)→自愿的，义务的

Attendance on the course is purely **voluntary**. 听这门课纯粹是**自愿的**。
In her spare time she does **voluntary work**. 她在业余时间做**义工**。

involuntary [ɪnˈvɒləntrɪ]	**in**(否定前缀)+**vol**(意志，意愿)+**unt**(名词后缀)+**ary**(形容词后缀)→非自愿的，不由自主的

Involuntary part-time employment is far higher than before. **非自愿**兼职的员工人数远高于之前。
She gave an **involuntary** shudder. 她**不由自主地**抖了一下。

voluntarily [ˈvɒləntrəlɪ]	**vol**(意志，意愿)+**unt**(名词后缀)+**arily**(副词后缀)→自愿地，无偿地

I would never leave here **voluntarily**. 我永远不会**自愿地**离开这里。
You can hardly expect her to do it **voluntarily**. 你不可能指望她**无偿地**做这事。

audi(t) 听见

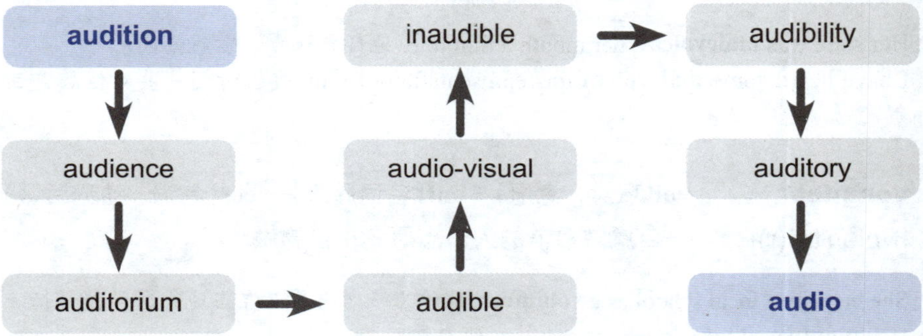

audition [ɔːˈdɪʃn]	**audit**（听见）+ **ion**（名词、动词后缀）→听力；试镜，试演

How does the hospital check **audition**? 医院怎么检查**听力**?

We **auditioned** over 300 children for the part. 我们为这个角色**面试**了300多名儿童。

audience [ˈɔːdɪəns]	**audi**（听见）+ **ence**（名词后缀）→听众，观众

The **audience** cheered and clapped. **观众**又是喝彩又是鼓掌。

The concert drew a large **audience**. 音乐会吸引了大量的**观众**。

auditorium [ˌɔːdɪˈtɔːrɪəm]	**audit**（听见）+ **orium**（名词后缀，表示"地点，场所"）→观众席，礼堂

She addressed an **auditorium** overflowing with journalists. 她向挤满了新闻记者的**观众席**致辞。

The **auditorium** pulsed with excitement. **礼堂**里洋溢着热烈的气氛。

audible ['ɔːdəbl]	**audi**(听见)+**ble**(形容词后缀，表示"能够")→听得见的

Her voice was barely **audible** above the noise. 一片嘈杂，她的声音只能勉强**听得见**。
An **audible** gasp went around the room. 房间里**听到**倒抽了一口气**的声音**。

audio-visual [ɔːdɪəʊ 'vɪʒʊəl]	**audi**(听见)+**o**(名词后缀)+**vis**(看见)+**ual**(形容词后缀)→视听的

Learners are encouraged to use more **audio-visual** aids. 鼓励学生借助更多的**视听**手段。
Teachers are preparing **audio-visual** aids for the classroom. 教师们正在准备课堂**视听**教具。

inaudible [ɪn'ɔːdəbl]	**in**(否定前缀)+**audi**(听见)+**ble**(形容词后缀，表示"能够")→听不见的

Sometimes the sound was **inaudible** to the human ear. 有时候这种声音人耳是**听不到的**。
His weak voice was almost **inaudible**. 他声音微弱得几乎**听不到**。

audibility [ˌɔːdə'bɪlətɪ]	**audi**(听见)+**bility**(名词后缀，表示"能力")→可听到，可听性

Couldn't those sounds be amplified into **audibility**? 难道这些声音不能放大成**可听到的**声音吗？
Soundproof panels can prevent echo and maximize **audibility**. 隔音板可以防止回声和最大限度地提高**可听性**。

auditory ['ɔːdətrɪ]	**audit**(听见)+**ory**(形容词后缀)→听的，听觉的

Teaching methods use both visual and **auditory** stimulation. 教学方法运用了视**听**刺激。
Children with **auditory** function deficit may be influenced. 患有**听觉**功能缺陷的儿童可能会受到影响。

audio ['ɔːdɪəʊ]	**audi**(听见)+**o**(名词、形容词后缀)→音频信号，声音；声音的，录音的

This digital **audio** player supports multiple formats. 这台数字**音频**播放器支持多种格式。
The software offer access to **audio** files. 该软件可以访问**音频**文件。

bel(l) 战争

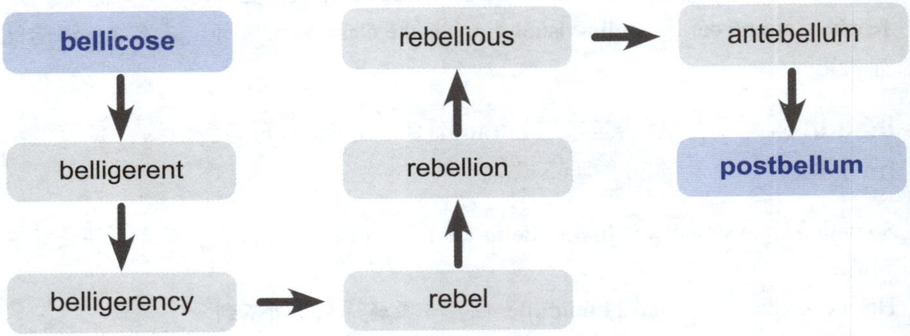

bellicose ['belɪkəʊs]	**bell**（战争）+ **icose**（形容词后缀，表示“具有……倾向的”）→好战的，好争辩的

He expressed alarm about the army’s **bellicose** statements. 他对军队日益**好战的**状态表示担忧。

Bellicose workers are problems of the factory.**好争吵的**工人是这家工厂的问题所在。

belligerent [bə'lɪdʒərənt]	**bell**（战争）+ **i**（连接）+ **ger**（产生）+ **ent**（形容词后缀）→产生战争情绪的→好战的，交战的

The mood at the meeting was **belligerent**. 会场笼罩着**好战的**气氛。

They interned **belligerent** ships in their harbour. 他们将**交战国的**舰船扣留在他们的港口。

belligerency [bɪ'lɪdʒərənsɪ]	**bell**（战争）+ **i**（连接）+ **ger**（产生）+ **ency**（名词后缀）→交战（状态）

It shows how much the nature of modern **belligerency** is changing. 它说明了当代**交战**的性质正在改变。

The problem should be addressed in order to end the existing **belligerency**. 应该解决这个问题以结束现有的**交战状态**。

rebel [rɪ'bel/'rebl]	**re**（相反）+ **bel**（战争）→反抗，造反；造反者，反抗者

Most teenagers find something to **rebel** against. 大多数青少年都有**反抗**意识。

The **rebel** wanted to get away from the country. **造反者**想脱离国家。

rebellion [rɪ'beljən]	**re**（相反）+ **bell**（战争）+ **ion**（名词后缀）→谋反，叛乱

The army put down the **rebellion**. 军队镇压了**叛乱**。

They hadn't reckoned on a **rebellion**. 他们没有料到会发生**叛乱**。

rebellious [rɪ'beljəs]	**re**（相反）+ **bell**（战争）+ **ious**（形容词后缀）→叛乱的，反叛的

The **rebellious** soldiers almost destroyed the whole city. **造反的**士兵们几乎摧毁了整个城市。

The film is imbued with the star's **rebellious** spirit. 这部电影充满了那位明星的**反叛**精神。

antebellum [ˌæntɪ'beləm]	**ante**（前）+ **bell**（战争）+ **um**（形容词后缀）→战前的

The city has notable **antebellum** houses. 这个城市保留着许多闻名的**战前的**古建筑。

The portrait shows life during the **antebellum** period. 这幅肖像画展示了**战前的**生活。

postbellum ['pəʊst'beləm]	**post**（后面）+ **bell**（战争）+ **um**（形容词后缀）→战后的

The novel is set in the **postbellum** period. 该小说的背景是**战后**时期。

He never forgot the hardships of the **postbellum** South. 他从未忘记过**战后**南部的艰辛。

cept 拿，取

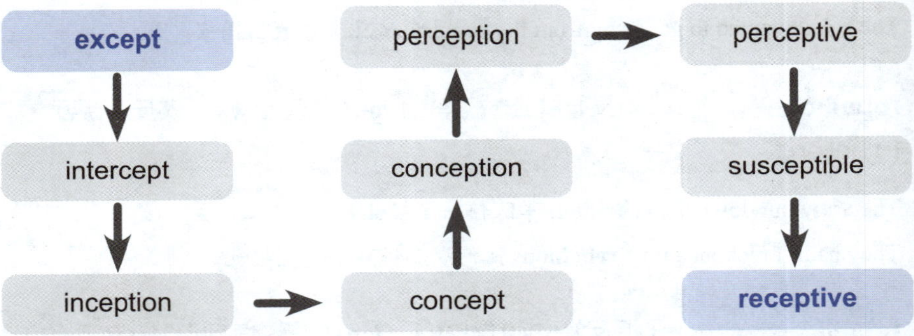

except [ɪk'sept]	**ex**(出去)+**cept**(拿，取)→把东西拿出去→除……外，不包括

Children under five are **excepted** from the survey. 五岁以下的儿童**不在**调查**之列**。

They all went to sleep **except** me. **除**我**之外**，他们都去睡觉了。

intercept [ˌɪntə'sept]	**inter**(中间)+**cept**(拿，取)→从中间拿走→拦截，阻截

They were in charge of the cases about radio **intercepts**. 他们负责关于无线电**窃听**类的案件。

It is illegal to **intercept** radio messages. **拦截**无线电报是非法的。

inception [ɪn'sepʃn]	**in**(里面)+**cept**(拿，取)+**ion**(名词后缀)→拿到里面来→(机构、组织等的)开端，创始

The club has grown rapidly since its **inception**. 这个俱乐部自**成立**以来发展迅速。

She has been on the board since its **inception**. 自从**开业**起她就是董事会成员了。

concept ['kɒnsept]	**con**(全部) + **cept**(拿，取)→把东西全都拿来，形成完整的认知→概念，观念

He can't grasp the basic **concepts** of mathematics. 他无法掌握数学的基本**概念**。
These old **concepts** are irreconcilable with modern life. 这些旧**观念**与现代生活是相互对立的。

conception [kən'sepʃn]	**con**(全部) + **cept**(拿，取) + **ion**(名词后缀)→概念，构想

He has no **conception** of how difficult life is if you're unemployed. 他**不懂**得失业后生活会是怎样的艰难。
The **conception** failed because of lack of money. 这个**构想**终因资金不足而告流产。

perception [pə'sepʃn]	**per**(穿过) + **cept**(拿，取) + **ion**(名词后缀)→看穿事物的本质→看法，洞察力

He is interested in how our **perceptions** of love. 他对我们的爱情**观**感兴趣。
She showed great **perception** in her assessment of the situation. 她对状况的分析显示出敏锐的**洞察力**。

perceptive [pə'septɪv]	**per**(穿过) + **cept**(拿，取) + **ive**(形容词后缀)→理解力强的，有洞察力的

It was very **perceptive** of you to notice that. 你能注意到此事，真够**敏锐的**。
His comment was very **perceptive**. 他的评论极**具洞察力**。

susceptible [sə'septəbl]	**sus**(底下) + **cept**(拿，取) + **ible**(形容词后缀，表示"能够")→很容易从底下拿走→易受影响的，易患(病)的

Young people are the most **susceptible** to advertisements. 年轻人最容**易受**广告**影响**。
Walking with weights makes the shoulders **susceptible** to injury. 负重行走使肩膀很**容易受**伤。

receptive [rɪ'septɪv]	**re**(一次次) + **cept**(拿，取) + **ive**(形容词后缀)→可以一次次地拿过来→乐于接受的，愿意倾听的

She was always **receptive** to new ideas. 她总是**愿意接受**新观点。
The voters had seemed **receptive** to his ideas. 选民似乎**乐于接受**他的想法。

cert 确实，确信

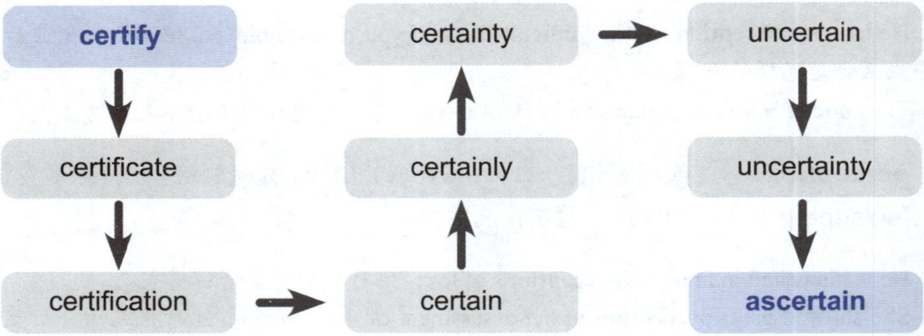

certify ['sɜːtɪfaɪ]	**cert**（确实，确信）+ **ify**（动词后缀，表示“使……”）→使……成为确实的→证实，证明

He was **certified** dead on arrival. 他送到时被**证实**已死亡。

I **certify** that he has received your money. 我**证明**他已经收到了你的钱。

certificate [sə'tɪfɪkət]	**cert**（确实，确信）+ **i**（连接）+ **fic**（做）+ **ate**（名词后缀）→可以证实的东西→证书，证明

To the right of the clock are various framed **certificates**. 钟表右侧是各式各样加框的**证书**。

He was shown a photocopy of the **certificate**. 给他看了**证书**的复印件。

certification [ˌsɜːtɪfɪ'keɪʃn]	**cert**（确实，确信）+ **i**（连接）+ **fic**（做）+ **ation**（名词后缀）→证明，资质证书

An employer can demand relevant written **certification**. 雇主可要求相关的书面**证明**。

He received his **certification** as an English teacher. 他获得了英语教师**资格证**。

certain ['sɜːtn]	**cert**（确实，确信）+ **ain**（形容词后缀）→确信的，肯定的

Are you absolutely **certain** about this? 你对这事绝对**确信**无疑吗？
It is **certain** that they will agree. 他们**肯定**会同意。

certainly ['sɜːtnlɪ]	**cert**（确实，确信）+ **ain**（形容词后缀）+ **ly**（副词后缀）→肯定地，无疑地

I'm **certainly** never going there again. 我**肯定**不会再去那里了。
The public is **certainly** getting tired of hearing about it. 公众**无疑**厌倦了听这方面的事。

certainty ['sɜːtntɪ]	**cert**（确实，确信）+ **ain**（形容词后缀）+ **ty**（名词后缀）→确定性，必然的事

I can't say with any **certainty** where I'll be next week. 我根本不**确定**我下周会在什么地方。
Her return to the team now seems a **certainty**. 她的归队现在似乎已成**定局**。

uncertain [ʌn'sɜːtn]	**un**（否定前缀）+ **cert**（确实，确信）+ **ain**（形容词后缀）→不确定的，犹豫的

It is **uncertain** what his role in the company will be. 他在公司担任什么职务**尚未决定**。
They're both **uncertain** about what to do. 他们两人都**拿不定主意**该怎么办。

uncertainty [ʌn'sɜːtntɪ]	**un**（否定前缀）+ **cert**（确实，确信）+ **ain**（形容词后缀）+ **ty**（名词后缀）→犹豫，拿不定的事

He had an air of **uncertainty** about him. 他露出**将信将疑**的神情。
It was a time of terrible **uncertainty**. 那是一段非常**不确定**的时期。

ascertain [ˌæsə'teɪn]	**as**（强调）+ **cert**（确实，确信）+ **ain**（动词后缀）→查明，查清

It can be difficult to **ascertain** the facts. 可能难以**查明**事实真相。
The police are trying to **ascertain** what really happened. 警方正设法**查清**到底发生了什么。

clar 清楚，明白

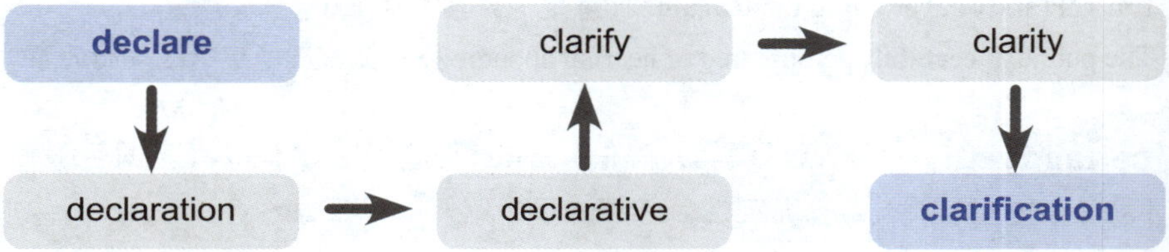

declare [dɪˈkleə(r)]	**de**（强调）+ **clar**（清楚，明白）+ **e**（动词后缀）→把事情说明白→宣布，声明

The area has been **declared** a national park. 该地区已**宣布**为国家公园。

He **declared** that he was innocent. 他**声称**自己是无罪的。

declaration [ˌdekləˈreɪʃn]	**de**（强调）+ **clar**（清楚，明白）+ **ation**（名词后缀）→声明，宣言

They issued a **declaration** at the close of the talks. 他们在会谈结束时发表了**声明**。

The **declaration** was published in August 1687. 这份**宣言**是 1687 年 8 月公布的。

declarative [dɪˈklærətɪv]	**de**（强调）+ **clar**（清楚，明白）+ **ative**（形容词后缀）→公告的，宣言的

Officials began posting **declarative statement**. 官员们开始发布**公告**声明。

Simple things should be **declarative**. 简单的事情应该是**声明性的**。

clarify [ˈklærəfaɪ]	**clar**（清楚，明白）+ **ify**（动词后缀，表示“使……”）→把东西说清楚→阐明，澄清

I hope this **clarifies** my position. 我希望这能**阐明**我的立场。

Thank you for allowing me to **clarify** the present position. 谢谢你允许我**澄清**目前的状况。

clarity ['klærətɪ]	**clar**（清楚，明白）+ **ity**（名词后缀）→清晰，明确

It was a model of **clarity**. 这是表达**清晰**的范例。

What he need is the **clarity** of purpose. 他需要的是目的**明确**。

clarification [ˌklærəfɪ'keɪʃn]	**clar**（清楚，明白）+ **i**（连接）+ **fic**（做）+ **ation**（名词后缀）→阐明，澄清

I am seeking **clarification** of the regulations. 我正在努力**弄清楚**这些规则。

The police later issued a **clarification**. 警方之后对此做出了**澄清**。

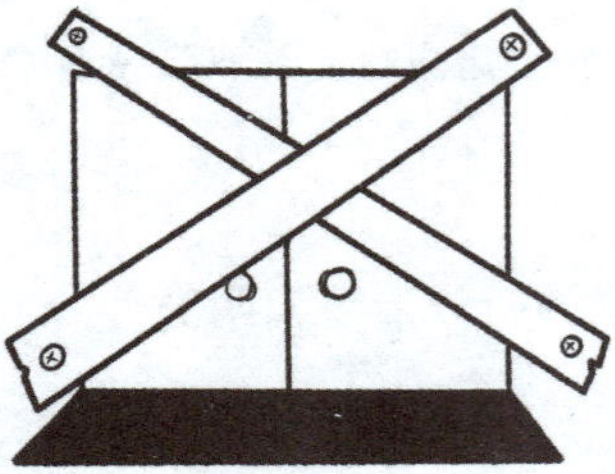

clud/clus 关闭

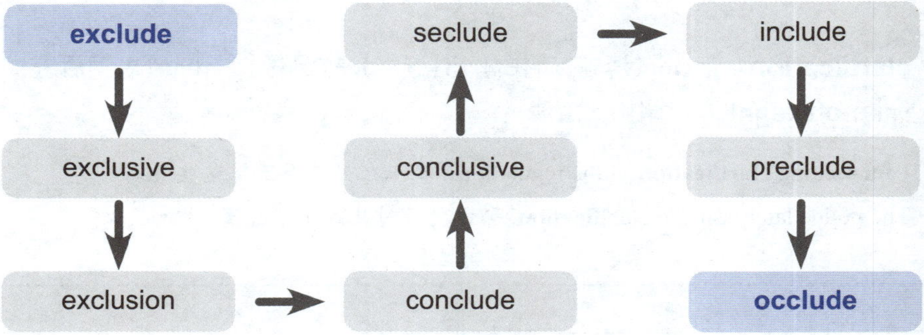

exclude [ɪk'skluːd]	**ex**（出）+ **clud**（关闭）+ **e**（动词后缀）→把别人关在外面→不包括，隔绝，排除

Buses run every hour, Sundays **excluded**. 公共汽车每小时一班，星期天**除外**。

Thick curtains help to **exclude** street noises. 厚窗帘有助于**隔绝**街上的噪声。

exclusive [ɪk'skluːsɪv]	**ex**（出）+ **clus**（关闭）+ **ive**（名词、形容词后缀）→排除掉别人，只剩下自己→独家新闻，独家报道；独有的，专用的

Some papers thought they had an **exclusive**. 一些报社以为他们有一条**独家报道**。

The interview is **exclusive** to this magazine. 这是本杂志的**独家**采访。

exclusion [ɪk'skluːʒn]	**ex**（出）+ **clus**（关闭）+ **ion**（名词后缀）→排斥，排除在外

Exclusion of air creates a vacuum in the bottle. 瓶子里的空气**排出**后就产生真空。

His **exclusion** from the club hurt him very much. 他被**排除**在俱乐部之外，这对他伤害很大。

conclude [kən'klu:d]	**con**（全部）+ **clud**（关闭）+ **e**（动词后缀）→全都关闭了，不再变化了→得出结论，终止

What do you **conclude** from that? 你从这件事中**得出**了什么**结论**?

The commission **concluded** its investigation last month. 委员会在上个月**终止**了调查。

conclusive [kən'klu:sɪv]	**con**（全部）+ **clus**（关闭）+ **ive**（形容词后缀）→不容置疑的，确凿的

The findings were by no means **conclusive**. 调查结果**不足为信**。

Her attorneys claim there is no **conclusive** evidence. 她的律师们声称没有任何**确凿**证据。

seclude [sɪ'klu:d]	**se**（分开）+ **clud**（关闭）+ **e**（动词后缀）→关起来，使其与其他事物分开→与……隔绝，隐居

She **secludes** herself in her study to work. 她把自己**关**在书房里工作。

You can't **seclude** yourself from the world. 你不能让自己**与世隔绝**。

include [ɪn'klu:d]	**in**（里面）+ **clud**（关闭）+ **e**（动词后缀）→关到里面→包括，使成为……的一部分

Does the price **include** tax? 这个价钱是否**包括**税款?

We all went, me **included**. 我们都去了，**连我在内**。

preclude [prɪ'klu:d]	**pre**（前面）+ **clud**（关闭）+ **e**（动词后缀）→提前关上，不让别人进来→使行不通，阻止

Lack of time **precludes** any further discussion. 由于时间不足，**不可能**进行深入的讨论。

His difficulties **preclude** him from leading a normal life. 他的困境使他**无法**过正常人的生活。

occlude [ə'klu:d]	**oc**（强调）+ **clud**（关闭）+ **e**（动词后缀）→使闭塞，遮盖

Thick make-up can **occlude** the pores. 浓妆艳抹会**阻塞**毛孔。

It is placed at eye level with one eye **occluded**. 把它放在齐目高度并**遮住**一只眼睛。

cord 内心

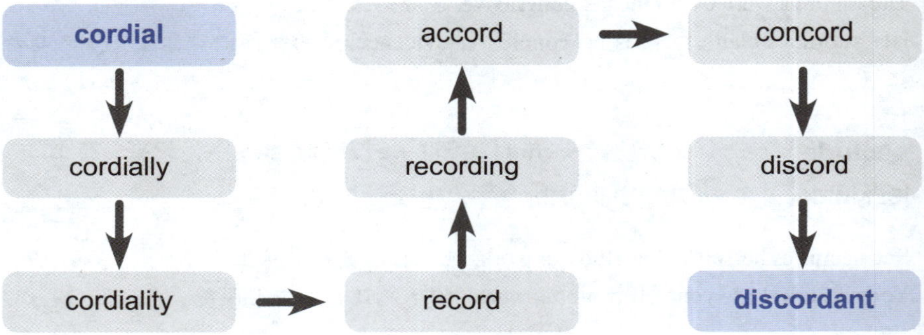

cordial ['kɔːdɪəl]	**cord**（内心）+ **ial**（形容词后缀）→发自内心的→热情友好的，诚挚的

The atmosphere was **cordial** and relaxed. 气氛轻松**友好**。
Please accept my **cordial** and humblest apologies. 请接受我**诚挚**而谦逊**的**歉意。

cordially ['kɔːdɪəlɪ]	**cord**（内心）+ **ial**（形容词后缀）+ **ly**（副词后缀）→热情友好地，由衷地

They all greeted me very **cordially**. 他们非常**友善地**和我打招呼。
He was **cordially** glad when the ceremony was ended. 仪式结束时，他**由衷地**感到高兴。

cordiality [ˌkɔːdɪ'ælətɪ]	**cord**（内心）+ **ial**（形容词后缀）+ **ity**（名词后缀）→热情，友好

The banquet is being held in an atmosphere of **cordiality**. 宴会在**热情友好**的气氛中进行着。

I was greeted with a show of **cordiality**. 我受到了**热情**的欢迎。

record [rɪˈkɔːd/ˈrekɔːd]	**re**（返回）+ **cord**（内心）→返回到内心，忠实于初心→记录，记载

Her childhood is **recorded** in the diaries. 她的童年生活都**记**在日记里。
You should keep a **record** of your expenses. 你应该**记下**你的各项开支。

recording [rɪˈkɔːdɪŋ]	**re**（返回）+ **cord**（内心）+ **ing**（名词后缀）→记载，录音

They found the **recording** of financial transactions. 他们发现了关于金融交易的**记载**。
The quality of the **recording** is excellent. **录音**质量相当不错。

accord [əˈkɔːd]	**ac**（强调）+ **cord**（内心）→和内心完全一样→（与……）一致，符合；协议，条约

The two sides signed a peace **accord** last June. 在刚过去的六月，双方签订了和平**条约**。
This action would be in **accord** with our policy. 这一行动**符合**我们的方针。

concord [ˈkɒŋkɔːd]	**con**（全部）+ **cord**（内心）→大家的心都在一起→和谐，和睦

The policy is made for the sake of national **concord**. 该政策是为国家的**和谐**而制定的。
We should live in **concord** with neighbouring states. 我们应该与邻国**和睦**相处。

discord [ˈdɪskɔːd]	**dis**（分开）+ **cord**（内心）→不一致，不和

Many are being plagued by family **discord**. 很多人都受到家庭**不和**的困扰。
A note of **discord** surfaced during the proceedings. 事件进程中出现了**不和**的征象。

discordant [dɪsˈkɔːdənt]	**dis**（分开）+ **cord**（内心）+ **ant**（形容词后缀）→不一致的，不和的

His agenda is **discordant** with ours. 他的日程与我们的有**冲突**。
This is a study of children in **discordant** homes. 这是一项针对**有矛盾**家庭中孩子的研究。

cred 相信，信任

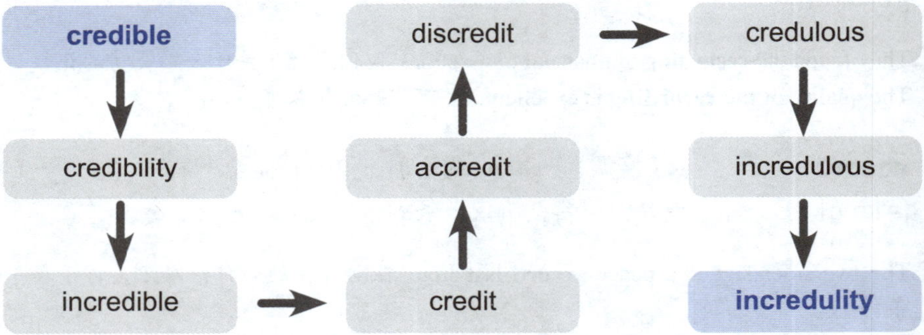

credible ['kredəbl]	**cred**（相信，信任）+ **ible**（形容词后缀，表示“能够”）→可靠的，可信的

I believe he is a **credible** witness. 我相信他是一个**可靠的**证人。
Her claims seem **credible** to many. 她的说法似乎在许多人看来是**可信的**。

credibility [ˌkredə'bɪlətɪ]	**cred**（相信，信任）+ **ibility**（名词后缀）→可信性，可靠性

The lawyer tried to undermine the **credibility** of the witness. 律师曾试图竭力削弱证人的**可信性**。
Credibility holds the key to development. **诚信**是发展的关键。

incredible [ɪn'kredəbl]	**in**（否定前缀）+ **cred**（相信，信任）+ **ible**（形容词后缀，表示“能够”）→难以置信的，不可思议的

I felt I'd made an **incredible** discovery. 我感到自己有了一个**惊人的**发现。
That's the most **incredible** coincidence. 这是最**不可思议的**巧合。

credit ['kredɪt]	**cred**（相信，信任）+ **it**（走）→值得大家走过去相信你→信誉，信贷

Her **credit** isn't good anywhere now. 她现在弄得**信誉**扫地。

The bank refused to extend their **credit**. 银行拒绝提供**信用贷款**。

accredit [ə'kredɪt]	**ac**（强调）+ **cred**（相信，信任）+ **it**（走）→非常相信地走到你面前→认为（某事为某人所说、所做），委派（……为大使）

The discovery of distillation is usually **accredited** to the Arabs. 蒸馏法通常被**认为**是阿拉伯人发明的。

He was **accredited** to Lebanon. 他被**委任为**驻黎巴嫩**大使**。

discredit [dɪs'kredɪt]	**dis**（否定前缀）+ **cred**（相信，信任）+ **it**（走）→使怀疑，使丧失信誉

These theories are now **discredited** among linguists. 这些理论现已受到语言学家的**质疑**。

His political adversaries would like to **discredit** him. 他的政敌想**破坏**他的**声誉**。

credulous ['kredjələs]	**cred**（相信，信任）+ **ulous**（形容词后缀）→特别容易相信别人的→轻信的，易受骗的

Credulous people are easily misled by false advertisements. **轻信的**人很容易上虚假广告的当。

Some people are so **credulous** that they would believe anything. 有些人很容易**轻信**，什么都相信。

incredulous [ɪn'kredjələs]	**in**（否定前缀）+ **cred**（相信，信任）+ **ulous**（形容词后缀）→不肯相信的，表示怀疑的

Her voice was **incredulous**. 她的声音是**怀疑的**。

She cast an **incredulous** look at me. 她带着**疑问的**眼神看了我一眼。

incredulity [ˌɪnkrə'djuːlətɪ]	**in**（否定前缀）+ **cred**（相信，信任）+ **uility**（名词后缀）→怀疑，不轻信

The announcement has been met with **incredulity**. 该公告受到了人们的**质疑**。

He stared down the street in **incredulity**. 他**不相信**地瞪着眼看街道的前方。

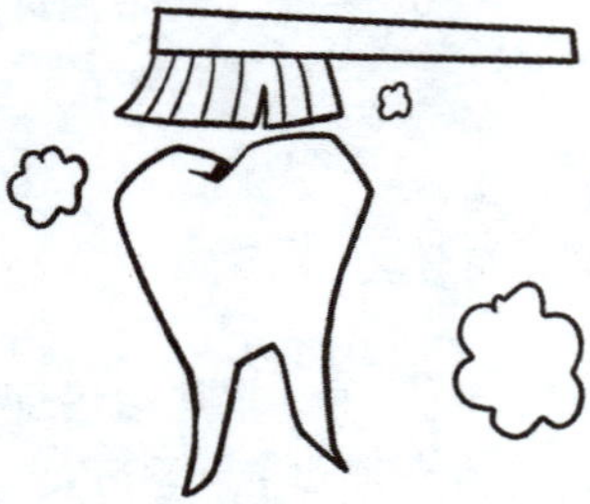

dent 牙

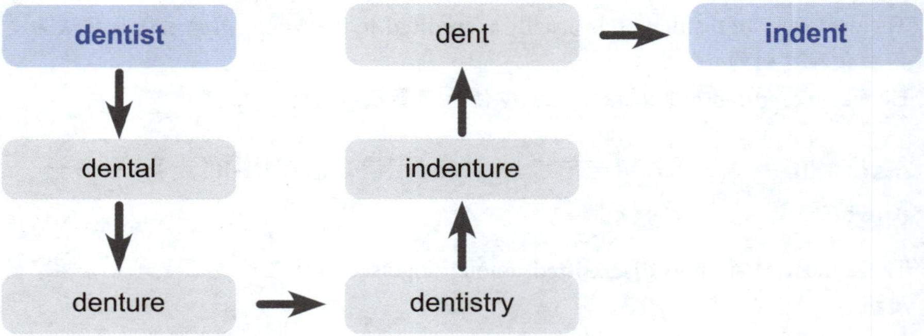

dentist ['dentɪst]	**dent**（牙）+ **ist**（名词后缀，表示“专业的人”）→牙科医生

It's worse than being at **the dentist's**. 这比在**牙医诊所**还要糟。

I have to go to the **dentist** tomorrow. 我明天得去看**牙医**。

dental ['dentl]	**dent**（牙）+ **al**（形容词后缀）→牙齿的，牙科的

Regular **dental** care is important. 定期的**牙齿**保健非常重要。

I know it's a good idea to use **dental** floss. 我知道用**牙**线是个好主意。

denture ['dentʃə(r)]	**dent**（牙）+ **ure**（名词后缀）→像牙一样的东西→假牙

Here are the instructions for your **denture**. 这是使用**假牙**的各项注意事项。

You should leave your **denture** in your mouth all day. 你应该整天戴着你的**假牙**。

dentistry ['dentɪstrɪ]	**dent**（牙）+**istry**（名词后缀，表示“学科”）→牙科学

In those days, **dentistry** was basic. 那时候**牙科学**才刚起步。

He is considered the father of modern **dentistry**. 他被认为是现代**牙科学**之父。

indenture [ɪn'dentʃə(r)]	**in**（里面）+**dent**（牙）+**ure**（名词后缀）→咬紧牙关也要做完的事情→契约

She had to sign an **indenture** to sell herself, because she owed money to the landlord. 由于欠地主的钱，她不得已签了卖身**契约**。

He arrived in Maryland as an **indenture** servant. 他作为**契约**佣工来到马里兰州。

dent [dent]	**dent**（牙）→牙咬出的印记→凹痕；伤害，受挫

The back of the car was badly **dented** in the collision. 汽车尾部被撞后**凹陷**严重。

It seemed that nothing could **dent** his confidence. 似乎任何事情都不会使他的信心**受挫**。

indent [ɪn'dent]	**in**（里面）+**dent**（牙齿）→牙齿咬进去→空格；缩格

Please make an **indent** at the begin of each paragraph. 请在每段开头**空格**。

The first line of each paragraph should be **indented**. 每段的第一行应**缩格**。

fab(ul) 说话

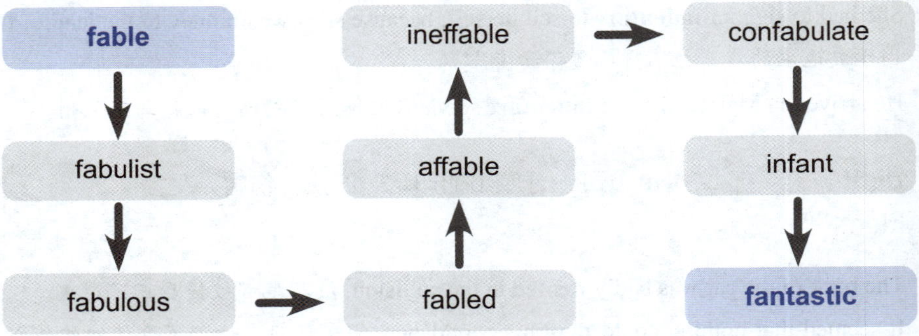

fable ['feɪbl]	**fab**（说话）+ **le**（名词后缀）→说出一个故事讲一个道理→寓言

He had some motive in telling this **fable**. 他讲这**寓言故事**是有用意的。

Fables often have animals as the main characters. **寓言**常以动物为主角。

fabulist ['fæbjəlɪst]	**fabul**（说话）+ **ist**（名词后缀，表示“专业的人”）→寓言家

This is a fable written by a French **fabulist**. 这个寓言是由一名法国**寓言家**编写的。

Aesop is an ancient Greek **fabulist**. 伊索是古希腊的**寓言家**。

fabulous ['fæbjələs]	**fabul**（说话）+ **ous**（形容词后缀）→仅仅是凭空说出来的→虚构的，极好的

There are many **fabulous** creatures in his novel. 他的小说中出现了很多**虚构的**怪物。

The scenery and weather were **fabulous**. 景色和天气都**好极了**。

fabled ['feɪbld]	**fab**（说话）+ **led**（形容词后缀）→传说中的，假想的

He never actually saw the **fabled** stranger. 他实际上从没见到**传说中的**陌生人。
The **fabled** kingdom was ruled by monsters. **假想的**王国是由巨怪统治的。

affable ['æfəbl]	**af**（强调）+ **fab**（说话）+ **le**（形容词后缀，表示"易于"）→特别容易说话的→和蔼可亲的

Mr. Brown is an extremely **affable** man. 布朗先生是一个极为**和蔼的**人。
Professor Li was normally **affable** and untalkative. 李教授通常**和蔼可亲**、不善言辞。

ineffable [ɪn'efəbl]	**in**（否定前缀）+ **ef**（出）+ **fab**（说话）+ **le**（形容词后缀，表示"易于"）→无法用语言说出来的→难以形容的，不可言喻的

The beauty of a sunset is **ineffable**. 日落的美是**难以形容的**。
Ineffable joy expressed itself in a burst of applause. **不可言喻的**喜悦从热烈的掌声中表现出来。

confabulate [kən'fæbjʊˌleɪt]	**con**（全部）+ **fabul**（说话）+ **ate**（动词后缀）→大家一起说话→交谈，聊天

She could be heard on the phone **confabulating** with someone. 从电话里能听到她正在和别人**说话**。
I'd like to **confabulate** with my friends at weekends. 我喜欢在周末和我的朋友**聊天**。

infant ['ɪnfənt]	**in**（否定前缀）+ **fant**（**fab** 的变体，表示"说话"）→婴儿，幼儿

He was seriously ill as an **infant**. 他**年幼**时曾患重病。
On a global scale, AIDS may well become the leading cause of **infant** death. 艾滋病很可能会成为造成全球**婴儿**死亡的首要原因。

fantastic [fæn'tæstɪk]	**fant**（**fab** 的变体，表示"说话"）+ **astic**（形容词后缀）→说出来的→富于想象的，不切实际的，好极了的，极好的

You must abandon this **fantastic** scheme. 你必须放弃这个**不切实际的**计划。
For some inexplicable reason he gave up a **fantastic** job. 由于某种莫名其妙的原因，他放弃了一份**很不错的**工作。

fact 做

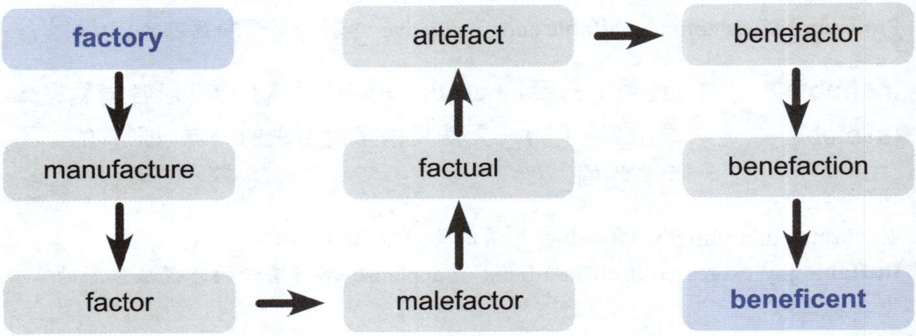

factory ['fæktrɪ]	**fact**（做）+ **ory**（名词后缀，表示"地点"）→工厂，制造厂

A strike has shut the **factory**. 罢工使**工厂**停业。

The **factory** is now fully automated. 这家**工厂**现在是全自动化的。

manufacture [ˌmænjʊ'fæktʃə(r)]	**manu**（手，操作）+ **fact**（做）+ **ure**（名词、动词后缀）→大量制造，制造业；（用机器大量）生产，制造

The equipment used for the **manufacture** of cars was expensive. 用于汽车**制造**的设备花费巨大。

This firm **manufactures** cars. 这家公司**生产**汽车。

factor ['fæktə(r)]	**fact**（做）+ **or**（名词后缀）→做事情的必要条件→因素，要素

Lack of cash is a limiting **factor**. 现金短缺是一个制约**因素**。

Heredity is not a **factor** in causing the cancer. 遗传并非导致这种癌症的一个**因素**。

malefactor ['mælɪfæktə(r)]	male(坏)+fact(做)+or(名词后缀，表示“人”)→做坏事的人→犯罪分子，道德败坏的人

The **malefactor** was sentenced to death. 这个**罪犯**被判处死刑。
The lawyer had saved many **malefactors** from going to jail. 这名律师曾帮很多**坏人**脱罪。

factual ['fæktʃʊəl]	fact(做)+ual(形容词后缀)→做出来的事情→事实的，真实的

The editorial contained several **factual** errors. 这篇社论有几处**事实性**错误。
All the cases mentioned are **factual**. 所有被提及的案例都是**真实的**。

artefact ['ɑːtɪfækt]	art(艺术)+e(连接)+fact(做)→手工艺品，人工制品

They also repair broken traditional **artefacts**. 他们也修补破损的传统**手工艺品**。
These gold and silver **artefacts** are very collectible. 这些金银**制品**极具收藏价值。

benefactor ['benɪfæktə(r)]	bene(好)+fact(做)+or(名词后缀，表示“人”)→做好事的人→捐助人，赞助人

In his old age he became a **benefactor** of the arts. 他晚年成了一位艺术**赞助人**。
An anonymous **benefactor** provided the prize money. 一位匿名**捐助人**提供了奖金。

benefaction [ˌbenɪ'fækʃn]	bene(好)+fact(做)+ion(名词后缀)→捐赠，慈善行为

A large proportion of their income comes from **benefactions**. 他们收入的很大一部分来自**捐赠**。
She made many charitable **benefactions**. 她做了许多慈善**捐赠**。

beneficent [bɪ'nefɪsnt]	bene(好)+fic(fact的变体，表示“做”)+ent(形容词后缀)→行善的，慈善的

I generally find in life that **beneficent** acts are answered in kind. 我发现生活中总是**善**有善报。
The **beneficent** donation provides help for needy children. **慈善**捐助为贫困孩子提供了帮助。

fict/fig 塑造，虚构

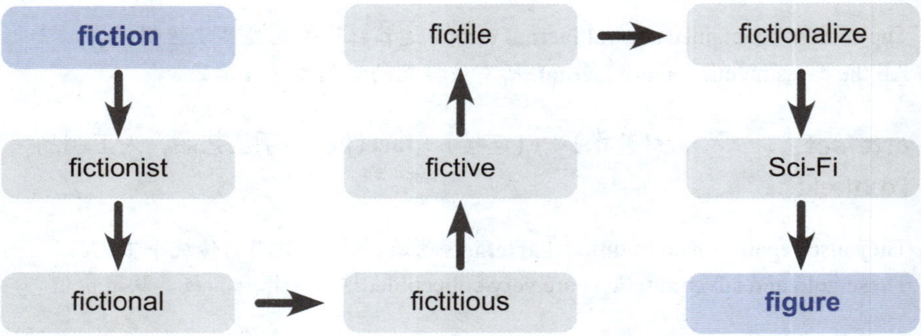

fiction ['fɪkʃn]	**fict**（塑造，虚构）+ **ion**（名词后缀）→虚构出来的事→虚构的事，小说

The truth or **fiction** of this story has never been truly determined. 这个故事是真实还是**虚构**，一直没有定论。
Real life is sometimes stranger than **fiction**. 现实生活有时比**小说**还离奇。

fictionist ['fɪkʃənɪst]	**fict**（塑造，虚构）+ **ion**（名词后缀）+ **ist**（名词后缀，表示"专业的人"）→小说家，创作家

The **fictionist** is busy preparing for his new work. 这位**小说家**正忙着准备他的新作品。
Willa Cather is an eminent American **fictionist**. 威拉·凯瑟是美国著名的**小说家**。

fictional ['fɪkʃənl]	**fict**（塑造，虚构）+ **ion**（名词后缀）+ **al**（形容词后缀）→虚构的，小说（中）的

It is drama featuring **fictional** characters. **虚构的**人物是戏剧的特点。
Almost all **fictional** detectives are unreal. 几乎所有**小说里的**侦探都是虚构的。

fictitious [fɪk'tɪʃəs]	fict（塑造，虚构）+ itious（形容词后缀）→虚构的，虚假的

All the places and characters in my novel are **fictitious**. 我小说中的人物和地点纯属**虚构**。
We're interested in the source of these **fictitious** rumours. 我们对这些**子虚乌有的**谣言的来源感兴趣。

fictive ['fɪktɪv]	fict（塑造，虚构）+ ive（形容词后缀）→虚构的，凭想象力创作出来的

The novel use **fictive** universe to capture the children's imagination. 小说用**虚拟**宇宙来启发孩子们的想象力。
The painting is framed by **fictive** architectural elements. 这幅画是由**虚构的**建筑元素组成的。

fictile ['fɪktaɪl]	fict（塑造，虚构）+ ile（形容词后缀，表示"易于……"）→可塑造性的，陶土制的

Fictile material helps artistic creation. **可塑性强的**材料有助于艺术创作。
The small village is famous for its **fictile ware**. 这个小镇以**陶器**闻名。

fictionalize ['fɪkʃənəlaɪz]	fict（塑造，虚构）+ ion（名词后缀）+ al（形容词后缀）+ ize（动词后缀）→把（真人真事）改编成小说（或电影），故事化

We had to **fictionalize** names. 我们不得不把名字**小说化**。
How do you think of the **fictionalized** account of his childhood? 你如何看待关于他童年的**小说式**描述？

Sci-Fi [saɪ faɪ]	Sci（science 的缩写，表示"科学"）+ Fi（fiction 的缩写，表示"小说"）→科幻小说（本词也可写成 science fiction）。

What kind of books do you like? Fiction? **Sci-Fi**? Romance? 你喜欢什么类型的书呢？小说？**科幻小说**？爱情小说？
The idea of cloning extinct life forms still belongs to **science fiction**. 克隆已经灭绝的生物的想法仍旧只限于**科幻小说**中。

figure ['fɪgə(r)]	fig（塑造，虚构）+ ure（名词、动词后缀）→（绘画或故事中的）人；认为，理解

The central **figure** in the painting is the artist's daughter. 画中间那个**人**是画家的女儿。
I can't **figure out** why he is absent. 我**弄不明白**他为什么缺席。

flor 花

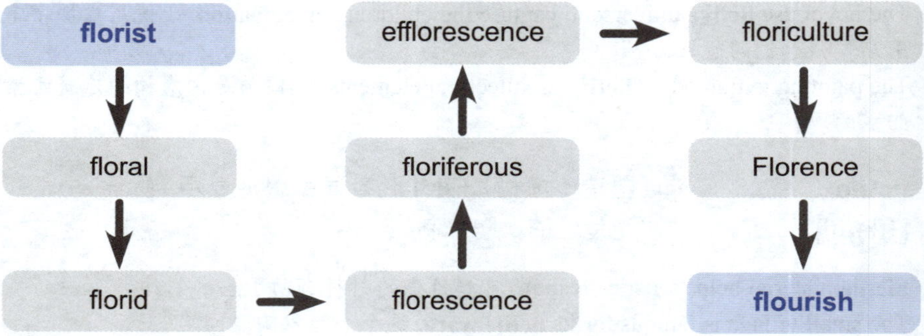

florist ['flɒrɪst]	**flor**（花）+ **ist**（名词后缀，表示“专业的人”）→花商，种花人

A **florist** employs a designer to decorate its shop. **花商**雇了一个设计师来装饰它的店铺。
Our **florist's** is a professional entities set shop. 我们的**花店**是一家专业的实体店。

floral ['flɔːrəl]	**flor**（花）+ **al**（形容词后缀）→花的，绘有花的

The house was decorated with imaginative **floral** arrangements. 该房子装饰着富有创意的插**花**。
She had a shirt with a **floral** pattern. 她曾经有一件**花**衬衣。

florid ['flɒrɪd]	**flor**（花）+ **id**（形容词后缀，表示“像……一样的”）→像花朵般的→面色红润的，过多修饰的

Can you see the **florid** man in the corner? 你能看见角落里那个**脸色红润的**男人吗？
Nobody likes this **florid** style with little content. 没有人喜欢这种缺乏内容的**华丽**文风。

florescence [flɔːˈresəns]	**flor**（花）+ **escence**（名词后缀）→花期

Their **florescence** usually lasts for two weeks. 它们的**花期**通常会持续两周。
As flower types vary, the **florescence** will be different. 花的品种不同，**花期**也不同。

floriferous [flɒˈrɪf(ə)rəs]	**flor**（花）+ **i**（连接）+ **fer**（生产）+ **ous**（形容词后缀）→多花的，开花的

It's a **floriferous** and long-lived plant. 它是一种**多花**且寿命长的植物。
Usually the more basal nodes are less **floriferous**. 通常越近基部的节上**开花**越少。

efflorescence [ˌefləˈresns]	**ef**（出来）+ **flor**（花）+ **escence**（名词后缀）→花都开出来了→开花期，开花

The **efflorescence** of my cherry tree is a highlight of springtime. 我那棵樱桃树的**花期**是春天的一大亮点。
I watered the flower beds to encourage the **efflorescence** of tulips. 我给花坛浇水，使郁金香**开花**。

floriculture [ˈflɔːrɪˌkʌltʃə]	**flor**（花）+ **i**（连接）+ **cult**（耕种）+ **ure**（名词后缀）→花卉栽培，养花

I hope to take up **floriculture** with my leisure. 我希望闲暇时从事**花卉栽培**工作。
Many kids these days know very little about **floriculture**. 现在很多城里的孩子对**养花**知之甚少。

Florence [ˈflɒrəns]	**flor**（花）+ **ence**（名词后缀）→意大利著名的旅游城市，被誉为鲜花之城→佛罗伦萨

The earliest European segmental arch bridge was built at **Florence**. 欧洲最早的拱桥是在**佛罗伦萨**建成的。
We had to get up early to make the 6 o'clock train for **Florence**. 我们得早起去赶6点开往**佛罗伦萨**的火车。

flourish [ˈflʌrɪʃ]	**flour**（**flor** 的变体，表示"花"）+ **ish**（动词后缀）→开满鲜花的景象→繁荣，兴旺，茁壮成长

Many businesses are **flourishing** in the present economic climate. 在目前的经济气候下，很多企业**兴旺发达**。
These plants **flourish** in a damp climate. 这些植物在潮湿的气候下**长势茂盛**。

f(o)und 基础

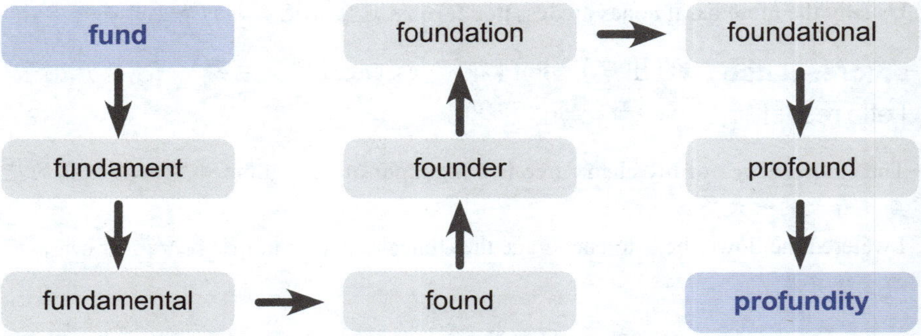

fund [fʌnd]	**fund**（基础）→启动一个项目的根基→资助；基金，专款

The airport is being **funded** by a construction group. 该机场正由一建筑集团**资助**。
The concert will raise **funds** for research into Aids. 这场音乐会将为艾滋病研究筹**款**。

fundament ['fʌndəmənt]	**fund**（基础）+ **a**（连接）+ **ment**（名词后缀）→基础，基本原理

Salads and pastas are the **fundaments** of California cuisine. 沙拉和意大利面是加州美食的**基础**。
The expert explained the **fundament** of banking in his paper. 该专家在论文中解释了银行业的**基本原理**。

fundamental [ˌfʌndə'mentl]	**fund**（基础）+ **a**（连接）+ **ment**（名词后缀）+ **al**（形容词后缀）→根本的，基本的

There is a **fundamental** difference between the two concepts. 这两个概念有**根本**区别。
There are three **fundamental** principles of teamwork. 团队合作有三个**基本**原则。

found [faʊnd]	**found**(基础)→打下基础→创办，把……建立在

He **founded** the charity in memory of his late wife. 他**创办**了这一慈善机构以纪念已故的妻子。

A good relationship has to be **founded** on trust. 基于信任**建立**良好的关系。

founder ['faʊndə(r)]	**found**(基础)+**er**(名词后缀，表示“人”)→创建者，创办者

He was one of the **founders** of the university. 他是该大学的**创建人**之一。

As **founder** and CEO, he oversaw marketing, sales and services for the company. 作为**创始人**和首席执行官，他负责监督公司的市场营销、销售和服务。

foundation [faʊn'deɪʃn]	**found**(基础)+**ation**(名词后缀)→地基，基础

Weak **foundations** caused the house to subside. 由于**地基**不实，房子出现下陷。

Mutual respect provides a solid **foundation** for marriage. 互相尊重是婚姻的牢固**基础**。

foundational [faʊn'deɪʃnəl]	**found**(基础)+**ation**(名词后缀)+**al**(形容词后缀)→基础的，基本的

Trust is a **foundational** component of a healthy relationship. 信任是良好关系的**基本**组成部分。

Action is the **foundational** key to all success. 行动是一切成功的**根本**。

profound [prə'faʊnd]	**pro**(前面)+**found**(基础)→提前打好基础→深远的，知识渊博的

Her speech made a **profound** impact on everyone. 她的讲话对每个人都有**深远的**影响。

This is a book full of **profound** insights. 这是一本充满**精辟**见解的书。

profundity [prə'fʌndətɪ]	**pro**(前面)+**fund**(基础)+**ity**(名词后缀)→深刻性，意味深长的话

He lacked **profundity** and analytical precision. 他缺乏**深度**和分析的精确性。

His **profundities** were lost on the young audience. 他**语重心长**，但年轻的听众却没有领会。

gran 谷粒

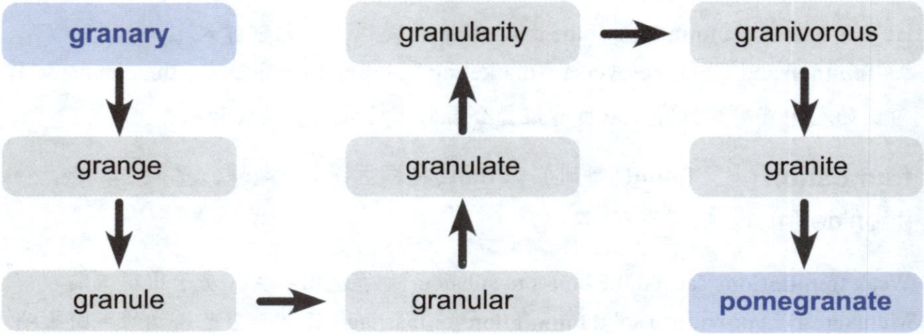

granary ['grænərɪ]	gran（谷粒）+ ary（名词后缀，表示“场所”）→装谷粒的地方→谷仓，粮仓

They talked much about the **granary**. 他们谈起很多关于**谷仓**的事情。

The **granary** is bursting with grain. **粮仓**里堆满了谷物。

grange [greɪndʒ]	gran（谷粒）+ ge（名词后缀，表示“大地”）→田庄，农场

The building became a gigantic **grange**. 这座建筑变成了一个巨大的**田庄**。

I will spend my summer vacation in my uncle's **grange**. 我将去我叔叔的**农场**过暑假。

granule ['grænju:l]	gran（谷粒）+ ule（名词后缀）→颗粒，微粒

She was spooning coffee **granules** into cups. 她正用勺子把咖啡**粒**盛进杯子里。

I want to buy instant coffee **granules**. 我想买速溶咖啡**颗粒**。

granular ['grænjələ(r)]	**gran**（谷粒）+ **ular**（形容词后缀）→粒状的，颗粒的

The company will stop producing **granular** fertilizer. 该公司将停止生产**粒状**化肥。
This **granular** structure is very rare. 这种**颗粒**结构很罕见。

granulate ['grænjʊˌleɪt]	**gran**（谷粒）+ **ulate**（动词后缀）→成为谷粒→成粒状，使……表面粗糙

The syrup would not **granulate** properly. 糖浆不会完全**变成颗粒状**的。
The skin is densely **granulated**. 皮肤很**粗糙**。

granularity [ˌgrænjʊ'lærɪtɪ]	**gran**（谷粒）+ **ularity**（名词后缀）→粒度

It is not suitable for the material of great **granularity**. 它对**粒度**大的物料不适用。
The acid of the tomato destroys the **granularity** of the sugar. 番茄中的酸会破坏糖的**粒度**。

granivorous [græ'nɪvərəs]	**gran**（谷粒）+ **i**（连接）+ **vor**（吃）+ **ous**（形容词后缀）→（动物）食谷类的

The birds are divided into **granivorous** groups. 这些鸟被分为**食谷类的**鸟群。
Sparrows are **granivorous**, but also consume small insects. 麻雀**吃谷类**，但也吃小昆虫。

granite ['grænɪt]	**gran**（谷粒）+ **ite**（名词、形容词后缀）→表面成颗粒状的石头→花岗岩→（比喻）坚定的

The towers are made of steel cased in **granite**. 这些塔楼是钢结构，**花岗岩**贴面。
He is a man with **granite** determination. 他是一个有着**花岗岩般坚定**决心的男子。

pomegranate ['pɒmɪˌgrænət]	**pome**（水果）+ **gran**（谷粒）+ **ate**（名词后缀）→有很多粒的水果→石榴

My favourite fruit is **pomegranate**. 我最喜欢的水果是**石榴**。
Pomegranate is very nutritious and rich in vitamin C. **石榴**很有营养，富含维生素C。

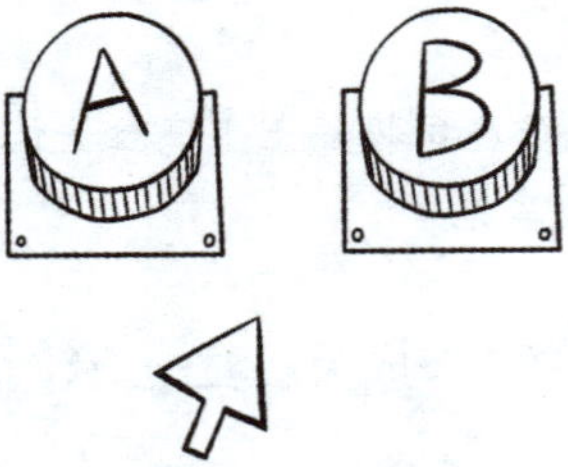

lect 选择

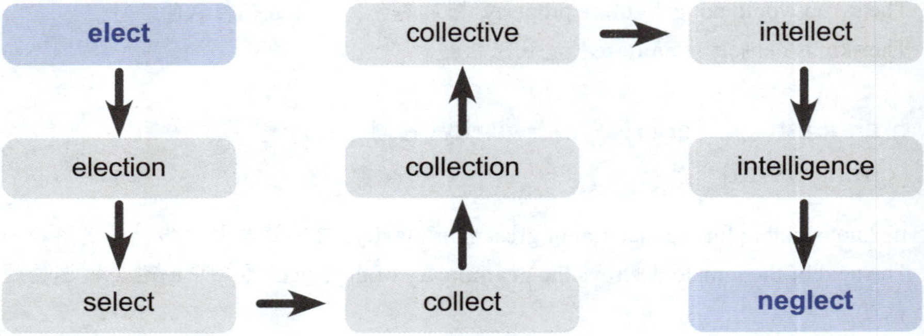

elect
[ɪ'lekt]

e（出来）+ **lect**（选择）→选择，选举

Increasing numbers of people **elect** to work at home. 越来越多的人**选择**在家上班。

They organized a poll to **elect** a president. 他们组织了一次投票**选举**总统。

election
[ɪ'lekʃn]

e（出来）+ **lect**（选择）+ **ion**（名词后缀）→当选，选举

He is heavily favoured to win **election**. 他**当选**的条件极其有利。

Two **elections** were held within the space of a year. 在一年的时间之内举行了两次**选举**。

select
[sɪ'lekt]

se（分开）+ **lect**（选择）→分门别类地选择→精选的，优等的；选择，挑选

At the end of this chapter there is a **select** books. 本章末尾附了**精选**书目。

She lets her son **select** his own Christmas present. 她让儿子自己**选择**圣诞礼物。

collect [kə'lekt]	**col**(全部) + **lect**(选择)→全都选择→收集，收藏

Collecting data is a painfully slow process. **收集**材料的过程慢得让人难受。

I used to **collect** stamps. 我过去曾经**集**邮。

collection [kə'lekʃn]	**col**(全部) + **lect**(选择) + **ion**(名词后缀)→收藏品，收集

The painting comes from his private **collection**. 这幅画来自他的私人**收藏**。

The first stage in research is data **collection**. 研究工作的第一步是**收集**资料。

collective [kə'lektɪv]	**col**(全部) + **lect**(选择) + **ive**(形容词后缀)→集体的，总体的

It was a **collective** decision. 这是**集体的**决定。

Their **collective** volume wasn't very large. 他们**总体的**数量不太大。

intellect ['ɪntəlekt]	**intel**(中间) + **lect**(选择)→在两者中间选好的，要动脑筋→智力，才智

Do the emotions develop in parallel with the **intellect**? 情感与**智力**同步发展吗?

She is famed for her **intellect**. 她因**才智**而出名。

intelligence [ɪn'telɪdʒəns]	**intel**(中间) + **lig**(**lect** 的变体，表示“选择”) + **ence**(名词后缀)→智力，智能

They underestimated her **intelligence**. 他们低估了她的**智力**。

We have classes that discuss artificial **intelligence**. 我们有讨论人工**智能**的课程。

neglect [nɪ'glekt]	**neg**(否定前缀) + **lect**(选择)→不再选择→忽视，疏忽

She has **neglected** her studies. 她**忽视**了自己的学习。

You **neglected** the name of your previous employer. 你**忽略**了前雇主的名字。

manu 手

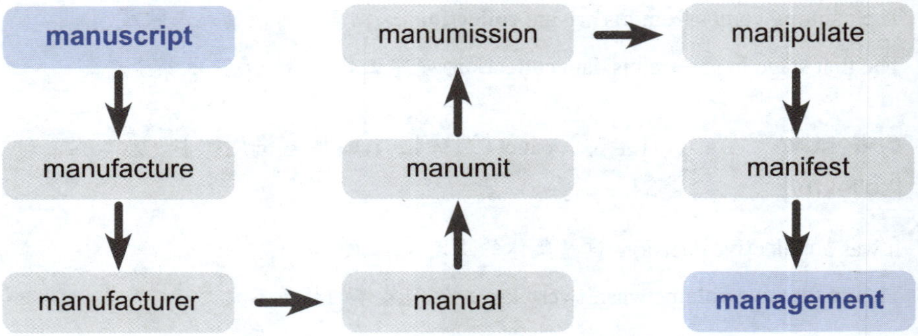

manuscript ['mænjʊskrɪpt]	**manu**（手）+ **script**（写）→手写的东西→手稿，原稿

I read her poems in **manuscript**. 我读过她的诗作的**手稿**。

He made several deletions to the **manuscript**. 他在**原稿**上删去了好几处。

manufacture [ˌmænjʊ'fæktʃə(r)]	**manu**（手）+ **fact**（做）+ **ure**（动词、名词后缀）→之前是手工制作，后来进入机器化大生产→（用机器大量）生产，制造；大量制造，批量生产

They **manufacture** the class of plastics. 他们**生产**塑料类制品。

The firm is engaged in the **manufacture** of plastics. 这家公司从事塑料**制造**业。

manufacturer [ˌmænjʊ'fæktʃərə(r)]	**manu**（手）+ **fact**（做）+ **urer**（名词后缀，表示“人”）→生产者，生产商

Always follow the **manufacturer's** instructions. 务必按**生产商**的用法说明使用。

Faulty goods should be returned to the **manufacturers**. 有问题的产品应退还生产**厂家**。

manual ['mænjʊəl]	**manu**（手）+ **al**（名词、形容词后缀）→手里拿着的东西→使用手册，说明书；手工的，用手的

He consulted the **manual**. 他查阅了**使用说明书**。
Work done by machines has replaced **manual** labour. 机器生产已经代替了**手工**劳作。

manumit [ˌmænjʊ'mɪt]	**manu**（手）+ **mit**（给）→用双手把东西给出去→解放（奴隶、苦役等）

He used to be a **manumitted** slave. 他曾经是一个被**解放**的奴隶。
The slaves were **manumitted** unconditionally. 那些苦役被无条件地**解放**了。

manumission [ˌmænjʊ'mɪʃən]	**manu**（手）+ **miss**（给）+ **ion**（名词后缀）→（奴隶、苦役等）解放

Manumission of slaves in mediaeval times was no novelty. 在中世纪**解放**奴隶并不是什么新鲜事。
The slave headed north to find his family after his **manumission**. 这位奴隶被**解放**后前往北方寻找他的家人。

manipulate [mə'nɪpjʊleɪt]	**mani**（**manu** 的变体，表示“手”）+ **pul**（推）+ **ate**（动词后缀）→用手去往前推→操纵，暗中控制，施加影响

The technology uses a pen to **manipulate** a computer. 这项技术使用一支笔来**操作**电脑。
She uses her charm to **manipulate** people. 她利用自身的魅力来**摆布**别人。

manifest ['mænɪfest]	**mani**（**manu** 的变体，表示“手”）+ **fest**（敲打）→用手去敲打，声音很响→明显的；显示，显现，表明

The anger he felt is **manifest** in his paintings. 他的愤怒**明显地**表现在他的绘画之中。
He **manifested** a pleasing personality on stage. 在台上他**表现出**惹人喜爱的个性。

management ['mænɪdʒmənt]	**man**（**manu** 的变体，表示“手”）+ **age**（动词后缀）+ **ment**（名词后缀）→用手去做事情→管理

The shop is now under new **management**. 这家商店现由新的经营者来**管理**。
The new **management** techniques aim to improve performance. 新的**管理**技术旨在提高效率。

medi 中间

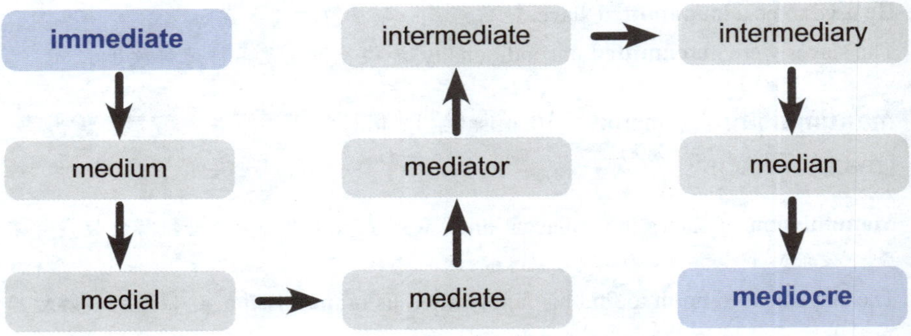

immediate [ɪ'miːdɪət]	**im**（里面）+ **medi**（中间）+ **ate**（形容词后缀）→一下子就走到中间了→立即的，立刻的

These tragic incidents have had an **immediate** effect. 这些悲剧性事件造成的后果**即刻**显现。

The victims need our **immediate** help. 受害者需要我们的**即时**援助。

medium ['miːdɪəm]	**medi**（中间）+ **ium**（名词、形容词后缀）→处于中间位置→媒介；中等的，中间的

A T-shirt can be a **medium** for getting your message across. T 恤衫可以成为一种表达信息的**媒介**。

He has a **medium** body. 他有一个**中等的**身材。

medial ['miːdɪəl]	**medi**（中间）+ **al**（形容词后缀）→（身体或器官等）内侧的，中间的

There was no **medial** prefrontal cortex activity. 他们的**内侧**前额叶皮质并不活跃。

The heart is **medial** to the lungs. 心脏在两肺的**中间**。

mediate ['miːdɪeɪt]	**medi**（中间）+ **ate**（动词后缀）→在两个人中间来回沟通→调解，促成（协议）

The Secretary-General was asked to **mediate** in the dispute. 有人请秘书长来**调解**这次纷争。

They **mediated** a settlement. 他们**找到**了一个解决方案。

mediator ['miːdɪeɪtə(r)]	**medi**（中间）+ **ator**（名词后缀，表示“人”）→调停者，解决纷争的人（或机构）

My role is to act as a **mediator** between them. 我的角色就是**协调**他们之间的关系。

You can find a lawyer trained as a **mediator**. 你可以找一位受过训练能做**调解人**的律师。

intermediate [ˌɪntə'miːdɪət]	**inter**（中间）+ **medi**（中间）+ **ate**（名词、形容词后缀）→处于中间位置的→中级水平者；中等的

Students are categorized as novice, **intermediate**, or advanced. 学生分为新生、**中级生**或高级生。

My students are all **intermediate** skiers. 我的学生都是**中等水平的**滑雪者。

intermediary [ˌɪntə'miːdɪərɪ]	**inter**（中间）+ **medi**（中间）+ **ary**（名词后缀，表示“人”）→中间人，调解人

Financial institutions act as **intermediaries** between lenders and borrowers. 金融机构充当贷方和借方的**中间人**。

All talks have been conducted through an **intermediary**. 所有的谈判都是通过**调停人**进行的。

median ['miːdɪən]	**medi**（中间）+ **an**（形容词后缀）→平均的，中间值的

The **median** duration of this treatment was three months. 这种治疗的**平均**疗程为三个月。

They cannot even afford the cars of **median** price. 他们甚至买不起**中等价位的**汽车。

mediocre [ˌmiːdɪ'əʊkə(r)]	**medi**（中间）+ **ocre**（山峰）→处在半山腰的→平庸的，普通的

I thought the play was only **mediocre**. 我认为这部戏剧只是**平庸**之作。

His school record was **mediocre**. 他的学业成绩**一般**。

migr 迁移

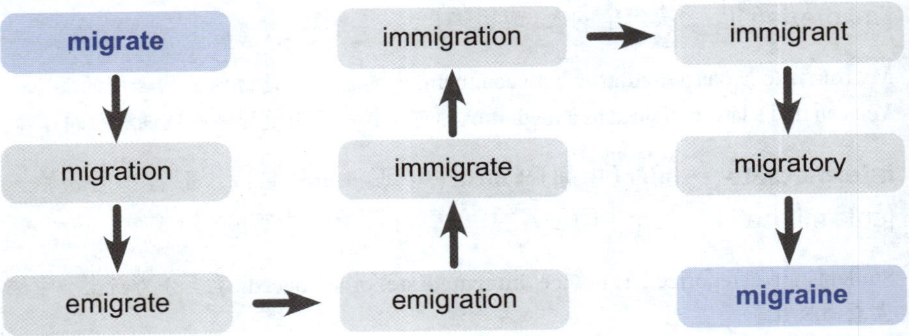

migrate [maɪ'greɪt]　**migr**（迁移）+ **ate**（动词后缀）→移居，迁徙

People **migrate** to big cities in search of work. 人们**移居**到大城市找工作。

Large numbers of birds **migrate** south every winter. 每年冬季大量的鸟类**迁徙**南方。

migration [maɪ'greɪʃn]　**migr**（迁移）+ **ation**（名词后缀）→移民，迁徙

The **migration** accelerated during recession. 在经济萧条期间**移民**的速度加快了。

Migration is a natural survival strategy. **迁徙**是一种自然的生存策略。

emigrate ['emɪgreɪt]　**e**（出来）+ **migr**（迁移）+ **ate**（动词后缀）→迁移出去→移居国外，移民

The men **emigrate** to work as seamen. 这些男人**移居**国外当海员。

They **emigrated** to start a new life in Canada. 他们**移居**加拿大，开始了新的生活。

emigration [ˌemɪˈɡreɪʃn]	**e**（出来）+ **migr**（迁移）+ **ation**（名词后缀）→移居外国，移民

Will the authorities support the law about unrestricted **emigration**? 当局会支持有关自由**移民**的法律吗？

The theme is about the mass **emigration** of Jews. 本期主题是关于犹太人的大批**移居**。

immigrate [ˈɪmɪɡreɪt]	**im**（里面）+ **migr**（迁移）+ **ate**（动词后缀）→迁移进来→（从外地）移居，移民

He **immigrated** from India at age 10. 他十岁时从印度**移民进来**。

More people are expected to **immigrate** in the future. 未来更多人有望**移民**。

immigration [ˌɪmɪˈɡreɪʃn]	**im**（里面）+ **migr**（迁移）+ **ation**（名词后缀）→移居（入境），移民局的检查

He was criticized for his tough stand on **immigration**. 他因在**移民**问题上立场强硬受到批评。

You have to go through **immigration** and customs. 首先你必须通过**移民局**和海关**的检查**。

immigrant [ˈɪmɪɡrənt]	**im**（里面）+ **migr**（迁移）+ **ant**（名词、形容词后缀）→（外来）移民，外侨；移民的，迁入的

Immigrant workers were classed as aliens. **移民**来的工人被归入侨民类。

Immigrant tales have always been popular themes in fiction. **移民**故事一直是小说的流行主题。

migratory [ˈmaɪɡrətrɪ]	**migr**（迁移）+ **atory**（形容词后缀）→迁徙的，流动的

Many **migratory birds** visit this lake annually. 许多**候鸟**每年到这个湖上作短期逗留。

The environmental pollution will threaten rare **migratory birds**. 环境污染会威胁到稀有**候鸟**的生存。

migraine [ˈmiːɡreɪn]	**migr**（迁移）+ **aine**（名词后缀）→疼痛在脑袋里移来移去→偏头痛

I'm getting a **migraine**. 我得了**偏头痛**。

Her mother suffered from **migraines**. 她的母亲患有**偏头痛**。

onym 名

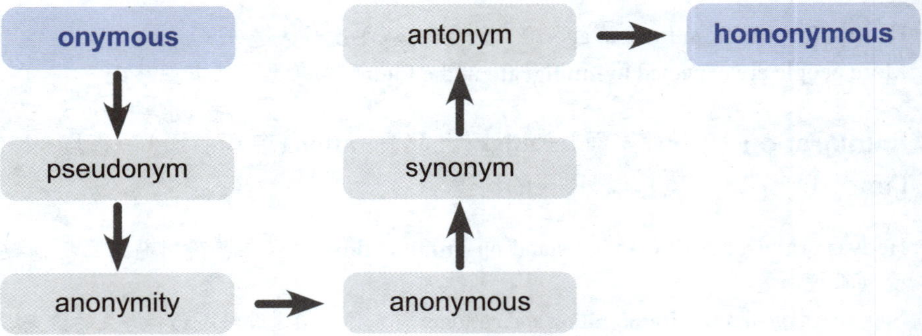

onymous ['ɒnɪməs]	**onym**（名字）+ **ous**（形容词后缀）→署名的

I have received many **onymous** letters. 我收到了很多**有署名的**信件。

Articles in magazines are usually **onymous**. 杂志上的文章通常都是**署名的**。

pseudonym ['suːdənɪm]	**pseud**（假的）+ **onym**（名字）→假的名字→笔名

O. Henry is the **pseudonym** of William Sydney Porter. 欧·亨利是威廉·希德内·波特的**笔名**。

She writes under a **pseudonym**. 她用**笔名**写作。

anonymity [ˌænəˈnɪmətɪ]	**an**（否定前缀）+ **onym**（名字）+ **ity**（名词后缀）→匿名

He agreed to give an interview on condition of **anonymity**. 他同意在**不披露姓名**的条件下接受采访。

Another way of diminishing responsibility is **anonymity**. 另一种减轻责任的方法是**匿名**。

anonymous [ə'nɒnɪməs]	**an**（否定前缀）+ **onym**（名字）+ **ous**（形容词后缀）→匿名的，不记名的

You can remain **anonymous** if you wish. 如果你愿意你可以保持**匿名**。

That would have to be by **anonymous** vote. 那得通过**不记名**投票。

synonym ['sɪnənɪm]	**syn**（相同）+ **onym**（名字）→同义词

"Big" and "large" are **synonyms**. "big" 和 "large" 是**同义词**。

Give the **synonym** and antonym of this word. 给出这个词的**同义词**和反义词。

antonym ['æntənɪm]	**ant**（**anti** 的变体，表示"相反"）+ **onym**（名字）→反义词

"Old" has two possible **antonyms**: "young" and "new". "old" 的**反义词**可能有两个："young" 和 "new" 。

What is the **antonym** of "cheap"? "便宜的" 的**反义词**是什么？

homonymous [hɒ'mɒnɪməs]	**homo**（相同）+ **onym**（名字）+ **ous**（形容词后缀）→同名的

The issuance of the **homonymous** drama caused a hot discussion. **同名**剧本的发行引发了一场热议。

The album's best song is the **homonymous** one. 与专辑**同名的**歌曲是本专辑中最耐听的一首。

plen(t) 多，充满

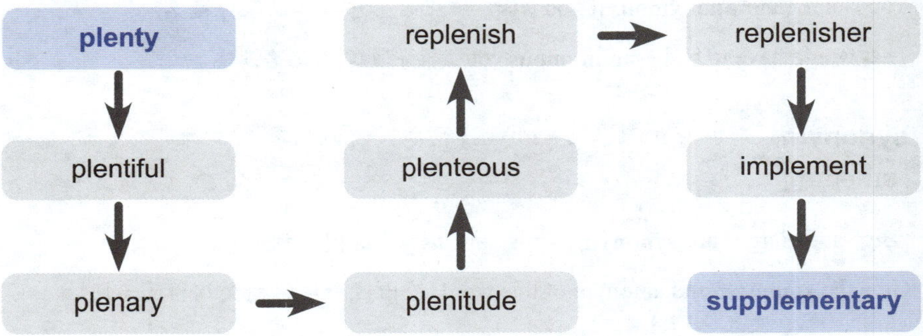

plenty ['plentɪ]	**plent**(多，充满)+**y**(名词后缀)→大量，富裕，充裕

We had **plenty** to talk about. 我们有**说不完**的话。
We had food and drink in **plenty**. 我们的食物和饮料十分**充足**。

plentiful ['plentɪfl]	**plent**(多，充满)+**i**(连接)+**ful**(形容词后缀)→大量的，充足的

In those days jobs were **plentiful**. 那时期工作岗位**多得很**。
Rainfall is **plentiful** in the area. 这个地区雨量**充足**。

plenary ['pliːnərɪ]	**plen**(多，充满)+**ary**(名词、形容词后缀)→全体会议；全体出席的

There'll be another **plenary** after the workshop. 专题讨论会后将另有一个**全体会议**。
The new committee holds its first **plenary** session this week. 新委员会将于本周举行第一次**全体**会议。

plenitude ['plenɪtjuːd] **plen**（多，充满）+ **itude**（名词后缀）→大量，完满

It is an ancient God thought to bring a **plenitude** of wealth. 它是一个被认为能带来**大量**财富的古代的神。
The music brought him a feeling of **plenitude** and freedom. 这音乐带给他一种**完满**和自由的感觉。

plenteous ['plentɪəs] **plent**（多，充满）+ **eous**（形容词后缀）→丰富的，充足的

Rain is most **plenteous** in the critical months of the year. 一年中最关键的几个月雨水最**充足**。
The farmer's current crop is more **plenteous** this year than last. 这个农民今年的收成比去年**多**。

replenish [rɪ'plenɪʃ] **re**（再一次）+ **plen**（多，充满）+ **ish**（动词后缀）→补充，重新装满

We must **replenish** food and water supplies immediately. 我们必须立即**补充**食物和水。
Allow me to **replenish** your glass. 让我**再**给您**斟满**杯子。

replenisher [rɪ'plenɪʃə(r)] **re**（再一次）+ **plen**（多，充满）+ **ish**（动词后缀）+ **er**（名词后缀）→补充物

Light salt water is a good kind of **replenisher** to cure of serious dehydration. 淡盐水是很好的治疗严重脱水的**补充液**。
It's time to reevaluate the function of the dietary **replenisher**. 是时候重新评估这种膳食**补充剂**的作用了。

implement ['ɪmplɪment] **im**（里面）+ **ple**（**plen** 的变体，表示"多，充满"）+ **ment**（动词后缀）→让事物内部充满起来→使生效，贯彻，执行，实施

The reforms were **implemented** piecemeal. 改革在零零星星地**执行**。
Leadership is about the ability to **implement** change. 领导力就是要有**实施**变革的能力。

supplementary [ˌsʌplɪ'mentrɪ] **sup**（底下）+ **ple**（**plen** 的变体，表示"多，充满"）+ **ment**（名词后缀）+ **ary**（形容词后缀）→从下面不断充满→补充性的

I need some **supplementary** information. 我需要一些**补充**信息。
Supplementary oxygen is rarely needed in pressurized aircraft. 密封的飞机内很少需要**补充**氧气。

plex 重叠，层

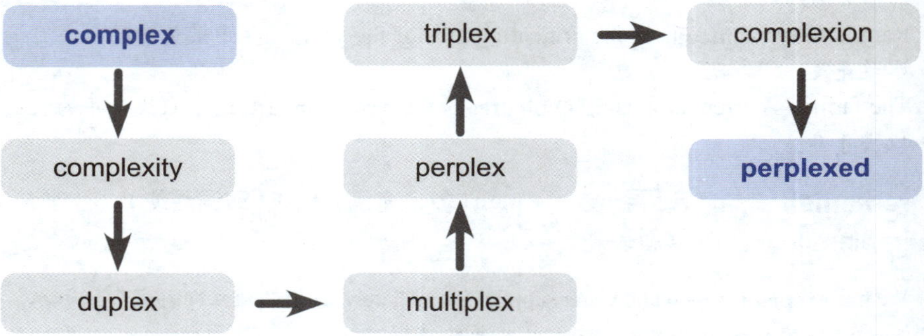

complex ['kɒmpleks]	**com**（全部）+ **plex**（重叠，层）→全都重叠在了一起→复杂的，难懂的

Their trade laws are fiendishly **complex**. 他们的贸易法规极为**复杂**。

It was a **complex** problem. 这是一个**复杂的**问题。

complexity [kəm'pleksətɪ]	**com**（全部）+ **plex**（重叠，层）+ **ity**（名词后缀）→复杂性，难懂

I was astonished by the **complexity** of the problem. 这个问题的**复杂性**使我感到惊讶。

The situation presents great **complexity**. 形势显得极为**复杂**。

duplex ['dju:pleks]	**du**（两个）+ **plex**（重叠，层）→双倍的，复式的；双层公寓

The **duplex** structure is not encouraged due to the safety reason. 出于安全原因不鼓励**复式**结构。

Would you like a **duplex** or a mobile home? 你想要**双层公寓**还是活动房屋？

multiplex ['mʌltɪpleks]	**multi**(多) + **plex**(重叠，层)→层数非常多→错综复杂的，多路传输的

She can't deal with the **multiplex** ties of work and friendship. 她无法应对**复杂的**工作和友情关系。

We can send messages simultaneously using a **multiplex** system. 我们可以使用**多路**复用系统同时发送消息。

perplex [pə'pleks]	**per**(全部) + **plex**(重叠，层)→使复杂化，使困惑

You are **perplexing** a subject plain in itself. 你正在**使**一个本身简单的问题**复杂化**。

They were **perplexed** by her response. 她的答复**令**他们**困惑不解**。

triplex ['trɪpleks]	**tri**(三) + **plex**(重叠，层)→有三部分的，三重的

He moved out of the vast **triplex** apartments. 他搬出了那宽敞的**三层复式**套房。

The system is of **triplex** design structure. 系统采用的是**三重式**设计结构。

complexion [kəm'plekʃn]	**com**(全部) + **plex**(重叠，层) + **ion**(名词后缀)→全部表情重叠于面部→面色，肤色

My **complexion** remained pale and pasty. 我的**脸色**依旧苍白憔悴。

The choice of lipstick depends on the darkness of your **complexion**. 唇膏的选择取决于你的**肤色**。

perplexed [pə'plekst]	**per**(全部) + **plex**(重叠，层) + **ed**(形容词后缀)→困惑的，迷惑不解的

She looked **perplexed**. 她看起来**茫然若失**。

He was **perplexed** because he was tackling it the wrong way. 由于处理不当，这个问题令他**大伤脑筋**。

port 拿着，带着

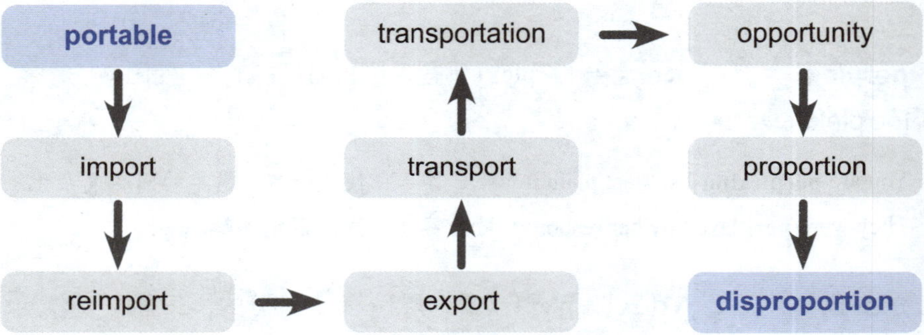

portable ['pɔːtəbl]	**port**（拿着，带着）+ **able**（形容词后缀）→能带着的→便携式的，轻便的

This **portable** seat folds flat for easy storage. 这张**便携式**座椅可折平，便于存放。
The **portable** device easily knocks down. 这种**轻便**装置容易拆卸。

import ['ɪmpɔːt/ɪm'pɔːt]	**im**（里面）+ **port**（拿着，带着）→进口

The report calls for a restriction on the **import** of coal. 这篇报道呼吁限制煤炭的**进口**。
The country has to **import** most of its raw materials. 这个国家大多数原料依赖**进口**。

reimport [riːɪm'pɔːt]	**re**（再一次）+ **im**（里面）+ **port**（拿着，带着）→再输入，再进口

The product could simply be made there and **reimported** here. 产品可以简单地在那里制造，然后在这里**重新进口**。
You can then **reimport** processed files. 您可以稍后**重新导入**已处理的文件。

export ['ekspɔːt/ɪk'spɔːt]
ex（出）+ **port**（拿着，带着）→出口

A lot of our land is used to grow crops for **export**. 我们很多的土地用来种植**出口**作物。
30% of the engines are **exported** to Europe. 30% 的发动机**出口**到欧洲。

transport ['trænspɔːt]
trans（从……到……）+ **port**（拿着，带着）→交通工具，运输

Applicants must have their own **transport**. 申请人必须有自己的**交通工具**。
The goods were damaged during **transport**. 货物在**运输**期间受损。

transportation [ˌtrænspɔː'teɪʃn]
trans（从……到……）+ **port**（拿着，带着）+ **ation**（名词后缀）→交通运输，运输

The city plans to provide free **transportation** in a special time. 本市计划在特殊时期提供免费**交通**。
The goods were being rapidly packed for **transportation**. 正在迅速包装货物以便**运输**。

opportunity [ˌɒpə'tjuːnətɪ]
op（强调）+ **port**（拿着，带着）+ **unity**（名词后缀）→总给你带来好东西→机会，时机

I had an **opportunity** to go to New York and study. 我曾经有一个去纽约学习的**机会**。
There are good **opportunities** for advancement if you have the right skills. 如果有合适的技能，你就有很好的晋升**机会**。

proportion [prə'pɔːʃ(ə)n]
pro（前面）+ **port**（拿着，带着）+ **ion**（名词后缀）→在前面搬运的一些东西→一部分，比例，成分

They receive a **proportion** of their income from the sale of goods and services. 他们**一部分**的收入来自出售货品和各种服务所得。
Water covers a large **proportion** of the earth's surface. 水覆盖了地球表面的很大**比例**。

disproportion [dɪsprə'pɔːʃn]
dis（否定前缀）+ **proportion**（比例）→不成比例

There is a **disproportion** between hard work and little pay. 付出与收入**不成比例**。
Nursing is a profession with a high **disproportion** of male to female employees. 护理工作是男女雇员**比例**严重**失调**的职业。

prim 第一，最初

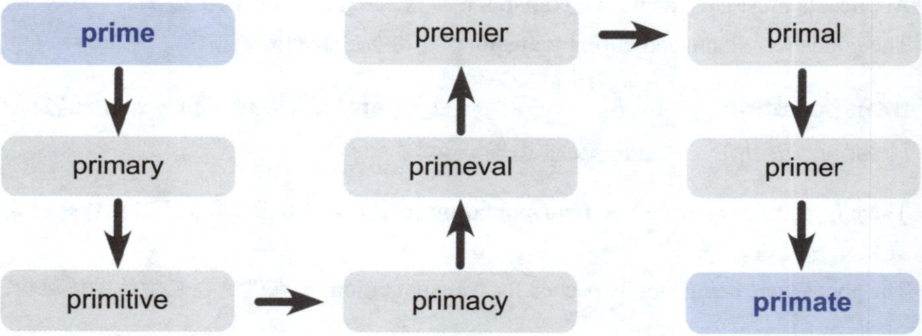

prime [praɪm]	**prim**(第一，最初)+**e**(形容词后缀)→首选的，最好的，主要的

Winning is not the **prime** objective in this sport. 获胜不是这项体育运动的**主要**目的。
My **prime** concern is to protect my property. 我**最**关心的是保护自己的财产。

primary ['praɪmərɪ]	**prim**(第一，最初)+**ary**(形容词后缀)→最初的，主要的

The disease is still in its **primary** stage. 这病尚处于**初始**阶段。
It is always women who are the **primary** carers. 一直由妇女做**主要的**看护人。

primitive ['prɪmətɪv]	**prim**(第一，最初)+**it**(走)+**ive**(形容词后缀)→最开始走来的→原始的，远古的

This attitude still remains in some **primitive** tribes. 这种观念在一些**原始**部落中依然存在。
Primitive people often lived in caves. **原始**人常常住在山洞里。

primacy ['praɪməsɪ]	**prim**(第一，最初)+**acy**(名词后缀)→首要，至上

The idea at the heart of this is the **primacy** of the individual. 其核心的观点就是个体**第一**。
Do you approve the belief in the **primacy** of the family? 你赞成家庭**至上**论吗？

primeval [praɪ'miːvl]	**prim**（第一，最初）+ **ev**（时间）+ **al**（形容词后缀）→原始的，远古的

The railway cuts through a **primeval** forest. 铁路穿越**原始**森林。
There's an assumption that **primeval** clouds of gas formed stars. 有一种假设是**原始的**气体云形成了恒星。

premier ['premɪə(r)]	**prem**（**prim** 的变体，表示“第一，最初”）+ **er**（形容词后缀）→最好的，首要的

The girl worked for the country's **premier** opera company. 女孩就职于这个国家**顶级的**歌剧团。
He has acquired a reputation as this country's **premier** solo violinist. 他已赢得该国**首席**小提琴独奏家的名誉。

primal ['praɪml]	**prim**（第一，最初）+ **al**（形容词后缀）→原始的，根本的

Could you describe the **primal** hunting societies? 你能描述一下**原始的**狩猎社会吗？
For me, writing is a **primal** urge. 对我而言，写作是一种**本能的**欲望。

primer ['praɪmə(r)]	**prim**（第一，最初）+ **er**（名词后缀）→最初读的书籍→初级读本，基础读物

The genius doesn't need a **primer** of physics. 这个天才不需要读物理学**入门书**。
I am writing a basic English **primer** for English learner. 我正在给英语学习者编写一本基础英语**入门书**。

primate ['praɪmeɪt]	**pri(m)**（第一，最初）+ **mate**（伙伴）→灵长类，灵长目动物

Today there are twice as many **primate** species as there were then. 如今**灵长类**的物种是过去的两倍。
It is said that this kind of monkey is the largest **primates**. 据说这种猴子是最大的**灵长目动物**。

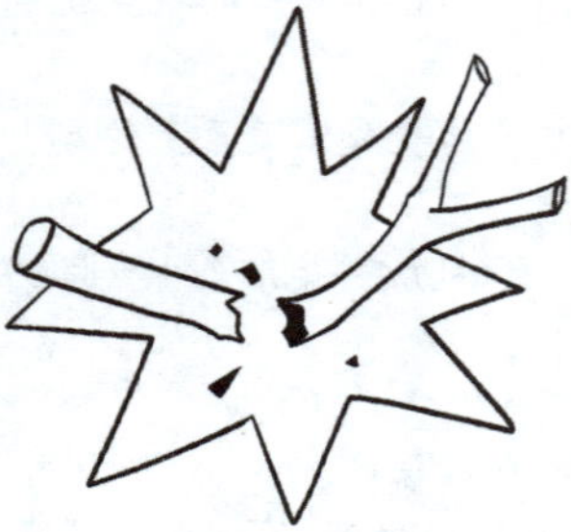

rupt 折断

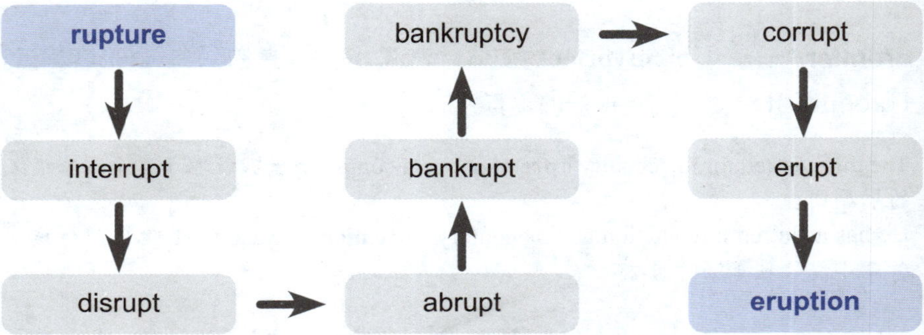

rupture ['rʌptʃə(r)]	**rupt**（折断）+ **ure**（名词后缀）→破裂

Nothing could heal the **rupture** with his father. 没有什么可以弥合他和父亲之间的**裂痕**。

The negotiation came to a **rupture**. 谈判**破裂**了。

interrupt [ˌɪntə'rʌpt]	**inter**（中间）+ **rupt**（折断）→走入别人中间，使别人的谈话中断→打断，打扰

Would you mind not **interrupting** all the time? 请你别老是**插嘴**好吗？

Can I **interrupt** you just for a minute? 我能不能**打断**你们一下？

disrupt [dɪs'rʌpt]	**dis**（分开）+ **rupt**（折断）→折断并且都分开了→中断，扰乱

A stroke can **disrupt** the supply of oxygen to the brain. 中风可导致大脑供氧**中断**。

Protesters tried to **disrupt** the meeting. 抗议者试图**扰乱**会议。

abrupt [ə'brʌpt]	**ab**（强调）+ **rupt**（折断）→一下子就折断了→突然的，意外的

His **abrupt** change of subject surprised me. 他**突然**改变话题让我感到意外。
The match came to an **abrupt** end in the second round. 比赛在第二轮时**突然**终止了。

bankrupt ['bæŋkrʌpt]	**bank**（银行，钱）+ **rupt**（折断）→现金流断了→破产，倒闭

The company went **bankrupt** in 2000. 那家公司于 2000 年**破产**。
At this rate, we'll soon be **bankrupt**. 照此情形，我们很快就会**破产**。

bankruptcy ['bæŋkrʌptsɪ]	**bank**（银行，钱）+ **rupt**（折断）+ **cy**（名词后缀）→破产

The company filed for **bankruptcy** last month. 这家公司在上个月提交了**破产**申请。
The company was overextended and faced **bankruptcy**. 这家公司扩张过度而面临**破产**。

corrupt [kə'rʌpt]	**cor**（全部）+ **rupt**（折断）→全都断了→破坏，腐化

The program has somehow **corrupted** the system files. 这个程序莫名其妙地**导致**了系统文件**出错**。
It is sad to see a man **corrupted** by the desire for money. 看到一个人被金钱欲望**腐蚀**很可悲。

erupt [ɪ'rʌpt]	**e**（出来）+ **rupt**（折断）→（火山）爆发，突然发生

The volcano could **erupt** at any time. 这座火山随时可能**爆发**。
Violence **erupted** outside the embassy gates. 大使馆门外**突然发生**了暴乱。

eruption [ɪ'rʌpʃn]	**e**（出来）+ **rupt**（折断）+ **ion**（名词后缀）→喷发，（战争、怒气等的）爆发

Over 300 people have been killed by volcanic **eruptions**. 已有三百多人死于火山**喷发**。
They witnessed the sudden **eruption** of street violence. 他们目睹了那场突然**爆发**的街头暴力。

sent 感觉

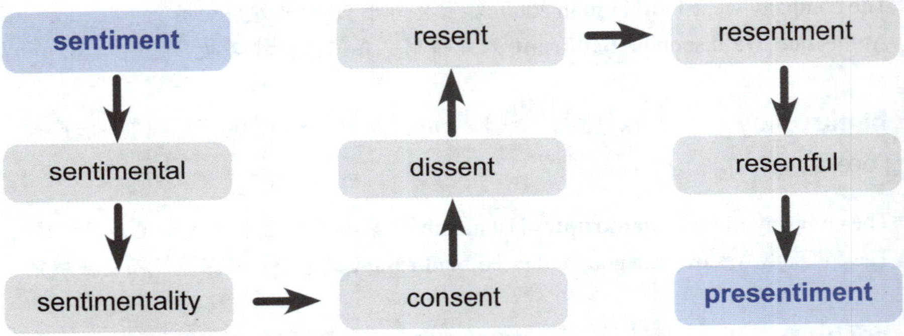

sentiment ['sentɪmənt]	**sent**（感觉）+ **i**（连接）+ **ment**（名词后缀）→感觉，态度

He was overwhelmed by the intense **sentiment** of horror. 强烈的恐惧**感**令他不知所措。
This is a **sentiment** I wholeheartedly agree with. 这种**态度**我完全赞同。

sentimental [ˌsentɪ'mentl]	**sent**（感觉）+ **i**（连接）+ **ment**（名词后缀）+ **al**（形容词后缀）→太多感觉的→情感的（而非理性的），多愁善感的

The ring had great **sentimental** value. 那枚戒指极有**情感**价值。
She is getting **sentimental** in her old age. 她老年时变得**多愁善感**。

sentimentality [ˌsentɪmen'tæləti]	**sent**（感觉）+ **i**（连接）+ **ment**（名词后缀）+ **al**（形容词后缀）+ **ity**（名词后缀）→多愁善感，感伤情调

The director discovered a rich vein of **sentimentality**. 导演发现了**多愁善感**的丰富源泉。
The movie seems to tap into a **sentimentality** about animals. 这部电影似乎在激发人

们对动物的**怜惜**之情。

consent [kən'sent]	**con**（全部）+ **sent**（感觉）→大家都有相同的感觉→同意；赞同，准许

She was chosen as leader by common **consent**. 大家一致**同意**选她为领导人。
His father would not **consent** to his leaving school. 他的父亲不会**同意**他放弃学业。

dissent [dɪ'sent]	**dis**（否定前缀）+ **sent**（感觉）→不同意见，异议；不同意，持异议

There were murmurs of both assent and **dissent** from the crowd. 人群议论纷纷，赞成和**反对**的都有。
Two members **dissented** from the majority. 有两个成员**不同意**大多数人的意见。

resent [rɪ'zent]	**re**（相反）+ **sent**（感觉）→完全相反的感觉→愤恨，感到气愤

I deeply **resented** her criticism. 我对她的批评感到非常**气愤**。
She **resented** his making all the decisions. 她**讨厌**什么事都要听他的。

resentment [rɪ'zentmənt]	**re**（相反）+ **sent**（感觉）+ **ment**（名词后缀）→愤恨，怨恨

She could not conceal the deep **resentment** she felt. 她无法掩藏内心强烈的**愤恨**。
He bears no **resentment** towards them. 他对他们毫无**怨恨**。

resentful [rɪ'zentfl]	**re**（相反）+ **sent**（感觉）+ **ful**（形容词后缀）→感到气愤的，愤慨的

I felt very **resentful** and angry about losing my job. 我对丢掉工作**感到**非常**气愤**和恼怒。
They seemed to be **resentful** of our presence there. 他们好像对我们在那里露面**很生气**。

presentiment [prɪ'zentɪmənt]	**pre**（提前）+ **sent**（感觉）+ **i**（连接）+ **ment**（名词后缀）→提前有的感觉→预感

He had a **presentiment** of disaster. 他**预感**到灾难要降临。
I had a **presentiment** that he represented a danger to me. 我**预感**到他对我会造成危险。

tail 切割

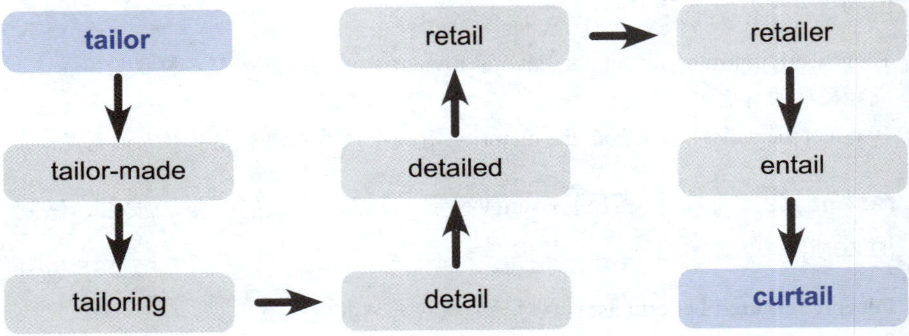

tailor ['teɪlə(r)]	**tail**（切割）+ **or**（名词后缀，表示“人”）→量体裁衣的人→定做；（尤指男装）裁缝

The actress's evening dress was **tailored** in Paris. 这位女演员的晚礼服是在巴黎**定做**的。

This **tailor** is famous for making good suit. 这位**裁缝**以做高级西装而出名。

tailor-made [ˌteɪlə 'meɪd]	**tailor**（裁缝）+ **made**（制作）→裁缝专门为某人制作的→定做的，非常合适的

He was wearing a suit that looked **tailor-made**. 他穿着一套似乎是**量身定做的**西装。

She seems **tailor-made** for the job. 她**非常适合**做这项工作。

tailoring ['teɪlərɪŋ]	**tail**（切割）+ **or**（名词后缀，表示“人”）+ **ing**（名词后缀）→裁剪（式样），裁缝业

Clever **tailoring** can flatter your figure. 巧妙的**裁剪**可以使你的身材显得优美。

What could it bring to the **tailoring**? 它究竟能给**裁缝业**带来什么?

detail [di:teɪl]	**de**（强调）+ **tail**（切割）→把事情切碎了细细地讲→详细说明，详述；细节，细微之处

The brochure **details** all their facilities. 这本小册子**详细介绍**了他们的所有设施。
I can't remember every little **detail**. 我记不住每一个微小的**细节**。

detailed ['di:teɪld]	**de**（强调）+ **tail**（切割）+ **ed**（形容词后缀）→详细的，细致的

He gave me **detailed** instructions on how to get there. 他**详细地**告诉我如何去那里。
A **detailed** news report will follow shortly. 下面紧接着是**详细的**新闻报道。

retail ['ri:teɪl/rɪ'teɪl]	**re**（一次次）+ **tail**（切割）→一次次切开卖给每个人→零售

They have many difficulties in **retailing** the new products. 他们在**零售**新产品时困难重重。
They buy at wholesale and sell at **retail**. 他们大批地买进，再以**零售**方式卖出。

retailer ['ri:teɪlə(r)]	**re**（一次次）+ **tail**（切割）+ **er**（名词后缀，表示"人"）→零售商，零售店

You can submit the order to the **retailer**. 您可以把订单提交给**零售商**。
Retailers can return defective merchandise. **零售商**可以退回有瑕疵的商品。

entail [ɪn'teɪl]	**en**（强调）+ **tail**（切割）→一定要切完才能用→需要，使必要

The job **entails** a lot of hard work. 这份工作**需要**十分艰苦的努力。
It will **entail** driving a long distance every day. 这意味着每天都长途开车**很必要**。

curtail [kɜ:'teɪl]	**curt**（短）+ **tail**（切割）→把东西切短了→限制，减缩

Civil liberties were further **curtailed**. 公民自由受到进一步**限制**。
Spending on books has been severely **curtailed**. 购书开支已被大大**削减**。

tain 握着

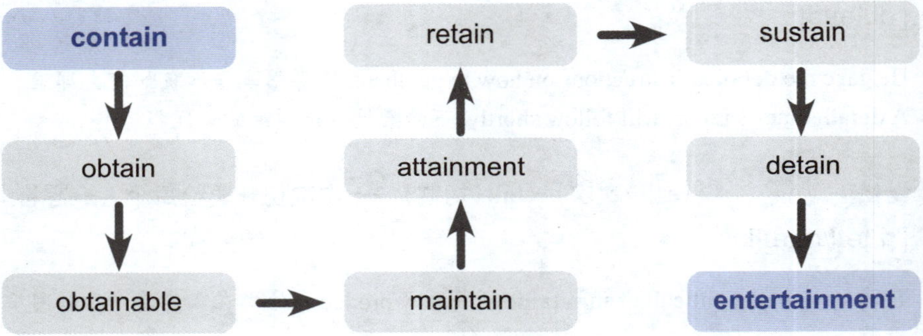

contain [kən'teɪn]	**con**（全部）+ **tain**（握着）→全都握住了→包含，含有

This drink doesn't **contain** any alcohol. 这种饮料不**含**任何酒精。

Most vegetables **contain** fibre. 大多数蔬菜**含有**纤维。

obtain [əb'teɪn]	**ob**（强调）+ **tain**（握着）→一直握着不放弃→（尤指通过艰难的过程）得到，获得

I finally managed to **obtain** the report. 我终于设法**得到**了这份报告。

He failed to **obtain** a scholarship. 他没有**获得**奖学金。

obtainable [əb'teɪnəbl]	**ob**（强调）+ **tain**（握着）+ **able**（形容词后缀）→可获得的，可得到的

The tool is **obtainable** from supermarket. 这种工具在超市里是**能买到的**。

Full details are **obtainable** from any post office. 详情是**可以**到任何邮局**索取的**。

maintain [meɪn'teɪn]	**main**（一直）+ **tain**（握着）→一直握着→保持，维修

It's hard to **maintain** competitive pricing. 很难**保持**有竞争力的定价。
The house costs a fortune to **maintain**. **维修**这所房子花费巨大。

attainment [ə'teɪnmənt]	**at**（强调）+ **tain**（握着）→ **ment**（名词后缀）→一直握着，一直坚持着不放松→实现，成就

The **attainment** of his ambitions was still a dream. 他的抱负要**实现**仍然是一个梦想。
Their impressive educational **attainments** are well-known. 他们的教育**成就**众所周知。

retain [rɪ'teɪn]	**re**（一次次）+ **tain**（握着）→一次次握着→保持，保留

He struggled to **retain** control of the situation. 他曾努力**保持**对局势的控制。
The house **retains** much of its original charm. 这所房子**保留**了许多原有的魅力。

sustain [sə'steɪn]	**sus**（底下）+ **tain**（握着）→从底下一直握着、拖着→支撑，使保持

This thought had **sustained** him throughout the years. 这个念头**支撑**他度过了这么多年。
Recovery can't be **sustained** unless more jobs are created. 除非创造更多工作机会，否则无法**持续**复苏。

detain [dɪ'teɪn]	**de**（向下）+ **tain**（握着）→把某人握住按在底下→扣留，拘留，耽搁

One man has been **detained** for questioning. 一个男人被**拘留**审问。
I'm sorry he'll be late; he's been **detained** at a meeting. 对不起，他要晚点到，他因会议**耽搁**了。

entertainment [ˌentə'teɪnmənt]	**enter**（**inter** 的变体，表示"里面"）+ **tain**（握着）+ **ment**（名词后缀）→一直保持心理某种好的状态→娱乐活动，招待

It was typical family **entertainment**. 这是典型的家庭**娱乐活动**。
The department overspent their budget for the **entertainment**. 该部门的**招待**开支超出了预算。

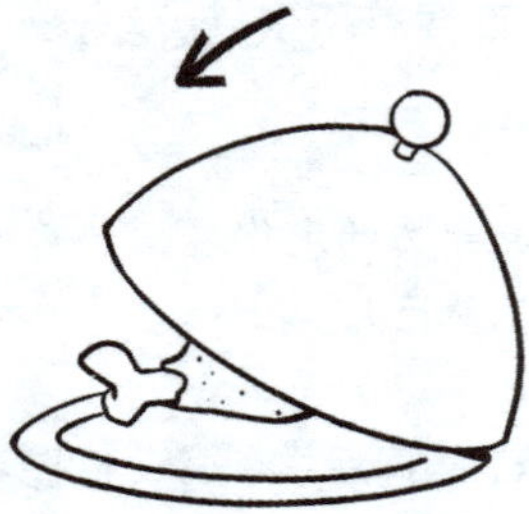

tect 盖住

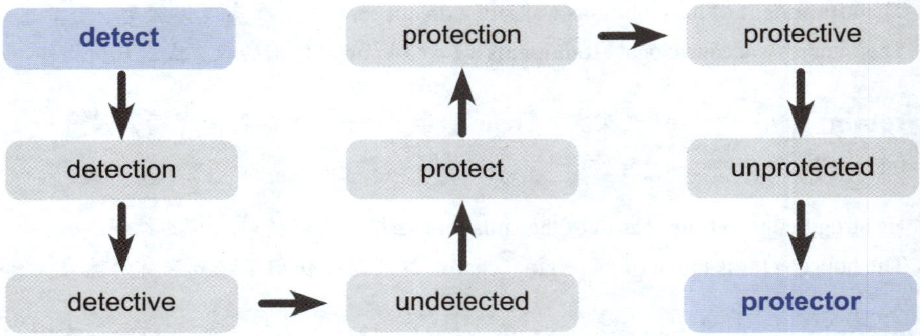

detect [dɪ'tekt]	**de**（否定前缀）+ **tect**（盖住）→不再盖住→发现，查明

The patrol can **detect** if something is about to go down. 巡逻队能**发现**是否有情况即将发生。
The tests are designed to **detect** the disease early. 这些检查旨在早期**查出**疾病。

detection [dɪ'tekʃn]	**de**（否定前缀）+ **tect**（盖住）+ **ion**（名词后缀）→侦查，察觉

Detection is also getting harder. **侦查**过程也变得愈加困难。
Early **detection** helped to save his life. 幸好提早**察觉**，他才得以幸免。

detective [dɪ'tektɪv]	**de**（否定前缀）+ **tect**（盖住）+ **ive**（名词后缀，表示“人”）→侦探

It was a cunning piece of **detective** novel. 那是一篇构思巧妙的**侦探**小说。
A private **detective** had been tailing them for weeks. 私人**侦探**几个星期来一直在跟

踪他们。

undetected [ˌʌndɪˈtektɪd]	un(否定前缀)+tect(盖住)+ed(形容词后缀)→未被注意的

The disease often goes **undetected** for many years. 这种疾病经常潜伏多年而**不被察觉**。
They managed to get away from the coast **undetected**. 他们设法离开了海岸，并**未被人发现**。

protect [prəˈtekt]	pro(前面)+tect(盖住)→在前面盖住东西→保护，防护

My prime concern is to **protect** my property. 我最关心的是**保护**自己的财产。
We should **protect** the environment. 我们应该**保护**环境。

protection [prəˈtekʃn]	pro(前面)+ tect(盖住)+ion(名词后缀)→防护，保护

Dust masks are graded according to the **protection** they offer. 防尘面具根据其提供的**防护**而分级。
He asked to be put under police **protection**. 他请求警方**保护**。

protective [prəˈtektɪv]	pro(前面)+ tect(盖住)+ive(形容词后缀)→保护的，防护的

Parents can easily become **over-protective** of their children. 父母容易**过度保护**孩子。
Workers should wear full **protective** clothing. 所有员工必须穿**防护**服装。

unprotected [ˌʌnprəˈtektɪd]	un(否定前缀)+pro(前面)+ tect(盖住)+ed(形容词后缀)→未受保护的，无防护罩的

The landing beaches would be **unprotected**. 登陆的海滩可能**没有设防**。
Machinery was **unprotected** and accidents were frequent. 机器**裸露着**，因此事故频发。

protector [prəˈtektə(r)]	pro(前面)+ tect(盖住)+or(名词后缀，表示"人")→保护人(或组织、装置等)

I regarded him as my friend and **protector**. 我视他为我的朋友和**保护者**。
Hard hats and ear **protectors** are provided. 提供安全帽和**护**耳。

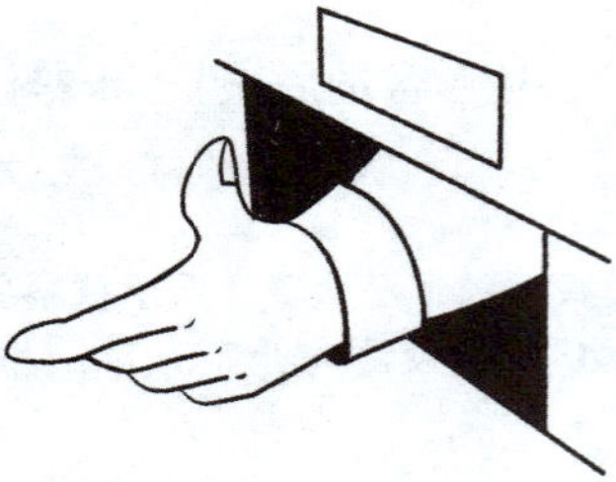

tend 伸出

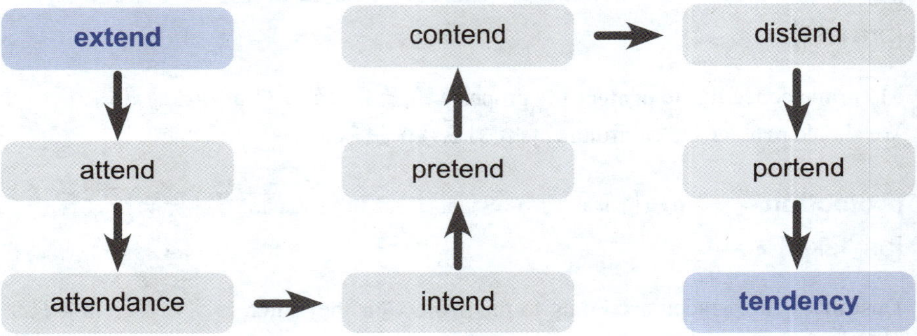

extend [ɪk'stend]	**ex**（出）+ **tend**（伸出）→延伸，延长

The caves **extend** for some 12 miles. 这些洞穴**延伸**约 12 英里。

Dry-cleaning can **extend** the life of your clothing. 干洗可以**延长**衣服的使用寿命。

attend [ə'tend]	**at**（强调）+ **tend**（伸出）→一直伸过去→出席，经常去，定期去（学校等）

The meeting was **attended** by all shareholders. 所有股东都**出席**了会议。

Our children **attend** the same school. 我们的孩子**上**同一所学校。

attendance [ə'tendəns]	**at**（强调）+ **tend**（伸出）+ **ance**（名词后缀）→出席，出勤

The **attendance** was encouragingly high. **出席**人数之多令人振奋。

Teachers must keep a record of students' **attendances**. 老师必须记录学生的**出勤**情况。

intend [ɪn'tend]	**in**(里面)+**tend**(伸出)→心里面的想法往外伸→计划，打算

We finished later than we had **intended**. 我们完成时已超出**原定**时间。

They **intend** to sue for damages. 他们**打算**起诉要求赔偿损失。

pretend [prɪ'tend]	**pre**(前面)+**tend**(伸出)→在别人面前伸出来装装样子→伪装，假装

We **pretended** that nothing had happened. 我们**假装**什么事情也没发生。

She closed her eyes and **pretended** to be asleep. 她闭上眼睛，**假装**睡着了。

contend [kən'tend]	**con**(全部)+**tend**(伸出)→全都伸出手来→声称，争夺

He **contends** that the judge is wrong. 他**声称**法官是错的。

Three armed groups were **contending** for power. 三个武装集团在**争夺**权力。

distend [dɪ'stend]	**dis**(分开)+**tend**(伸出)→四面八方伸出去→膨胀，肿胀

You will see many starving children with huge **distended** bellies. 你会看到很多鼓着**浮肿**肚子的挨饿儿童。

The abdominal cavity is **distended** with carbon dioxide gas. 二氧化碳气体把胸腔**充得肿胀**起来。

portend [pɔː'tend]	**por**(向前)+**tend**(伸出)→提前伸出去→预兆，预示

The black clouds **portend** a storm. 乌云**预示**着暴风雨。

The phenomenon **portends** some major events. 这种现象**预示**着可能会发生某些重大事件。

tendency ['tendənsɪ]	**tend**(伸出)+**ency**(名词后缀)→伸出去的方向→趋势，倾向

There is a growing **tendency** among employers to hire casual staff. 雇主雇用临时职员有增加的**趋势**。

I have a **tendency** to talk too much when I'm nervous. 我紧张时**总爱**唠叨。

tour(n) 迂回，旋转

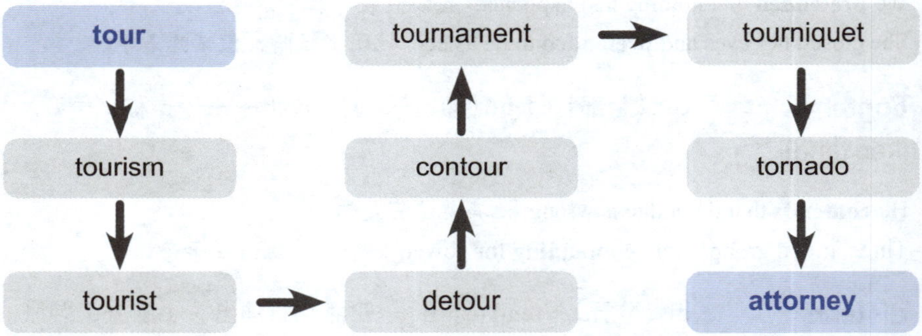

tour [tʊə(r)]	**tour**（迂回，旋转）→旅行就是到处走走逛逛→旅行，旅游

The other item on the agenda is the **tour**. 另一项议程是**旅行**。

We spent four weeks **touring** around Europe. 我们花了四个星期周**游**欧洲。

tourism ['tʊərɪzəm]	**tour**（作为单词，表示“旅游”）+ **ism**（名词后缀，表示“特点、性质”）→旅游业，观光业

The new airport will facilitate the development of **tourism**. 新机场将促进**旅游业**的发展。

Tourism is vital for the economy. **旅游业**对于经济至关重要。

tourist ['tʊərɪst]	**tour**（作为单词，表示“旅游”）+ **ist**（名词后缀，表示“人”）→旅游者，游客

Official figures show a sharp decline in the number of **tourists**. 官方数字显示**游客**数量骤降。

The area is being promoted as a **tourist destination**. 这个地区正被推广为**旅游点**。

detour ['di:tʊə(r)]	**de**(强调)+**tour**(迂回，旋转)→绕道，绕行，迂回

My colleague **detoured** to California for a wedding. 我同事**绕道**到加利福尼亚去参加一场婚礼。

It's well worth making a **detour** to see the village. **绕道**去参观一下这村子很是值得。

contour ['kɒntʊə(r)]	**con**(全部)+**tour**(迂回，旋转)→全都旋转一圈→外形，轮廓

The road follows the natural **contours** of the coastline. 这条路沿着海岸线的自然**轮廓**延伸。

The **contour** of that mountain looks like a dragon. 那座大山的**轮廓**看上去像一条龙。

tournament ['tʊənəmənt]	**tourn**(迂回，旋转)+**a**(连接)+**ment**(名词后缀)→原指在马上来回用长枪进行比武→锦标赛

The biggest golf **tournament** is to be held in our country. 最大规模的高尔夫**锦标赛**即将在我国举行。

He was knocked out of the **tournament** in the third round. 他在**锦标赛**的第三轮被淘汰出局。

tourniquet ['tʊənɪkeɪ]	**tourn**(迂回，旋转)+**i**(连接)+**quet**(名词后缀)→原指扎在手臂或腿上的布条→止血带

Twist the **tourniquet** tighter. 把**止血带**扎紧点。

I need a **tourniquet** and some ice. 我需要**止血带**和冰。

tornado [tɔ:'neɪdəʊ]	**torn**(**tourn** 的变体，表示"迂回，旋转")+**ado**(名词后缀)→龙卷风

A **tornado** whirled into the town last week. **龙卷风**上周袭击了这个城镇。

The approaching **tornado** struck awe in our hearts. 正在逼近的**龙卷风**使我们惊恐万分。

attorney [ə'tɜ:nɪ]	**at**(朝向)+**torn**(**tourn** 的变体，表示"迂回，旋转")+**ey**(名词后缀)→普通人不懂法律，打官司要转向代理你官司的律师求助→律师，代理人

He needed to consult with an **attorney**. 他需要找个**律师**咨询一下。

An **attorney** is your employee, in a manner of speaking. **律师**也可以说是你的雇员。

umbr 阴影

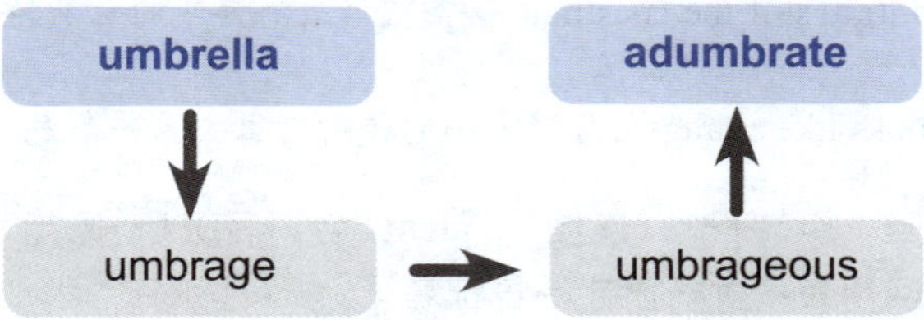

umbrella [ʌm'brelə]	**umbr**（阴影）+ **ella**（名词后缀，表示“小”）→挡住阳光形成了一个小影子→伞

I put up my **umbrella**. 我撑开**伞**。

Can I borrow your **umbrella**? 借你的**伞**用一下行吗？

umbrage ['ʌmbrɪdʒ]	**umbr**（阴影）+ **age**（名词后缀）→树荫→心里有个阴影→生气，不愉快

They sheltered in the **umbrage** of a rain forest. 他们躲避在雨林**树荫**下。

He takes **umbrage** against anyone who criticizes him. 他对任何批评他的人**生气**。

umbrageous [ʌm'breɪdʒəs]	**umbr**（阴影）+ **age**（名词后缀）+ **ous**（形容词后缀）→绿树成荫的，多荫的

A garden with **umbrageous** trees is here for you to take your ease. 这里有一个**绿树成荫的**花园可以让你放松一下。

I like walking down the **umbrageous** walk. 我喜欢走在那条**多荫的**人行道上。

adumbrate ['ædəmbreɪt]	**ad**（强调）+ **umbr**（阴影）+ **ate**（动词后缀）→像影子一样显现的→隐约显示，概述

The walls were **adumbrated** by dim light. 几面墙在微弱的光线下**隐约显出轮廓**。

The teacher **adumbrated** the idea of win-win. 老师**概述**了双赢这一概念。

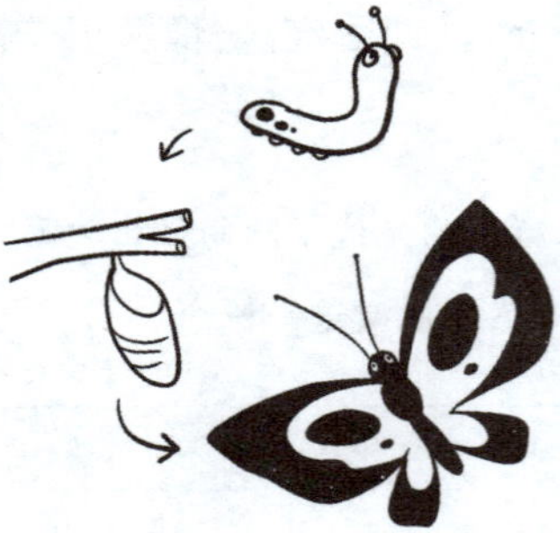

vari 变化

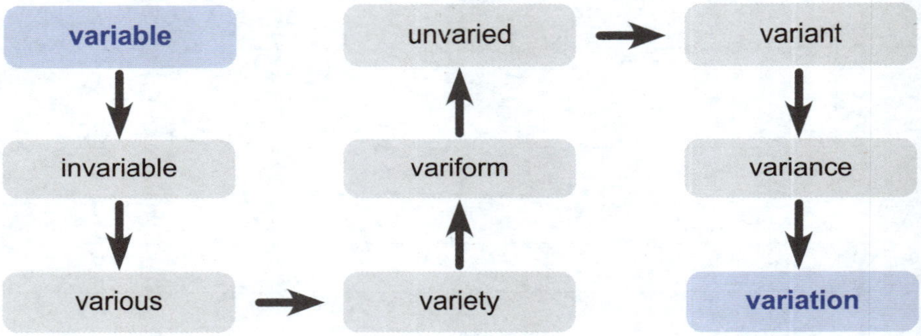

variable ['veərɪəbl]	**vari**（变化）+ **able**（形容词后缀，表示“能够”）→可变的，多变的

The drill has **variable** speed control. 这台钻机有**变**速控制。

His mood is as **variable** as the weather. 他的情绪如天气般**反复无常**。

invariable [ɪn'veərɪəbl]	**in**（否定前缀）+ **vari**（变化）+ **able**（形容词后缀，表示“能够”）→永远不变的，始终如一的

There are no absolute, **invariable** moral rules. 没有**绝对不变的**道德准则。

Her routine was **invariable**. 她的日常生活总是**千篇一律**。

various ['veərɪəs]	**vari**（变化）+ **ous**（形容词后缀）→各种各样的

The methods are many and **various**. 方法很多而且**各不相同**。

He directed **various** TV shows. 他导演过**各种**电视节目。

variety
[və'raɪətɪ]
vari（变化）+ **ety**（名词后缀）→不同种类，多样化

There is a wide **variety** of patterns to choose from. 有**种类繁多**的图案可供选择。
We all need **variety** in our diet. 我们都需要饮食**多样化**。

variform
['veərɪfɔːm]
vari（变化）+ **form**（形状）→形形色色的，形态众多的

These **variform** languages worth studying. 这些**形形色色的**语言值得研究。
A **variform** education is what we need now. **多样化**教育正是我们现在需要的。

unvaried
[ʌn'veərɪd]
un（否定前缀）+ **vari**（变化）+ **ed**（形容词后缀）→不变的

Why don't you improve the **unvaried** diet? 你们为什么不改进一下这**单调的**饮食？
The colours used are flat and **unvaried**. 使用的颜色是单调的，**没有变化**。

variant
['veərɪənt]
vari（变化）+ **ant**（名词后缀）→变种，变体

This game is a **variant** of baseball. 这种运动是由棒球运动**演变**而来的。
The species was a strikingly beautiful **variant** of the zebra. 这个物种是一种极其美丽的斑马**变种**。

variance
['veərɪəns]
vari（变化）+ **ance**（名词后缀）→变化幅度，分歧

The **variance in temperature** can be as much as 10 degrees. **温差**可达 10 度之大。
Many of his statements were **at variance with** the facts. 他的许多陈述都**与**事实**相矛盾**。

variation
[ˌveərɪ'eɪʃn]
vari（变化）+ **ation**（名词后缀）→变化，差别

The dial records very slight **variations** in pressure. 该刻度盘能显示很微小的压力**变化**。
The survey found a wide **variation** in the prices charged for canteen food. 调查发现不同餐厅食物的售价**差别**很大。

vert/vers 旋转

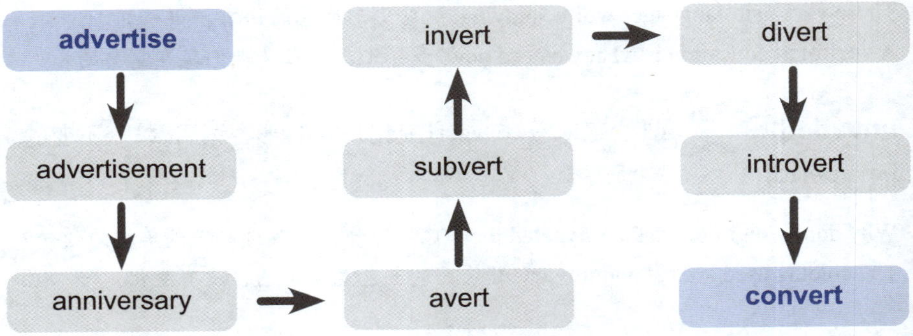

advertise ['ædvətaɪz]	**ad**（强调）+ **vert**（旋转）+ **ise**（动词后缀）→广告就是把信息转给更多的人→征聘，为……做广告

We are currently **advertising** for a new sales manager. 目前我们**公开征聘**一位新的销售经理。

We can **advertise** on the Internet. 我们可以在网上**登广告**。

advertisement [əd'vɜːtɪsmənt]	**ad**（强调）+ **vert**（旋转）+ **ise**（动词后缀）+ **ment**（名词后缀）→广告

The **advertisements** are intended to improve the company's image. 这些**广告**旨在提高公司的形象。

The wall was covered with **advertisements**. 墙上贴满了**广告**。

anniversary [ˌænɪ'vɜːsərɪ]	**anni**（年）+ **vers**（旋转）+ **ary**（名词、形容词后缀）→周年纪念日；周年纪念的

He even forgot our tenth **anniversary**! 他甚至忘了我们的十**周年纪念日**！

He gave me a necklace as an **anniversary** gift. 他给我一条项链作为**周年纪念的**礼物。

avert [ə'vɜːt]	**a**（强调）+ **vert**（旋转）→转移，避免

He quickly **averted** his gaze when anyone approaches. 任何人接近他时，他都会迅速**转移**视线。

He did his best to **avert** suspicion. 他尽量**避**嫌。

subvert [səb'vɜːt]	**sub**（底下）+ **vert**（旋转）→从底下开始旋转→颠覆

In general terms, the young tend to **subvert** traditions. 从总体而言，年轻人倾向于**颠覆**传统。

Latest evidence may **subvert** this assumption. 最新证据可能会**颠覆**这一假设。

invert [ɪn'vɜːt]	**in**（里面）+ **vert**（旋转）→倒转，颠倒

Invert the cake onto a serving plate. 把蛋糕**倒扣过来**放到一个盘子上。

Please **invert** the word order in a sentence. 请把句中的词序**颠倒**一下。

divert [daɪ'vɜːt]	**di**（分开）+ **vert**（旋转）→分开转→使转向，转移……的注意力

Northbound traffic will have to be **diverted** onto other roads. 北行车辆将不得不**绕**道行驶。

They want to **divert** Kevin from the dangerous topic. 他们想把凯文的**注意力**从这个危险的话题上**转移开**。

introvert ['ɪntrəvɜːt]	**intro**（向里面）+ **vert**（旋转）→内向的人

Being an **introvert** isn't necessarily a bad thing. 作为一个**内向的人**未必是件坏事。

The **introvert** is somewhat more mature than the extrovert. **内向者**在某些方面比外向者更为成熟。

convert [kən'vɜːt]	**con**（全部）+ **vert**（旋转）→转变，转换

The signal will be **converted** into digital code. 信号将被**转变**成数字编码。

The hotel is going to be **converted** into a nursing home. 那家旅馆将被**改建**成私人疗养院。

volu/volv 滚动

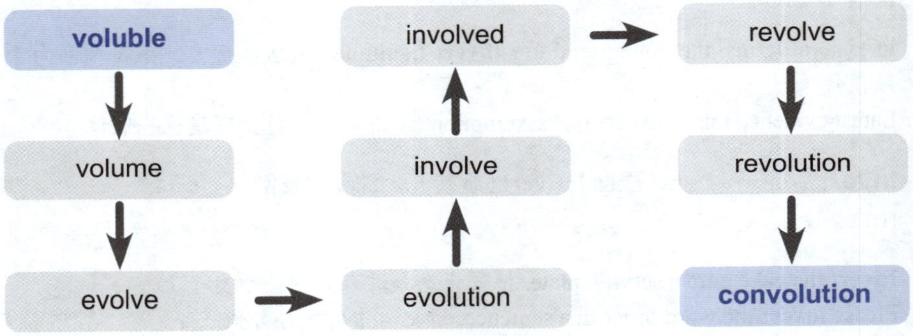

voluble ['vɒljʊbl]	**volu**（滚动）+ **ble**（形容词后缀，表示"能够"）→说话像翻滚的河水→健谈的，滔滔不绝的

She was very **voluble** on the subject of women's rights. 她谈起女权这个话题**口若悬河**。

The new comer in our company is **voluble**. 我们公司新来的同事很**健谈**。

volume ['vɒljuːm]	**volu**（滚动）+ **me**（名词后缀）→滚成一个卷→体积，卷

How do you measure the **volume** of a gas? 你如何计量气体的**体积**?

This **volume** contains selections from his early works. 该**卷**包含了他的早期作品文选。

evolve [i'vɒlv]	**e**（出）+ **volv**（滚动）+ **e**（动词后缀）→进化，逐渐形成

The three species **evolved** from a single ancestor. 这三种生物从同一祖先**进化**而来。

Each school must **evolve** its own way of working. 每个学校必须**形成**自己的办学方式。

evolution [ˌiːvəˈluːʃn] | e(出)+volu(滚动)+tion(名词后缀)→发展，进化(论)

This is a crucial period in the **evolution** of physics. 这是物理学**发展**过程中的一个关键时期。
His lecture was about the **evolution** of man. 他的讲座是关于人类的**进化**。

involve [ɪnˈvɒlv] | in(里面)+volv(滚动)+e(名词后缀)→卷到里面→牵涉，参加

How many vehicles were **involved** in the crash? 这次撞车事故**涉及**多少辆汽车？
We want to **involve** as many people as possible in the celebrations. 我们希望**参加**庆典的人越多越好。

involved [ɪnˈvɒlvd] | in(里面)+volv(滚动)+ed(形容词后缀)→卷入其中的→有关的，全心投入的

We'll make our decision and contact the people **involved**. 我们将做出决定，再与**有关**人员联系。
She was deeply **involved** with the local hospital. 她曾**全心投入**当地医院。

revolve [rɪˈvɒlv] | re(一次次)+volv(旋转)+e(动词后缀)→旋转，转动

The fan **revolved** slowly. 电扇缓慢地**转动**着。
Mars takes longer to **revolve** on its axis than the Earth. 火星自**转**一周的时间比地球长。

revolution [ˌrevəˈluːʃn] | re(一次次)+volu(旋转)+tion(名词后缀)→旋转，转数，巨变

The machine is rotating at 300 **revolutions** per minute. 这个机器以每分钟 300 **转**的速度旋转。
A **revolution** in information technology is taking place. 信息技术正在发生**巨变**。

convolution [ˌkɒnvəˈluːʃn] | con(全部)+volu(旋转)+tion(名词后缀)→全都在旋转→错综复杂，弯曲

We are interested in the **convolutions** of the story. 我们对故事中**错综复杂**的情节很感兴趣。
The flexibility of the material allows extensive **convolution**. 该材料的柔韧性允许大幅度的**弯曲**。

ambul 行走

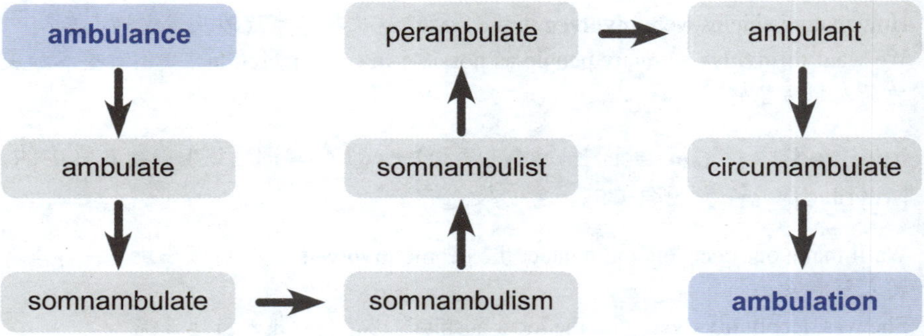

ambulance ['æmbjələns]	**ambul**（行走）+ **ance**（名词后缀）→急救车，救护车

The injured were rushed to hospital in an **ambulance**. **救护车**把伤员火速送往医院。
An **ambulance** drove past. 一辆**救护车**驶了过去。

ambulate ['æmbjʊˌleɪt]	**ambul**（行走）+ **ate**（动词后缀）→走动，移动

The surgery would improve her ability to **ambulate**. 手术将提高她的**行走**能力。
The patient was allowed to **ambulate** in the room. 允许病人在屋里**走动**。

somnambulate [sɒm'næmbjʊˌleɪt]	**somn**（睡觉）+ **ambul**（行走）+ **ate**（动词后缀）→梦游

The sleep therapist was studying patients who **somnambulate**. 那位睡眠治疗师正在研究**梦游**的病人。
Will they hurt others if they were to **somnambulate**? 他们在**梦游**时会伤害别人吗？

somnambulism [sɒm'næmbjʊˌlɪzəm]	**somn**（睡觉）+ **ambul**（行走）+ **ism**（名词后缀，表示“行为，性质”）→梦游，梦游症

I always suspect that I have **somnambulism**. 我一直怀疑自己有**梦游**的习惯。
Some people even show symptoms of **somnambulism**. 有些人甚至还出现了**梦游**的症状。

somnambulist [sɒm'næmbjəlɪst]	**somn**（睡觉）+ **ambul**（行走）+ **ist**（名词后缀，表示“专业的人”）→梦游者

A **somnambulist** can happily combine sleep and exercise. **梦游者**能把睡眠和运动巧妙地结合在一起。
He went around like a **somnambulist** with absent stare. 他像一个**梦游者**似的四处走动，目光恍恍惚惚。

perambulate [pə'ræmbjʊˌleɪt]	**per**（全部）+ **ambul**（行走）+ **ate**（动词后缀）→到处走来走去→漫步，巡视

My parents **perambulate** the square. 我父母在广场上**散步**。
They were ordered to **perambulate** the bounds every two days. 他们奉命每两天**巡视**一次边界。

ambulant ['æmbjələnt]	**ambul**（行走）+ **ant**（形容词后缀）→能走动的，无须卧床的

The recording is done while the patient is **ambulant**. 录像是在病人还**能走动时**录制的。
They provide spaces to accommodate **ambulant** disabled. 他们为**无须卧床的**残疾人提供了空间。

circumambulate [ˌsɜːkəm'æmbjʊˌleɪt]	**circum**（四周）+ **ambul**（行走）+ **ate**（动词后缀）→绕行，绕着某物走圈

They **circumambulate** the man three times before sitting. 他们**围着**那人**转**了三**圈**才坐下。
We walked barefoot and **circumambulated** the outer walls of the temple. 我们光脚**绕着**寺庙的外墙**走**。

ambulation ['æmbjʊˌleɪʃən]	**ambul**（行走）+ **ation**（名词后缀）→移动，步行

The patients received **ambulation** and balance training. 患者们接受了**步行**与平衡训练。
The hospital encouraged early **ambulation**. 医院鼓励及早**走动**。

claim 大喊

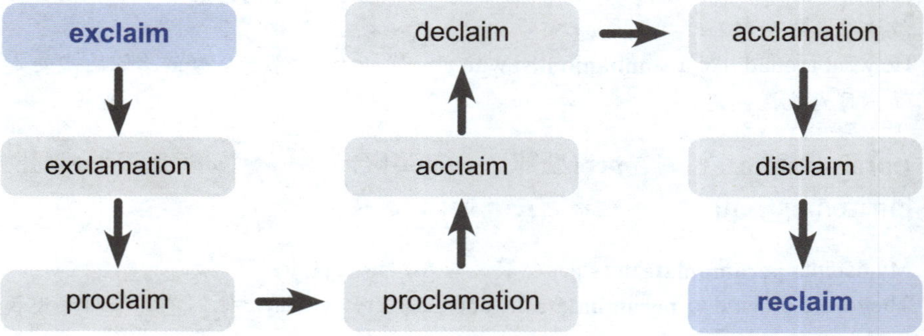

exclaim [ɪk'skleɪm]	**ex**（出）+ **claim**（大喊）→呼喊，惊叫

"It isn't fair!" he **exclaimed** angrily. "这不公平！"他气愤地**喊**道。

The children **exclaimed** with excitement. 孩子们兴奋地**大叫**。

exclamation [ˌekskləˈmeɪʃn]	**ex**（出）+ **claim**（大喊）+ **ation**（名词后缀）→惊叫，感叹

He gave an **exclamation of surprise**. 他发出一声**惊叹**。

The women gave an involuntary **exclamation**. 那些女人不由自主地**惊叫**了起来。

proclaim [prə'kleɪm]	**pro**（前面）+ **claim**（大喊）→在大家面前大声喊→（正式）宣告，（公开）声明

The president **proclaimed** a state of emergency. 总统**宣告**了紧急状态。

She did not **proclaim** her intention. 她没有把自己的意图明**说**出来。

proclamation [ˌprɒkləˈmeɪʃn]	**pro**（前面）+ **claim**（大喊）+ **ation**（名词后缀）→公告，声明

The government restricted the use of water by **proclamation**. 政府通过**公告**的形式限制用水。
The **proclamation** of independence was broadcast over the radio. 独立**声明**在广播里播出了。

acclaim [əˈkleɪm]	**ac**（强调）+ **claim**（大喊）→赞扬，称赞

The work was **acclaimed** as a masterpiece. 该作品被**誉为**杰作。
She has won critical **acclaim** for her excellent performance. 她因出色的表演而赢得了评论界的**赞扬**。

declaim [dɪˈkleɪm]	**de**（强调）+ **claim**（大喊）→慷慨陈词，朗读

He **declaimed** against the evils of alcohol. 他**慷慨陈词**，猛烈抨击酗酒的罪恶。
He used to **declaim** French verse to us. 他过去经常给我们**朗诵**法语诗文。

acclamation [ˌækləˈmeɪʃn]	**ac**（强调）+ **claim**（大喊）+ **ation**（名词后缀）→喝彩，口头表决

The news was greeted with considerable popular **acclamation**. 这条新闻迎来了相当广泛的**喝彩**。
The decision was taken by **acclamation**. 该决议是经**口头表决**而作出的。

disclaim [dɪsˈkleɪm]	**dis**（否定前缀）+ **claim**（大喊）→大声地否定→公开否认，拒绝承认

She **disclaimed** any knowledge of her friend's whereabouts. 她**否认**知道朋友的下落。
We **disclaim** all liability for these matters. 我们**拒绝**对这些事情负任何责任。

reclaim [rɪˈkleɪm]	**re**（回来）+ **claim**（大喊）→大声喊着把东西拿回来→取回，拿回

You'll have to go to the police station to **reclaim** your wallet. 你得到警察局去**认领**你的钱包。
The team **reclaimed** the title from their rivals. 这个队从对手手中**夺回**了冠军。

chron 时间

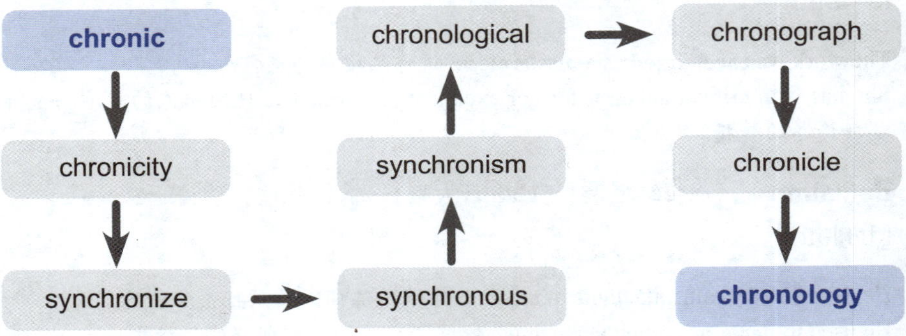

chronic ['krɒnɪk]	**chron**（时间）+ **ic**（形容词后缀）→（疾病）慢性的，长期的

He was suffering from **chronic** bronchitis. 他患有**慢性**支气管炎。
We finally won in this **chronic** war. 我们终于打赢了这场**长期**战争。

chronicity [krɒ'nɪsɪtɪ]	**chron**（时间）+ **ic**（形容词后缀）+ **ity**（名词后缀）→慢性，长期性

The severity and the **chronicity** of the disease were graded. 对疾病的严重程度和**慢性程度**进行分级。
Nursing management needs to focus on the **chronicity** of the disease. 护理管理需要关注疾病的**长期性**。

synchronize ['sɪŋkrənaɪz]	**syn**（相同）+ **chron**（时间）+ **ize**（动词后缀）→时间完全一样→同步，在时间上一致

The sound track did not **synchronize** with the action. 声迹与动作不**同步**。
It was virtually impossible to **synchronize** our lives. 要让我们的生活**同步**几乎是不可能的。

synchronous ['sɪŋkrənəs]	**syn**(相同)+**chron**(时间)+**ous**(形容词后缀)→同时发生(或存在)的，同步的

All operations are **synchronous**. 所有操作都是**同步的**。
The motion of the brain was **synchronous** with the respiration. 大脑的运动与呼吸是**同步的**。

synchronism ['sɪŋkrəˌnɪzəm]	**syn**(相同)+**chron**(时间)+**ism**(名词后缀，表示某种"性质")→同时发生，同步性

The **synchronism** between these two clocks is flawless. 这两个时钟**同步**得很完美。
Synchronism in a marching band is important. 在乐队中**同步性**是很重要的。

chronological [ˌkrɒnə'lɒdʒɪkl]	**chron**(时间)+**o**(连接)+**logic**(顺序)+**al**(形容词后缀)→按发生时间顺序排列的

The facts should be presented in **chronological** order. 这些事实应**按时间先后顺序**陈述。
The diary provided a **chronological** framework for the events. 日记提供了事件**发生的先后顺序**框架。

chronograph ['krɒnəgrɑ:f]	**chron**(时间)+**o**(连接)+**graph**(写)→把时间写下来→计时器，秒表

They need a precision water-resistant **chronograph**. 他们需要一个精确的防水**计时器**。
The **chronograph** readings must be verified in the following manner. **秒表**的读数必须以下列方式验证。

chronicle ['krɒnɪkl]	**chron**(时间)+**icle**(名词、动词后缀)→按照时间顺序进行记录→编年史，历史

This is a **chronicle** of Napoleonic times. 这是一本关于拿破仑时期的**编年史**。
The series **chronicles** the adventures of two bachelors. 该丛书**按时间顺序记载**了两个单身汉的奇遇。

chronology [krə'nɒlədʒɪ]	**chron**(时间)+**o**(连接)+**log**(顺序)+**y**(名词后缀)→事件发生的年代顺序，年表

You must confuse the **chronology** of these events. 你肯定把这些**事件发生的年代顺序**搞混了。
The second part of the book is a detailed **chronology** of the reformation. 本书第二部分是关于改革的一个详细**年表**。

flict 鞭打

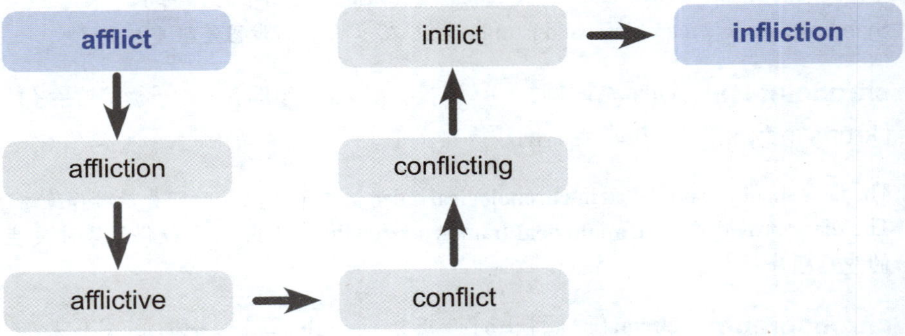

afflict [ə'flɪkt]	**af**(强调) + **flict**(鞭打)→折磨，使痛苦

Aid will be sent to the **afflicted** areas. 将向**受灾**地区提供援助。

Famine and war still **afflict** mankind. 饥饿和战争仍使人类**遭受痛苦**。

affliction [ə'flɪkʃn]	**af**(强调) + **flict**(鞭打) + **ion**(名词后缀)→痛苦，折磨

The **affliction** touches almost everyone. 这种**痛苦**几乎触及每个人。

Commuting every day in rush-hour traffics is an **affliction**. 每天都在交通高峰时期上下班是种**折磨**。

afflictive [ə'flɪktɪv]	**af**(强调) + **flict**(鞭打) + **ive**(形容词后缀)→难受的，痛苦的

The **afflictive** condition has been present for a while. 这**令人难受的**疾病已经有段时

间了。

It is notable for suppressing **afflictive** penalties. 它以压制**痛苦的**惩罚而闻名。

conflict ['kɒnflɪkt]	**con**(全部) + **flict**(鞭打)→相互打→争执，矛盾

My friend often comes into **conflict** with his boss. 我朋友经常和他的老板发生**争执**。

Her diary was a record of her inner **conflict**. 她的日记记录了她内心的**矛盾**。

conflicting [kən'flɪktɪŋ]	**con**(全部) + **flict**(鞭打) + **ing**(形容词后缀)→冲突的，矛盾的

Conflicting emotions churned inside him. **相互矛盾的**情绪使他感到心烦意乱。

They confused me with **conflicting** accounts. 他们**自相矛盾的**陈述使我迷惑不解。

inflict [ɪn'flɪkt]	**in**(里面) + **flict**(鞭打)→打在身体里→使遭受，使承受

Heavy casualties were **inflicted** on the enemy. 敌人**遭受**了惨重伤亡。

The strikes **inflicted** serious damage on the company. 罢工给公司**造成了**巨大损失。

infliction [ɪn'flɪkʃn]	**in**(里面) + **flict**(鞭打) + **ion**(名词后缀)→强加，施加

Don't immerse yourself in the repeated **infliction** of pain. 不要把自己沉浸在这不断**施加**的痛苦中。

Will he be responsible for the intentional **infliction** of emotional distress? 他会对故意**强加**精神伤害负责吗?

graph 写，画

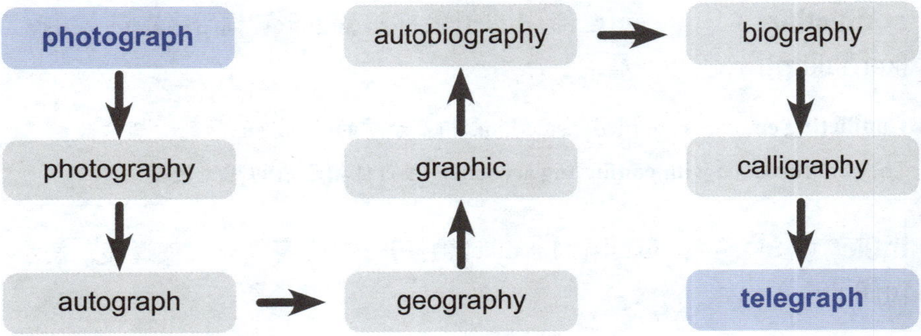

photograph ['fəʊtəgrɑːf]

photo(照片)+**graph**(写，画)→拍照，照相；照片，相片

I hate being **photographed**. 我讨厌被**拍照**。

I spent the day taking **photographs** of the city. 我花了一天时间拍摄这座城市的**照片**。

photography [fə'tɒgrəfɪ]

photo(照片)+**graph**(写，画)+**y**(名词后缀)→摄影

Her hobbies include hiking and **photography**. 她的业余爱好包括徒步旅行和**摄影**。

They share a common interest in **photography**. 他们在**摄影**方面兴趣相投。

autograph ['ɔːtəgrɑːf]

auto(自己)+**graph**(写，画)→自己写，自己画→(名人的)亲笔签名；(在……上)签名

Could I have your **autograph**? 我能请你**签个名**吗?

I **autographed** a copy of one of my books. 我在我的一本书上**签了名**。

geography [dʒiˈɒɡrəfɪ]	**geo**（土地）+ **graph**（写，画）+ **y**（名词后缀）→把大地写下来具体→地形，地理（学）

We need some policemen who knew the local **geography**. 我们需要一些了解当地**地形**的警察。

Geography is a useful subject. **地理**是门有用的科目。

graphic [ˈɡræfɪk]	**graph**（写，画）+ **ic**（形容词后缀）→画得像图片一样的→生动的，活灵活现的

The book gave a **graphic** description of ocean. 这本书对海洋的情况做出了**生动的**描述。

He kept telling us about his operation, in the most **graphic** detail. 他不停地向我们**绘声绘色**讲述他动手术的详细情况。

autobiography [ˌɔːtəbaɪˈɒɡrəfɪ]	**auto**（自己）+ **bio**（生命）+ **graph**（写，画）+ **y**（名词后缀）→自己写的一生的故事→自传，自传体写作

He published his **autobiography** last autumn. 他去年秋天出版了他的**自传**。

He gives a vivid description of his childhood in his **autobiography**. 他在**自传**里生动地描绘了童年生活。

biography [baɪˈɒɡrəfɪ]	**bio**（生命）+ **graph**（写，画）+ **y**（名词后缀）→传记，传记文学

This book is a well-balanced **biography**. 这是一本很公正的**传记**。

The story of her career is told in a new **biography**. 她的生涯故事记载在新的**传记**中。

calligraphy [kəˈlɪɡrəfɪ]	**calli**（美丽）+ **graph**（写，画）+ **y**（名词后缀）→写下美丽的东西→书法，书法艺术

She won the first place in the **calligraphy** competition. 她在**书法**比赛中获得了第一名。

They are devoted to protecting the tradition of **calligraphy**. 他们致力于保护**书法**传统。

telegraph [ˈtelɪɡrɑːf]	**tele**（跨越，遥远）+ **graph**（写，画）→把写下的东西发送给远距离的人→电报；用电报发送

News came from the outside world by **telegraph**. 消息用**电报**从外面发来。

Now I must **telegraph** an urgent message to your father. 现在我必须给你父亲**发**一个紧急**电报**。

gress 行走

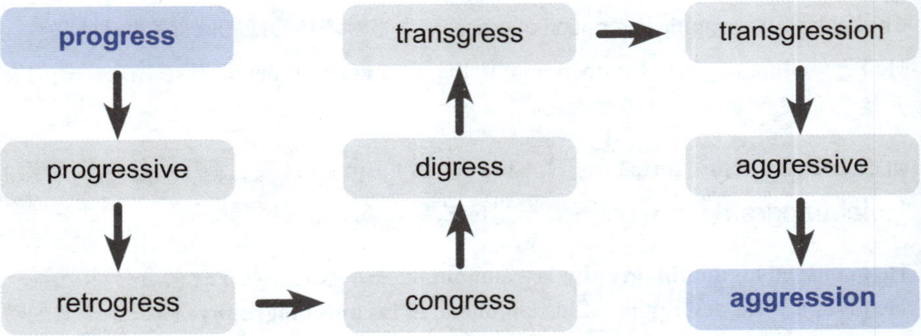

progress [prə'gres/'prəʊgres]	**pro**（向前）+ **gress**（走）→前进，行进；进步，发展

The line of traffic **progressed** slowly through the town. 车流缓慢地**穿过**城镇。
This is a necessary consequence of **progress**. 这是**发展**的必然后果。

progressive [prə'gresɪv]	**pro**（向前）+ **gress**（走）+ **ive**（形容词后缀）→进步的，逐步的

He had introduced many **progressive** changes. 他带来了很多**有进步意义的**变化。
One symptom of the disease is **progressive** loss of memory. 这种病的一个症状是记忆的**逐步**丧失。

retrogress [ˌretrəʊ'gres]	**retro**（向后）+ **gress**（走）→倒退，退化

She **retrogressed** to the starting point. 她的病情**倒退**到了起点。
No progress means to **retrogress**. 没有进步就意味着**退步**。

congress ['kɒŋgres]	con(全部)+gress(走)→全部走到一起共商大事→国会，代表大会

Congress will vote on the proposals tomorrow. **国会**明天将对提案进行投票表决。
This matter will be discussed in **congress** tomorrow. 这个问题将在明天的代表**大会**上讨论。

digress [daɪ'gres]	di(分开)+gress(走)→离题，偏离主题

She **digressed** from her prepared speech. 她**偏离**了预先准备的讲稿。
Please allow me to **digress** for some time. 请允许我花点时间说些**离题**的话。

transgress [trænz'gres]	trans(穿越)+gress(走)→走得太多了，超出了规定的界限→违背(道德)，违犯(法律)

She had **transgressed** an unwritten social law. 她**违反**了不成文的社会规范。
Perhaps she had no temptation to **transgress**. 也许她没有想**违法犯规**的邪念。

transgression [trænz'greʃ(ə)n]	trans(穿越)+gress(走)+ion(名词后缀)→犯罪，违反

The judge will decide the penalty for my **transgression**. 法官将决定对我**违法行为**的惩罚。
Tales of his alleged **transgressions** have begun springing up. 他**涉嫌不良行为**的谣言已经开始出现了。

aggressive [ə'gresɪv]	ag(强调)+gress(走)+ive(形容词后缀)→好斗的，富于攻击性的

He gets **aggressive** when he's drunk. 他喝醉了就喜欢**寻衅滋事**。
Some children are much more **aggressive** than others. 一些孩子比另一些孩子**好斗**得多。

aggression [ə'greʃn]	ag(强调)+gress(走)+ion(名词后缀)→好斗情绪，攻击

The research shows that computer games may cause **aggression**. 研究显示，电脑游戏可能引起**好斗情绪**。
The country was under threat of massive military **aggression**. 这个国家受到了大规模军事**攻击**的威胁。

habit 居住

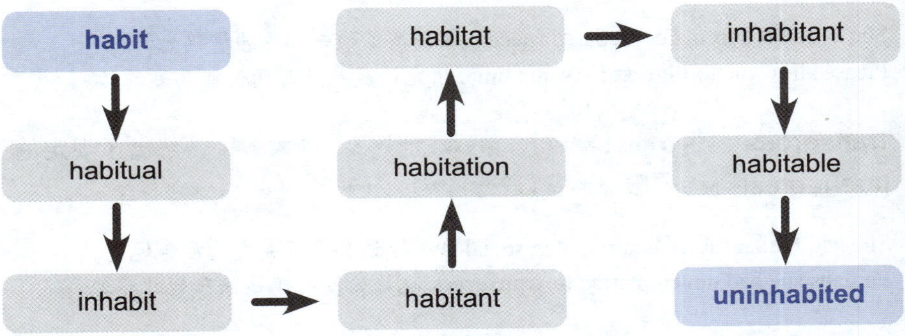

habit ['hæbɪt]	**habit**(居住)→经常住下就形成了习惯→习惯

I'd prefer you not to **make a habit of** it. 我希望你不要**习以为常**。
You need to change your eating **habits**. 你得改变你的饮食**习惯**。

habitual [hə'bɪtʃʊəl]	**habit**(居住) + **ual**(形容词后缀)→惯常的，习惯性的

They waited for his **habitual** response. 他们等待他的**一贯**反应。
This pattern of behaving can become **habitual**. 这种行为方式可能变成**习惯性的**。

inhabit [ɪn'hæbɪt]	**in**(里面) + **habit**(居住)→居住于，栖居在

The valley is **inhabited** by several rare tribes. 这个山谷里**居住**着一些罕见的部落。
The building is now **inhabited** by birds. 这所建筑物现在有鸟儿**栖息**。

habitant ['hæbɪtənt]	**habit**(居住) + **ant**(名词后缀，表示"人")→(某地的)居民，居住者

Who is the most native **habitant** on the earth? 谁是地球上最原始的**居民**?
The **habitants** tried to fight against being moved to another city. **居民们**试图反对迁往另一个城市。

habitation [ˌhæbɪˈteɪʃn]	**habit**(居住) + **ation**(名词后缀)→居住，住处

The houses were unfit for human **habitation**. 那些房子不适合人**居住**。
The road serves the scattered **habitations** along the coast. 这条公路连接着海岸线上分散的**聚居地**。

habitat [ˈhæbɪtæt]	**habit**(居住) + **at**(名词后缀，表示"地点")→(动植物的)生活环境，栖息地

The panda's natural **habitat** is the bamboo forest. 大熊猫的天然**栖息地**是竹林。
This species has nearly died out because its **habitat** is being destroyed. 因**栖息地**正受到破坏，这一物种已濒于灭绝。

inhabitant [ɪnˈhæbɪtənt]	**in**(里面) + **habit**(居住) + **ant**(名词后缀，表示"人")→(某地的)居民，栖息动物

He is one of the oldest **inhabitants** of the village. 他是这个村最老的**居民**之一。
The lion is seen as the fiercest **inhabitant** of the jungle environment. 狮子被认为是丛林环境中最凶猛的**居民**。

habitable [ˈhæbɪtəbl]	**habit**(居住) + **able**(形容词后缀，表示"能够")→适合居住的

The house should be **habitable** by the new year. 房子到新年时应该就**可以住进去**了。
80% of the damaged houses had been made **habitable** again. 80% 的受损房屋已经恢复**使用**。

uninhabited [ˌʌnɪnˈhæbɪtɪd]	**un**(否定前缀) + **in**(里面) + **habit**(居住) + **ed**(形容词后缀)→无人居住的，荒凉的

The area is largely **uninhabited**. 这个地区大部分是**无人居住的**。
The suspect fled to an **uninhabited** island. 那个犯罪嫌疑人逃到了一座**荒**岛上。

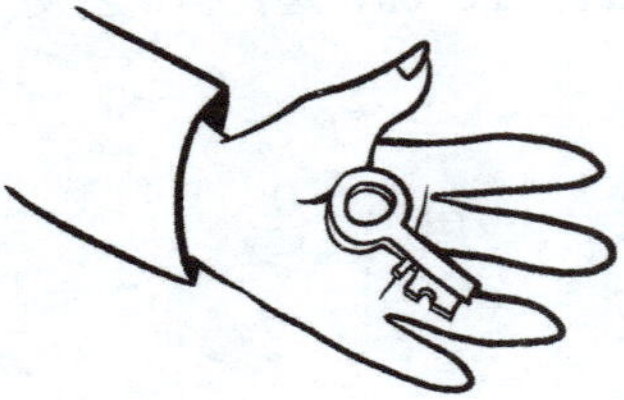

hibit 拿着

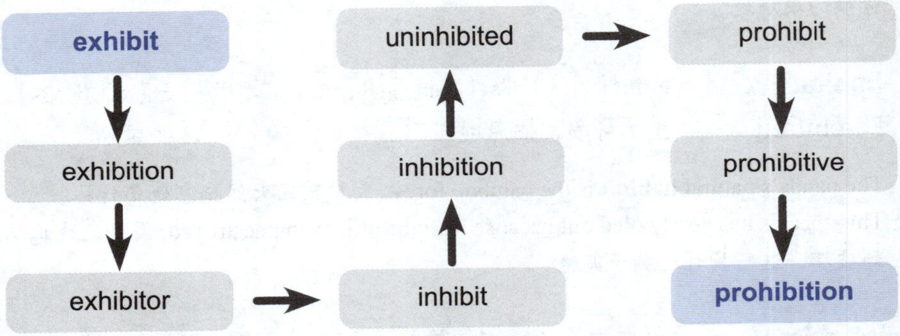

exhibit [ɪɡˈzɪbɪt]	**ex**（出）+ **hibit**（拿着）→把东西拿出来→展品，陈列品；展出，展览

The new **exhibit** will tour a dozen cities next year. 这批新**展品**明年将在十二个城市巡回展出。

He **exhibits** regularly in local art galleries. 他定期在当地美术馆**展出**作品。

exhibition [ˌeksɪˈbɪʃn]	**ex**（出）+ **hibit**（拿着）+ **ion**（名词后缀）→展览，展览品

The **exhibition** is held annually. 这个**展览**每年举行一次。

Have you seen the Picasso **exhibition**? 你看过毕加索的**画展**吗？

exhibitor [ɪɡˈzɪbɪtə(r)]	**ex**（出）+ **hibit**（拿着）+ **or**（名词后缀，表示“人”）→参展者，参展商

Schedules will be sent out to all **exhibitors**. 日程安排将会发送给所有的**参展者**。

Each **exhibitor** will be issued with a certificate. 本会将向所有**参展商**颁发参展证书一份。

inhibit [ɪn'hɪbɪt]	**in**(里面)+**hibit**(拿着)→拿在里面不让出去→阻碍，抑制

A lack of oxygen may **inhibit** brain development. 缺氧可能会**阻碍**大脑发育。
These compounds **inhibit** microbial growth. 这些化合物能**抑制**微生物的生长。

inhibition [ˌɪnhɪ'bɪʃn]	**in**(里面)+**hibit**(拿着)+**ion**(名词后缀)→抑制，拘谨

Some drugs can cause the **inhibition** of normal bodily activity. 有些药会对正常的身体活动产生**抑制**作用。
The children were shy at first, but soon lost their **inhibitions**. 孩子们起初很**拘谨**，但很快就放开了。

uninhibited [ˌʌnɪn'hɪbɪtɪd]	**un**(否定前缀)+**in**(里面)+**hibit**(拿着)+**ed**(形容词后缀)→不再被一直拿在里面的→无拘无束的，随心所欲的

He is a bold and **uninhibited** entertainer. 他是一位大胆且**豪放不羁的**艺人。
People become **uninhibited** when they drink. 人一喝酒就会变得**肆无忌惮**。

prohibit [prə'hɪbɪt]	**pro**(前面)+**hibit**(拿着)→拿着东西挡在前面→(通过法律、条例等)禁止，阻止

Citizens were **prohibited** from travelling abroad. 公民被**禁止**出国旅游。
Smoking is **prohibited** here. 这里**禁止**吸烟。

prohibitive [prə'hɪbətɪv]	**pro**(前面)+**hibit**(拿着)+**ive**(形容词后缀)→(以法令)禁止的，贵得买不起的

The government has introduced some **prohibitive** legislation on trade. 政府出台了一些有关贸易的**禁止性**法规。
The price of property in the city is **prohibitive**. 城市的房地产价格令人**望而却步**。

prohibition [ˌprəʊɪ'bɪʃn]	**pro**(前面)+**hibit**(拿着)+**ion**(名词后缀)→禁止，禁令

There is evidence that **prohibition** of plastic bags can work. 有证据显示，**禁止**使用塑料袋可以有效解决问题。
It's time to abolish **prohibition** and take decisive action. 现在是时候废除**禁令**并采取果断行动了。

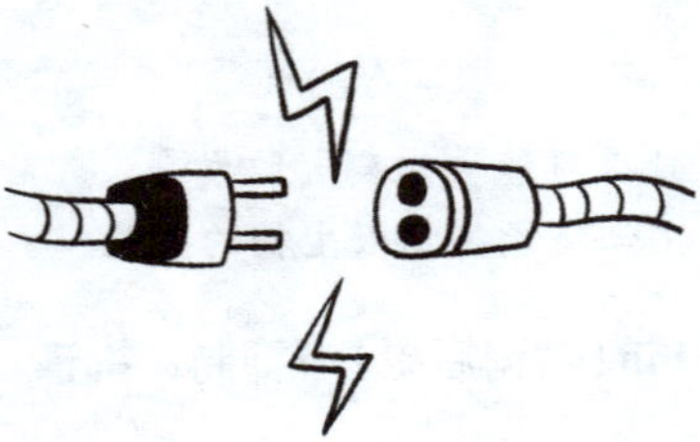

junct 连接

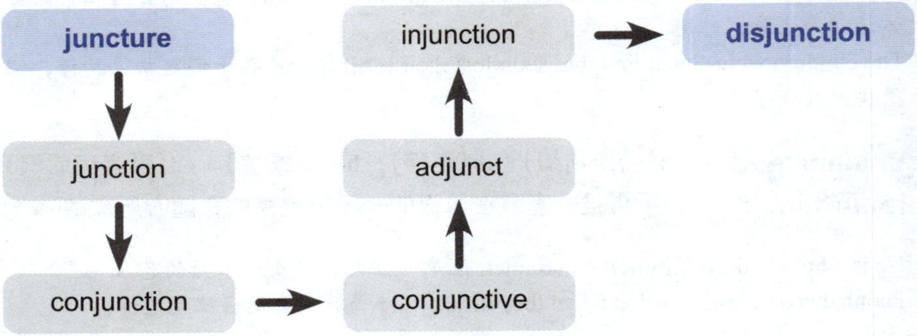

juncture ['dʒʌŋktʃə(r)]	**junct**（连接）+ **ure**（名词后缀）→相互交接的地方→交界，关键时刻

The plane crashed at the **juncture** of two mountains. 飞机在两座大山的**交界处**失事了。

The battle had reached a crucial **juncture**. 战斗已到了**关键时刻**。

junction ['dʒʌŋkʃn]	**junct**（连接）+ **ion**（名词后缀）→（公路或铁路的）交叉口

The car slowed down as it approached the **junction**. 汽车在驶近**交叉路口**时放慢了速度。

Buses have priority at this **junction**. 在这个**交叉口**，公共汽车有优先通行权。

conjunction [kən'dʒʌŋkʃn]	**con**（全部）+ **junct**（连接）+ **ion**（名词后缀）→结合，同时发生

The police are working in **conjunction** with tax officers on the investigation. 警方正**协同**税务官员**进行**调查。

The **conjunction** of heavy rains and strong winds caused flooding. 大雨和强风**共同**造成了洪水泛滥。

conjunctive [kən'dʒʌŋktɪv]	**con**(全部)+**junct**(连接)+**ive**(名词、形容词后缀)→连词；连接的，结合的

A **conjunctive adverb** connects two independent clauses or sentences. **连接副词**连接两个独立的从句或句子。

Music nursing was the **conjunctive** product of music, psychology and nursing. 音乐护理是音乐、心理学和护理学**结合的**产物。

adjunct ['ædʒʌŋkt]	**ad**(强调)+**junct**(连接)→附件，辅助物，帮手

The memory expansion cards are useful **adjuncts** to the computer. 内存扩充卡是计算机很有用的**附件**。

Computer technology is an **adjunct** to learning. 电脑技术是学习的**帮手**。

injunction [ɪn'dʒʌŋkʃn]	**in**(否定前缀)+**junct**(连接)+**ion**(名词后缀)→不让连接→(法院的)禁令，指令

The court granted an **injunction** against the defendants. 法庭对被告发出了**禁令**。

We hear endless **injunctions** to managers. 我们听到对经理们无休无止的**训示**。

disjunction [dɪs'dʒʌŋkʃn]	**dis**(分开)+**junct**(连接)+**ion**(名词后缀)→不一致，分离

This **disjunction** of price from value is the core phenomenon of contemporary economic life. 价格与价值**背离**是当代经济生活的基本现象。

There is a **disjunction** between theory and practice. 理论和实践之间存在**脱节**。

later 边

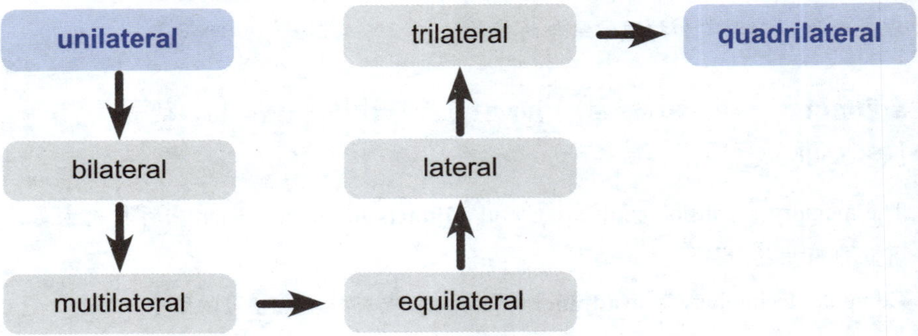

unilateral [ˌjuːnɪ'lætrəl]	**uni**（一个）+ **later**（边）+ **al**（形容词后缀）→单方的，单边的

They took the **unilateral** decision to cancel the contract. 他们**单方面**决定撤销合同。
They were forced to take **unilateral** action. 他们被迫采取**单方面**行动。

bilateral [ˌbaɪ'lætərəl]	**bi**（两个）+ **later**（边）+ **al**（形容词后缀）→双方的，双边的

Our **bilateral** trade has grown. **双边**贸易有所扩大。
Friendship and love are **bilateral**. 友情和爱情是**双方面的**。

multilateral [ˌmʌltɪ'lætərəl]	**multi**（多）+ **later**（边）+ **al**（形容词后缀）→多国的，多边的

Many countries hope to initiate the **multilateral** trade talks. 许多国家都想开启**多边的**贸易会谈。
Global markets require **multilateral** rules. 全球市场需要**多边的**规则。

equilateral [ˌiːkwɪ'lætərəl]	**equ**(相同)+**i**(连接)+**later**(边)+**al**(形容词后缀)→等边的

Its outline roughly forms an **equilateral** triangle. 它的大致轮廓是一个**等边**三角形。
The girl kept a photograph of her mother in the **equilateral** picture frame. 女孩把母亲的一张照片放在**等边的**相框里。

lateral ['lætərəl]	**later**(边)+**al**(形容词后缀)→朝向一个边的→侧面的，横向的

Jets of compressed air gave the aircraft **lateral** and directional stability. 压缩气体喷流从**侧面**和正面稳定了机身。
The **lateral** movement of the bridge is between four and six inches. 大桥的**横向**移动范围在 4 到 6 英寸之间。

trilateral [ˌtraɪ'lætərəl]	**tri**(三)+**later**(边)+**al**(形容词后缀)→三边的，三方的

He had invested time and effort in the **trilateral** meeting. 他在那个**三方**会谈中花费了许多时间精力。
China also attaches great importance to further strengthening **trilateral** cooperation. 中方也高度重视进一步加强**三方**合作。

quadrilateral [ˌkwɒdrɪ'lætərəl]	**quadri**(四)+**later**(边)+**al**(名词后缀)→四边形

A kite is a **quadrilateral** with one line of symmetry. 风筝是个有一条对称线的**四边形**。
These arguments represent the four points of the **quadrilateral**. 这些参数代表的是这个**四边形**的四个顶点。

memor 记忆

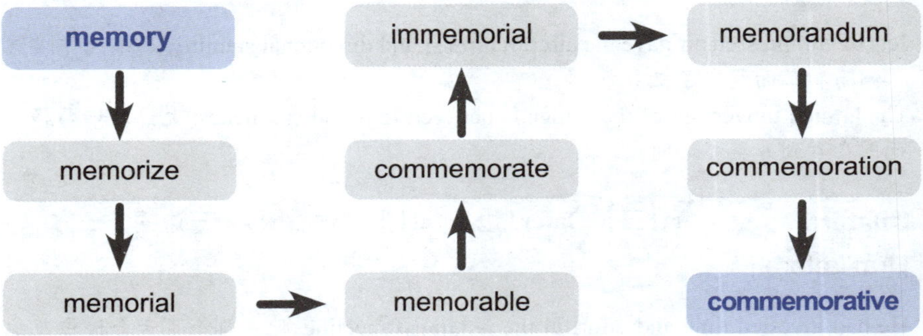

memory ['meməri]	**memor**（记忆）+ **y**（名词后缀）→记忆力，记性

What is your earliest **memory**? 你最早能**记得**的是什么？
Memory is selective and fallible. **记忆**有选择性而且会出错。

memorize ['meməraiz]	**memor**（记忆）+ **ize**（动词后缀）→记住，熟记

I don't try to **memorize** speeches word for word. 我不会尝试去逐字地**背**那些演说。
For foreigners, it's hard to **memorize** them. 对于外国人来说，很难**记住**它们。

memorial [mə'mɔːriəl]	**memor**（记忆）+ **ial**（形容词、名词后缀）→纪念的，追悼的；纪念碑，纪念馆

The **memorial** service will be held at a local church. **悼念**仪式将在当地的一所教堂举行。
The town raised a **memorial** to those killed in the war. 这座小镇为在战争中牺牲的人树立了一座**纪念碑**。

memorable ['memərəbl]	**memor**（记忆）+ **able**（形容词后缀）→值得纪念的，难忘的

The veteran soldier has fought many **memorable** battles. 这个老兵参加过许多**难忘的**战斗。
It has the **memorable** events we have experienced together. 那里有我们一起经历过的**难忘的**事情。

commemorate [kə'meməreɪt]	**com**（全部）+ **memor**（记忆）+ **ate**（动词后缀）→纪念，用以纪念

The movie is to **commemorate** the 30th anniversary of his death. 这部电影是为了**纪念**他逝世 30 周年。
This memorial **commemorates** those who died in the war. 这座纪念碑是**纪念**战争中牺牲者的。

immemorial [ˌɪmə'mɔːrɪəl]	**im**（否定）+ **memor**（记忆）+ **ial**（形容词后缀）→无法追忆的，古老的

My family has lived in this area from time **immemorial**. 我的家族在这个地区已经生活了**不知有多少年**了。
He went round interviewing people about **immemorial** traditions. 他到处找人访谈，了解**古老的**传统。

memorandum [ˌmemə'rændəm]	**memor**（记忆）+ **andum**（名词后缀）→备忘录

One of the documents leaked to the press was a special **memorandum**. 透露给报界的文件中有一份特殊的**备忘录**。
The following appeared in a **memorandum** from the writer. 下述文字摘自该作家的**备忘录**。

commemoration [kəˌmemə'reɪʃn]	**com**（全部）+ **memor**（记忆）+ **ation**（名词后缀）→纪念，纪念仪式

Local martyrs received public **commemoration**. 本地的烈士们受到了公众的**纪念**。
The **commemoration** will be held in August. 这一**纪念**仪式将在八月举行。

commemorative [kə'memərətɪv]	**com**（全部）+ **memor**（记忆）+ **ative**（形容词后缀）→纪念性的

A **commemorative** stamp will be issued July 15. 一枚**纪念**邮票将于 7 月 15 日发行。
The founder unveiled a **commemorative** plaque. 创始人为**纪念**牌匾揭了幕。

milit 兵

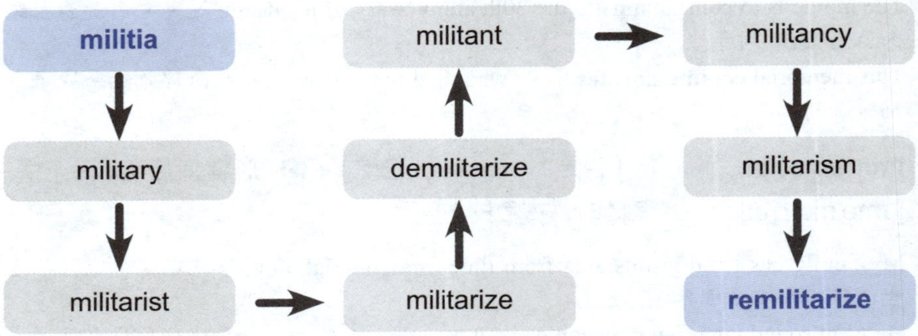

militia [mə'lɪʃə]	**milit**（兵）+ **ia**（名词后缀，表示“集合，集体”）→民兵组织，民兵队伍

The **militia** has agreed to pull out of the city. **民兵组织**已经同意撤出该城市。
The **militia** dispersed the rioters. **民兵**驱散了闹事者。

military ['mɪlətrɪ]	**milit**（兵）+ **ary**（名词、形容词后缀）→军队，军方；军事的，军队的

The **military** was/were called in to deal with the riot. 已调来**军队**平息暴乱。
Military action may become necessary. **军事**行动可能会成为必要。

militarist ['mɪlɪtərɪst]	**milit**（兵）+ **arist**（形容词、名词后缀）→军国主义的；军事家，军国主义者

There is no broad support for the **militarist** policies. **军国主义的**政策并没有得到广泛支持。
He was an excellent **militarist**. 他是个出色的**军事家**。

militarize ['mɪlɪtəraɪz]	**milit**(兵) + **arize**(动词后缀，表示"使……")→向(某地)派遣武装力量，武装化

This was heavily **militarized** zone in the past. 过去这里是重**军事化**地区。
The path is only for the use of **militarized** police force. 这条路仅供**武装**警察部队使用。

demilitarize [ˌdiːˈmɪlɪtəraɪz]	**de**（否定前缀）+ **milit**（兵）+ **arize**（动词后缀，表示"使……"）→从……撤军，使非军事化

They made remarkable progress in **demilitarizing** the region. 他们在实现这一地区非军事化上取得了惊人的进展。
The area could be turned into **demilitarized** zone. 该地区可能会成为**非军事**区。

militant ['mɪlɪtənt]	**milit**(兵) + **ant**(形容词后缀)→激进的，好战的

Militant mine workers voted to go on strike immediately. **激进的**煤矿工人们投票决定立即罢工。
The leader toned down his **militant** statements after the meeting. 这位领导人在会后缓和了他的**好战**言辞。

militancy ['mɪlɪtənsɪ]	**milit**(兵) + **ancy**(名词后缀)→好战，好斗

This move will ignite **militancy**. 这种行为将引发大规模的**武装斗争**。
He is a mild-mannered man not known for his **militancy**. 他是个举止温和的人，不以**好斗**闻名。

militarism ['mɪlɪtərɪzəm]	**milit**(兵) + **ar**(形容词后缀) + **ism**(名词后缀，表示"主义")→军国主义

The country slipped into a dangerous mixture of nationalism and **militarism**. 该国陷入了一种民族主义和**军国主义**并存的危险境地。
Fortunately, **militarism** failed to take root in Europe as a whole. 幸运的是**军国主义**没有能够深入整个欧洲。

remilitarize [riːˈmɪlɪtəraɪz]	**re**(再一次) + **milit**(兵) + **ar**(形容词后缀) + **ize**(动词后缀)→使……重新军事化

The country subsequently **remilitarized** the straits area. 该国随后**重新军事化**了海峡地区。
The region was **remilitarized** in 1946. 1946年该区域**再次被军事化**。

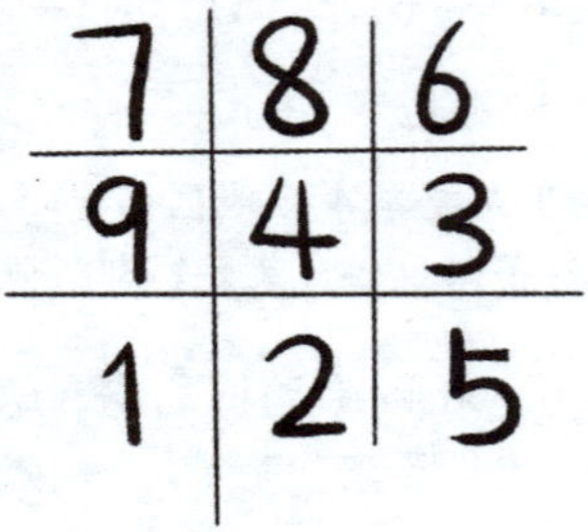

numer 数

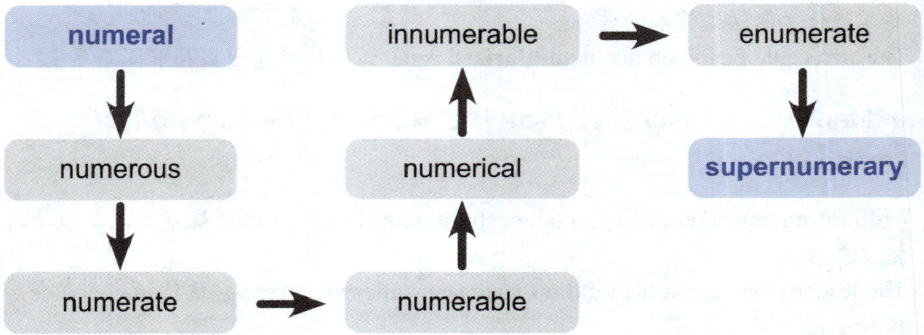

numeral ['nju:mərəl]	**numer**（数）+ **al**（名词后缀）→数字，数

He gave me a wristwatch with classic Roman **numerals**. 他给了我一块有标准罗马**数字**的手表。

The **numerals** he provided us are wrong. 他提供给我们的**数字**是错的。

numerous ['nju:mərəs]	**numer**（数）+ **ous**（形容词后缀）→众多的，许多的

He has been late on **numerous** occasions. 他已经迟到过**无数**次了。

The Earth is only one of the **numerous** planets in the universe. 地球只是宇宙中**众多**星球中的一个。

numerate ['nu:mərɪt]	**numer**（数）+ **ate**（形容词后缀）→有计算能力的

Your children should be literate and **numerate**. 你的孩子们应该会识字**识数**。

Business graduates must also be **numerate**. 商科专业大学毕业生也必须**具备计算能力**。

numerable ['nju:mərəbəl]	**numer**（数）+ **able**（形容词后缀）→可计数的，可计算的→很多，数量很大的

House building is closely linked with **numerable** families living in cities. 住宅建设与**许多**生活在城市里的家庭息息相关。

There are **numerable** favourable conditions. 这里有**许多**有利的条件。

numerical [nju:'merɪkl]	**numer**（数）+ **ic**（形容词后缀）+ **al**（形容词后缀）→数字的，用数字表示的

The results are expressed in descending **numerical** order. 结果按**数字**降序列出。

Your job is to put them in **numerical** order. 你的工作是把它们按**数字**顺序排序。

innumerable [ɪ'nju:mərəbl]	**in**（否定前缀）+ **numer**（数）+ **able**（形容词后缀）→多得数不清的，很多的

Innumerable books have been written on the subject. 已经有**无数**图书写过这个主题。

He has invented **innumerable** excuses. 他编造了**数不清的**借口。

enumerate [ɪ'nju:məreɪt]	**e**（使……）+ **numer**（数）+ **ate**（动词后缀）→数一数→列举

There is not space to **enumerate** all his works. 限于篇幅不能**列举**他的全部作品。

I **enumerate** the work that will have to be done. 我将必须要做的工作**一一列举**出来。

supernumerary [ˌsu:pə'nju:mərərɪ]	**super**（超过）+ **numer**（数）+ **ary**（形容词后缀）→数量以外的→多余的，过剩的，临时的

I have a **supernumerary** tooth. 我长了一颗**多生**牙。

She is a **supernumerary** milker. 她是一名**临时的**挤奶工。

preci 价值

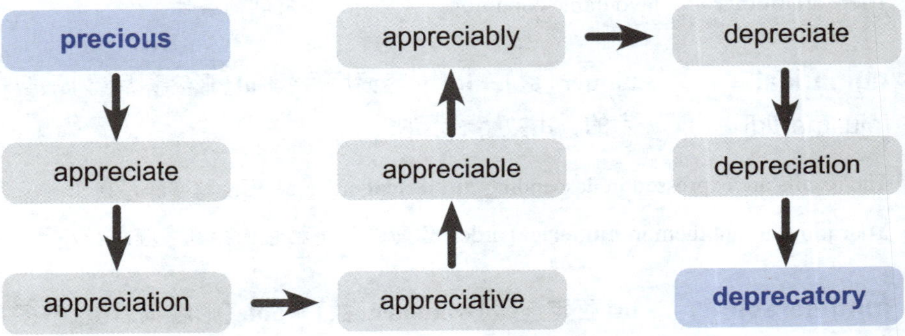

precious ['preʃəs]	**preci**（价值）+ **ous**（形容词后缀，表示“多”）→珍贵的，宝贵的

Her family's support is particularly **precious** to Jenny. 家人的支持对珍妮尤为**珍贵**。
You're wasting **precious** time! 你在浪费**宝贵的**时间！

appreciate [ə'priːʃɪeɪt]	**ap**（强调）+ **preci**（价值）+ **ate**（动词后缀）→特别看中价值→增值，欣赏

Their investments have **appreciated** over the years. 他们的投资这些年来已经**增值**。
His talents are not fully **appreciated** in that company. 他的才干在那家公司未受到充分**赏识**。

appreciation [əˌpriːʃɪ'eɪʃn]	**ap**（强调）+ **preci**（价值）+ **ation**（名词后缀）→欣赏，增值

She shows little **appreciation** of good music. 她**感受**不到美好音乐的妙处。
You have to take capital **appreciation** of the property into account. 你得将那个房产的资本**增值**考虑进来。

appreciative [ə'priːʃətɪv]	**ap**（强调）+ **preci**（价值）+ **ative**（形容词后缀）→赞赏的，感激的

There is a murmur of **appreciative** laughter. 有一阵低低的**赞赏的**笑声。
We have been very **appreciative** of their support. 我们对他们的支持一直非常**感激**。

appreciable [ə'priːʃəbl]	**ap**（强调）+ **preci**（价值）+ **able**（形容词后缀，表示“能够”）→足以认为重要的，可观的

This subject has made **appreciable** advances in the past few years. 过去几年中这方面的进展是**可观的**。
Pupils may have to travel **appreciable** distances. 学生可能得走**相当远的**路。

appreciably [ə'priːʃəblɪ]	**ap**（强调）+ **preci**（价值）+ **ably**（副词后缀）→显著地，相当地

The risk of infection is **appreciably** higher among children. 儿童受到感染的危险性要高**得多**。
The rice yields per acre will increase **appreciably**. 每亩水稻的产量会**显著**增加。

depreciate [dɪ'priːʃɪeɪt]	**de**（否定前缀）+ **preci**（价值）+ **ate**（动词后缀）→没有价值了→贬低，（使）贬值

I had no intention of **depreciating** your contribution. 我并不想**贬低**你的贡献。
New cars start to **depreciate** as soon as they are on the road. 新车一上路就开始**贬值**。

depreciation [dɪˌpriːʃɪ'eɪʃn]	**de**（否定前缀）+ **preci**（价值）+ **ation**（名词后缀）→贬值，折旧

Foreign currency **depreciation** is a result of economic depression. 外汇**贬值**是经济不景气的结果。
The government has been offering accelerated **depreciation**. 政府一直在搞加速**折旧**。

deprecatory [dɪ'priːʃɪətərɪ]	**de**（否定前缀）+ **prec**（**preci** 的变体，表示“价值”）+ **atory**（形容词后缀）→不赞成的，表示歉意的

She has acquired followers through her **self-deprecatory** humour. 她通过**自嘲式的**幽默赢得了粉丝。
I had to join the party with a **deprecatory** smile. 我不得不带着**表示歉意的**微笑参加聚会。

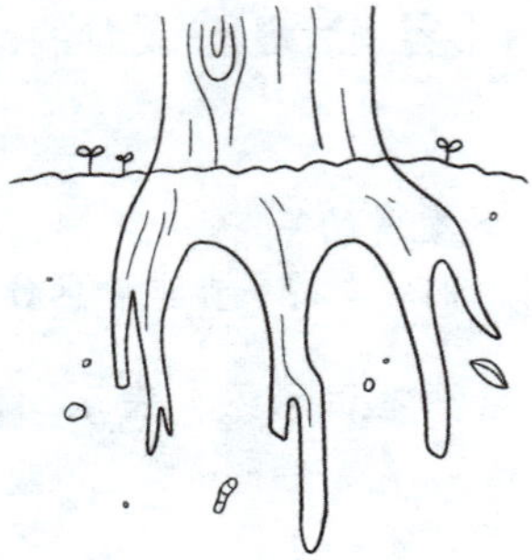

radic 根

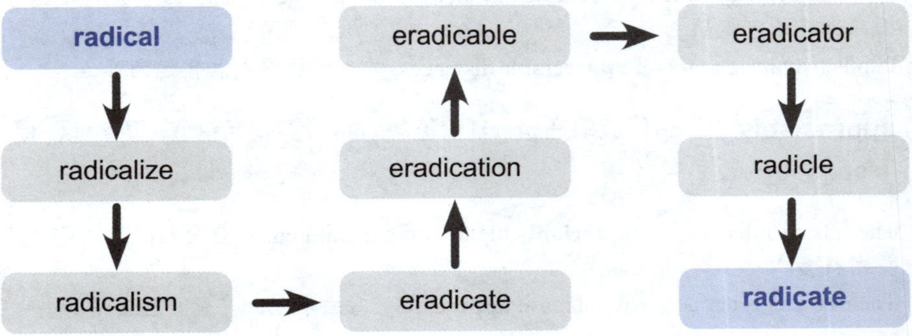

radical ['rædɪkl]	**radic**（根）+ **al**（形容词后缀）→根本的，彻底的

This decision signified a **radical** change in their policies. 这个决定表明他们的政策发生了**根本**变化。
It was a **radical** departure from tradition. 这从**根本上**违背了传统。

radicalize ['rædɪklaɪz]	**radic**（根）+ **al**（形容词后缀）+ **ize**（动词后缀）→根本上发生了变化→使……变得激进

Some of those involved had been **radicalized** by the war. 卷入其中的一些人因战争而变得很**激进**。
The trial was a **radicalizing** experience for her. 这次审判是一次**令**她**激进化**的经历。

radicalism ['rædɪkəlɪzəm]	**radic**（根）+ **al**（形容词后缀）+ **ism**（名词后缀）→激进主义

He is a mixture of **radicalism** and conservatism. 他是个**激进主义**和保守主义的混合体。
His **radicalism** and refusal to compromise isolated him. 他的**激进**和拒绝让步使他受到了孤立。

eradicate [ɪ'rædɪkeɪt]	**e**(出) + **radic**(根) + **ate**(动词后缀)→连根拔起→根除，消灭

We are determined to **eradicate** racism from our sport. 我们决心要**杜绝**体育竞技中的种族歧视。

The disease has been **eradicated** from the world. 这种疾病已在全世界得到**根除**。

eradication [ɪˌrædɪ'keɪʃn]	**e**(出) + **radic**(根) + **ation**(名词后缀)→根除，消灭

We must develop an **eradication** strategy for the disease. 我们必须制定**根除**该疾病的策略。

Aid will be sent to countries committed to **eradication** of poverty. 将向致力于**消除**贫困的国家提供援助。

eradicable [ɪ'rædɪkəbl]	**e**(出) + **radic**(根) + **able**(形容词后缀，表示"可以")→可根除的，可消除的

Researchers are confident it is an **eradicable** disease. 研究人员相信这是一种**可以根治的**疾病。

Do you think the stigma is **eradicable**? 你认为这种耻辱是**可以消除的**吗?

eradicator [ɪ'rædɪˌkeɪtə(r)]	**e**(出) + **radic**(根) + **ator**(名词后缀，表示"工具")→去污剂

This kind of **eradicator** can destroy the stubborn stains. 这种**去污剂**能去除顽固污渍。

In fact the substance itself is in effect an **eradicator**. 实际上这种物质本身就是一种**去污剂**。

radicle ['rædɪk(ə)l]	**radic**(根) + **le**(名词后缀，表示"小")→胚根，幼根

The **radicle** is the first part of a seedling to emerge from the seed. **胚根**是幼苗从种子中出现的第一部分。

The lower concentrations stimulated the growth of **radicle**. 低浓度盐分促进了**幼根**的生长。

radicate ['rædɪkeɪt]	**radic**(根) + **ate**(动词后缀)→使生根，确立

Please **radicate** the new standards. 请**确立**新的标准。

Our dreams should be **radicated** deeply in our daily hard working. 梦想应深深**扎根于**每天的奋斗之中。

scend 攀爬

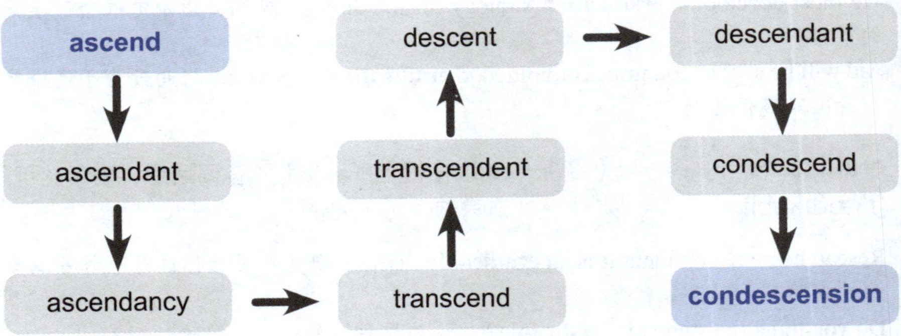

ascend [ə'send]	**a**（强调）+ **scend**（攀爬）→一直往上爬→上升，攀登

The results are ranked in **ascending** order. 结果是按**由低到高的**顺序排列的。
The air became colder as we **ascended**. 随着我们往上**攀登**，空气寒冷起来。

ascendant [ə'sendənt]	**a**（强调）+ **scend**（攀爬）+ **ant**（形容词、名词后缀）→优越的，增长的；优势

Radical reformers are once more in the **ascendant**. 激进派的改革家们再一次占了**上风**。
You can sense the **ascendant** moderate factions in the party. 可以感觉到党内温和派势力的**增长**。

ascendancy [ə'sendənsɪ]	**a**（强调）+ **scend**（攀爬）+ **ancy**（名词后缀）→爬到最高的位置→支配地位，优势

The opposition party was in the **ascendancy**. 反对党已渐占**优势**。
They have a moral **ascendancy** over the rich. 他们有在道德上**支配**富人的力量。

transcend [træn'send]	**tran**（穿越）+ **scend**（攀爬）→超出，超越

This was an issue **transcending** party politics. 这是**超越**党派政治的问题。
We can't **transcend** the limitations of the ego. 我们无法**超越**自我的局限性。

transcendent [træn'sendənt]	**tran**（穿越）+ **scend**（攀爬）+ **ent**（形容词后缀）→卓越的，极其伟大的

The conductor was described as a **transcendent** genius. 这位指挥被誉为**杰出的**天才。
This is an idea of a **transcendent** God who stood apart from mankind. 这是一个**超然脱离**于人类的上帝的观点。

descent [dɪ'sent]	**de**（下面）+ **scent**（**scend** 的变体，表示"攀爬"）→向下爬→斜坡，下降

There is a gradual **descent** to the sea. 有一片**斜坡**缓缓伸延到海边。
There was a **descent** of temperature after rain. 雨后气温**下降**了。

descendant [dɪ'sendənt]	**de**（下面）+ **scend**（攀爬）+ **ant**（名词后缀，表示"人"）→后裔，后代

Many of them are **descendants** of the original settlers. 他们中许多人都是早期移民的**后裔**。
How can we best serve the needs of our **descendants**? 我们怎样才最能满足**后代子孙**的需要？

condescend [ˌkɒndɪ'send]	**con**（全部）+ **de**（下面）+ **scend**（攀爬）→全都向下爬→屈尊，（对某人）表现出优越感、高人一等

He did not **condescend** to answer. 他不愿**屈尊**回答我的问题。
When giving a talk, be careful not to **condescend** to your audience. 发表讲话时，注意别对听众表现出**高人一等**的样子。

condescension [ˌkɒndɪ'senʃən]	**con**（全部）+ **de**（下面）+ **scens**（**scend** 的变体，表示"攀爬"）+ **ion**（名词后缀）→屈尊，傲慢态度

His politeness smacks of **condescension**. 他的客气带有**屈尊俯就**的意味。
Her smile was a mixture of pity and **condescension**. 她的微笑中夹杂着怜悯与**傲慢**。

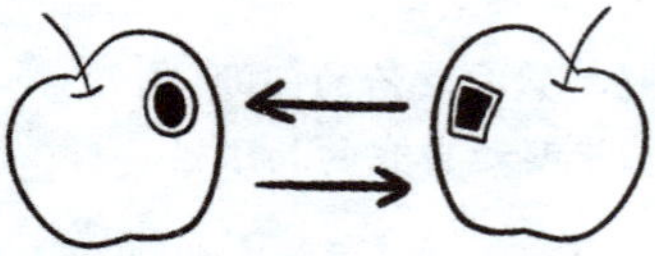

simil/simul 相似，同一个

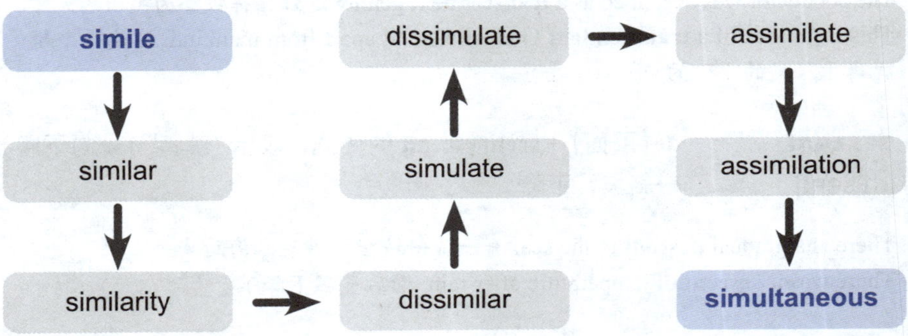

simile ['sɪməlɪ]	**simil**（相似，同一个）+ **e**（名词后缀）→用相似的事物打比方→明喻，明喻的运用

What does this **simile** mean? 这个**明喻**是什么含义？

This is the **simile** of the leaves. 这是关于落叶的**明喻**。

similar ['sɪmələ(r)]	**simil**（相似，同一个）+ **ar**（形容词后缀）→相像的，类似的

We have very **similar** interests. 我们兴趣**相仿**。

The brothers look very **similar**. 弟兄几个长得很**像**。

similarity [ˌsɪmə'lærətɪ]	**simil**（相似，同一个）+ **ar**（形容词后缀）+ **ity**（名词后缀）→相像性，相似之处

There is some **similarity** in the way they sing. 他们的演唱风格有点儿**像**。

There were significant **similarities** between mother and son. 母子间有着极其**相似的地方**。

dissimilar [dɪ'sɪmɪlə(r)]	**dis**（否定）+ **simil**（相似，同一个）+ **ar**（形容词后缀）→不一样的，不同的

These wines are **not dissimilar**. 这些葡萄酒都**差不多**。
His methods were **not dissimilar to** those used by my friends. 他用的方法和我朋友们用的**没有什么不同**。

simulate ['sɪmjʊleɪt]	**simul**（相似，同一个）+ **ate**（动词后缀，表示"做"）→做相同的事情→模拟，假装

The software can be used to **simulate** conditions on the seabed. 该软件可用于**模拟**海底状况。
These insects can **simulate** dead leaves. 这些昆虫可以**伪装**成枯叶。

dissimulate [dɪ'sɪmjʊleɪt]	**dis**（否定）+ **simul**（相似，同一个）+ **ate**（动词后缀，表示"做"）→掩饰，掩盖

He didn't attempt to **dissimulate** his true feelings. 他没有尝试**掩饰**自己的感受。
This man was too injured to **dissimulate** well. 这个男人伤得太重，不可能**掩盖**得住。

assimilate [ə'sɪməleɪt]	**as**（强调）+ **simil**（相似，同一个）+ **ate**（动词后缀，表示"做"）→形成同一个→融入，深入→透彻理解，吃透

New arrivals find it hard to **assimilate**. 新来者感到难以**融入**当地社会。
The committee will need time to **assimilate** this report. 委员会需要时间来**吃透**这个报告。

assimilation [əˌsɪmə'leɪʃn]	**as**（强调）+ **simil**（相似，同一个）+ **ation**（名词后缀）→吸收，接受，融入，同化

This technique eases **assimilation** of knowledge. 这种技术使知识的**吸收**更加容易。
They promote **assimilation** of minority ethnic groups into the culture. 他们提倡少数民族团体与该文化**同化**。

simultaneous [ˌsɪml'teɪnɪəs]	**simul**（相似，同一个）+ **taneous**（形容词后缀）→同一时间做的→同时发生（或进行）的，同步的

Simultaneous interpreting is a very complicated task. **同声传译**是一项很复杂的工作。
There were several **simultaneous** attacks by the rebels. 反叛者**同时**发动了几起攻击。

spect 看见

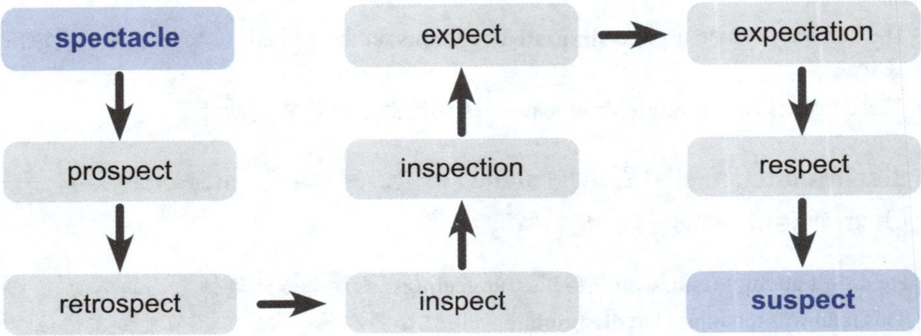

spectacle ['spektəkl]	**spect**（看见）+ **acle**（名词后缀）→可以看到的事物→精彩的表演，壮观的场面

Their performances make a good **spectacle**. 他们的节目**表演得**太**精彩**了。
The sunset was a stunning **spectacle**. 日落是一个令人叹为观止的**景象**。

prospect ['prɒspekt]	**pro**（前面）+ **spect**（看见）→往前看的事物→前途，可能性

I was inspired by the **prospect** of the new job ahead. 我为眼前新工作的**前景**所鼓舞。
A rich harvest is in **prospect**. 丰收**在望**。

retrospect ['retrəspekt]	**retro**（往回）+ **spect**（看见）→回顾，回想

The decision seems extremely odd, **in retrospect**. **回想起来**，这个决定显得极其荒谬。
In retrospect, I think that I was wrong. **回首往事**，我觉得当时我错了。

inspect [ɪn'spekt]	**in**（里面）+ **spect**（看见）→检查，视察

The teacher walked around **inspecting** their work. 老师走来走去**检查**他们的作业。
The Commission **inspects** us once a year. 该委员会每年到我们这里**视察**一次。

inspection [ɪn'spekʃn]	**in**（里面）+ **spect**（看见）+ **ion**（名词后缀）→检查，视察

On closer **inspection**, the notes proved to be forgeries. 经进一步**检查**发现钞票都是伪造的。
The head went on a tour of **inspection** of all the classrooms. 校长**巡视**了所有教室。

expect [ɪk'spekt]	**ex**（出来）+ **spect**（看见）→一直往外看→预料，预计

I didn't **expect** him to become a successful writer. 我没**想到**他会成为一个成功的作家。
House prices are **expected** to rise sharply. **预计**房价会急剧上涨。

expectation [ˌekspek'teɪʃn]	**ex**（出来）+ **spect**（看见）+ **ation**（名词后缀）→预料，期待

Contrary to **expectations**, interest rates did not rise. 出乎**意料**的是利率并未上升。
We are confident in our **expectation** of a full recovery. 我们满怀信心地**期待**着完全康复。

respect [rɪ'spekt]	**re**（一次次）+ **spect**（看见）→一次次地看→尊敬，尊重

A two-minute silence was held as a mark of **respect**. 人们静默两分钟以示**尊敬**。
He doesn't **respect** other people's right to privacy. 他不**尊重**别人的隐私权。

suspect [sə'spekt/'sʌspekt]	**sus**（底下）+ **spect**（看见）→在底下是不是看一看→怀疑；犯罪嫌疑人，可疑对象

I **suspected** her motives in offering to help. 她主动要帮忙，我**怀疑**她的动机。
He is the prime **suspect** in the case. 他是这个案子的首要**犯罪嫌疑人**。

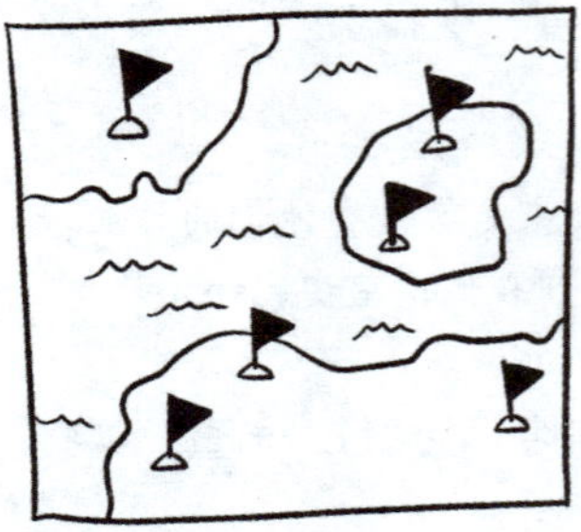

spers/spars散布

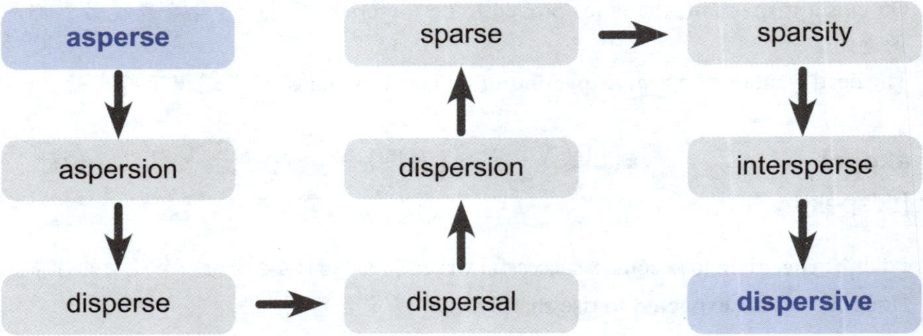

asperse [ə'spɜːs]	**a**（强调）+ **spers**（散布）+ **e**（动词后缀）→到处散布谣言→破坏名誉，诽谤

He **aspersed** the place and its inhabitants. 他抨击了这个地方以及这里的居民。

They **aspersed** her character. 他们诽谤了她的品格。

aspersion [ə'spɜːʃ(ə)n]	**a**（强调）+ **spers**（散布）+ **ion**（名词后缀）→诽谤，中伤

She cast **aspersions** on every director she'd worked with. 她诽谤了所有与她合作过的导演。

I don't think anyone is casting **aspersions** on you. 我认为没有人在中伤你。

disperse [dɪ'spɜːs]	**di**（分开）+ **spers**（散布）+ **e**（动词后缀）→分散，散布

The crowd **dispersed** quickly. 人群很快便散开了。

The wind **dispersed** the cloud from the sky. 风吹散了天上的云。

dispersal [dɪ'spɜːsl]	**di**（分开）+ **spers**（散布）+ **al**（名词后缀）→分散，疏散

This is because the **dispersal** of people to increasingly distant suburbs. 这是因为人口向越来越远的郊区**分散**。

The police ordered the **dispersal** of the crowds nearby. 警方下令**疏散**周边的人群。

dispersion [dɪ'spɜːʃn]	**di**（分开）+ **spers**（散布）+ **ion**（名词后缀）→分散，分布

Some seeds rely on birds for **dispersion**. 有些种子靠鸟来**传播**。

The study looks at the **dispersion** of earnings with these countries. 该研究着眼于这些国家的收入**分布**。

sparse [spɑːs]	**spars**（散布）+ **e**（形容词后缀）→分散到四面八方，每部分都很少→稀少的，简朴的

This is a country of **sparse** population. 这是个人口**稀少的**小国。

This is an elegantly **sparse** room. 这是一个**简洁**美观的房间。

sparsity ['spɑːsətɪ]	**spars**（散布）+ **ity**（名词后缀）→稀少，稀疏

Sparsity of population can also create considerable operation problems. 人口**稀少**也会带来相当大的运营问题。

The algorithm exploits **sparsity** to improve computational efficiency. 该算法利用**稀疏性**来提高计算效率。

intersperse [ˌɪntə'spɜːs]	**inter**（中间）+ **spers**（散布）+ **e**（动词后缀）→从中间散开→点缀，散布

They want to **intersperse** the historical scenes with modern ones. 他们想用现代场景**点缀**历史场景。

The grass was **interspersed** with beds of flowers. 草地上**点缀着**许多花坛。

dispersive [dɪs'pɜːsɪv]	**di**（分开）+ **spers**（散布）+ **ive**（形容词后缀）→分散的，弥散的

The wave are of course **dispersive**. 这种波当然是**分散性的**。

Your strategies are too **dispersive** to form a complete system. 你的这些战略太**分散**了，没形成完整体系。

tract 拉，抽，引

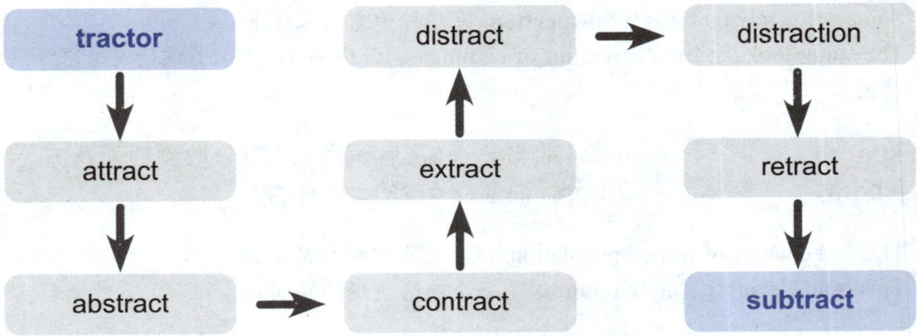

tractor ['træktə(r)]	**tract**（拉）+ **or**（名词后缀，表示“工具”）→牵引机，拖拉机

This kind of **tractor** is easy to start. 这种**牵引机**很容易发动。

The **tractor** pulls well. 这台**拖拉机**拉力大。

attract [ə'trækt]	**at**（强调）+ **tract**（拉）→吸引，引起

What first **attracted** me to her was her sense of humour. 她首先**吸引**我的是她的幽默感。

She tried to **attract** the waiter's attention. 她试图**引起**服务员的注意。

abstract ['æbstrækt]	**abs**（出来）+ **tract**（拉）→将重要的内容拉出来→摘要，梗概；抽象的，纯概念的

It might also be necessary to supply an **abstract** of the review. 可能也有必要提供这篇评论的**摘要**。

It is difficult to read **abstract** theories. **抽象的**理论很难读。

contract ['kɒntrækt/kən'trækt]	**con**（一起）+ **tract**（拉）→把双方拉到一起→合同，契约；（使）收缩，缩小

The **contract** has no legal standing. 那份**合同**在法律上没有约束力。
An excess of meat and salt can **contract** muscles. 过量地食用肉和摄入盐能够使肌肉**收缩**。

extract ['ekstrækt]	**ex**（出来）+ **tract**（拉）→把重要的内容拉出来→摘录，提取物

The following **extract** is taken from her new novel. 下面一段**摘**自她的新小说。
The face cream contains natural plant **extracts**. 这是一款含有天然植物**提取物**的面霜。

distract [dɪ'strækt]	**dis**（分开）+ **tract**（拉）→把东西分开拉→转移（注意力），使分心

You're **distracting** me from my work. 你使我**不能专心**工作。
She's very easily **distracted**. 她的**注意力**很容易**分散**。

distraction [dɪ'strækʃn]	**dis**（分开）+ **tract**（拉）+ **ion**（名词后缀）→使人分心的事

Total concentration is required with no **distractions**. 需要全神贯注，不可有**分心之事**。
It's hard to work at home because there are too many **distractions**. 在家里工作很难，因为**使人分心的事**太多。

retract [rɪ'trækt]	**re**（返回）+ **tract**（拉）→把东西拉回来→收回，撤回

They tried to persuade me to **retract** my words. 他们试图说服我**收回**我的话。
She had to **retract** her offer. 她只好**撤销**提议。

subtract [səb'trækt]	**sub**（底下）+ **tract**（拉）→从底下拉走→减，减去，减法

4 **subtracted** from 9 is 5. 9 **减** 4 等于 5。
The little girl has begun to learn to add and **subtract**. 这个小女孩已开始学做加**减法**了。

biblio 图书

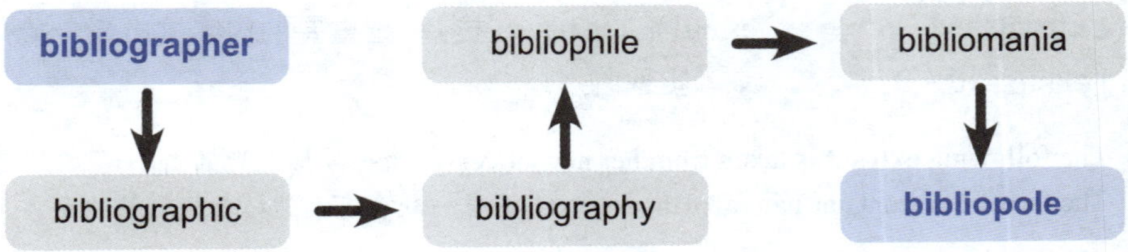

bibliographer [ˌbɪblɪˈɒgrəfə(r)]	**biblio**（图书）+ **graph**（写）+ **er**（名词后缀，表示“人”）→书志学家，目录学家

The **bibliographer**'s research was a big help. 那位**书志学家**的研究很有帮助。
He is a famous history **bibliographer** in Qing Dynasty. 他是清代著名的历史**目录学家**。

bibliographic [ˌbɪblɪəˈgræfɪk]	**biblio**（图书）+ **graph**（写）+ **ic**（形容词后缀）→有关书目的

There are some incorrect **bibliographic** details in the book. 书中有一些不正确的**书目**细节。
Full **bibliographic** references are provided here. 这里提供了完整的参考**书目**。

bibliography [ˌbɪblɪˈɒgrəfɪ]	**biblio**（图书）+ **graph**（写）+ **y**（名词后缀）→文献学，文献目录

She takes a keen interest in **bibliography**. 她对**文献学**很感兴趣。
We have quoted in the **bibliography** a large number of items. **文献目录**中列举了大量文献。

bibliophile [ˈbɪblɪəfaɪl]	**biblio**（图书）+ **phile**（喜爱）→藏书家，爱书者

My grandfather is a **bibliophile**. 我的爷爷是一位**藏书家**。

He is a real **bibliophile**. 他真的是一个**爱书之人**。

bibliomania [ˌbɪblɪəʊ'meɪnɪə]	**biblio**（图书）+ **mania**（疯狂）→藏书癖，集书狂

His wife was wonderfully supportive of his **bibliomania**. 他的妻子非常支持他的**藏书癖**。

It seems that only books bought can better satisfy their **bibliomania**. 好像只有买来的书才能更好地满足**集书狂**。

bibliopole ['bɪblɪə(ʊ)pəʊl]	**biblio**（图书）+ **pol**（卖）+ **e**（名词后缀）→（尤指买卖稀有或具有装饰性图书的）书商

This kind of books is sold only by few **bibliopoles**. 很少有**书商**出售这种书。

The **bibliopole** will send a confirmation of the order to you. **书商**会给你发送订单的确认。

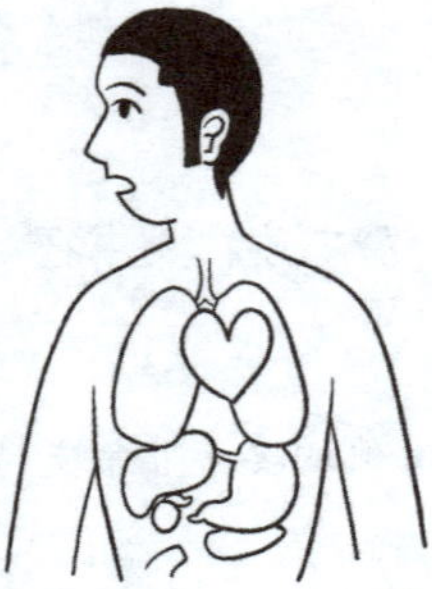

corpor 身体

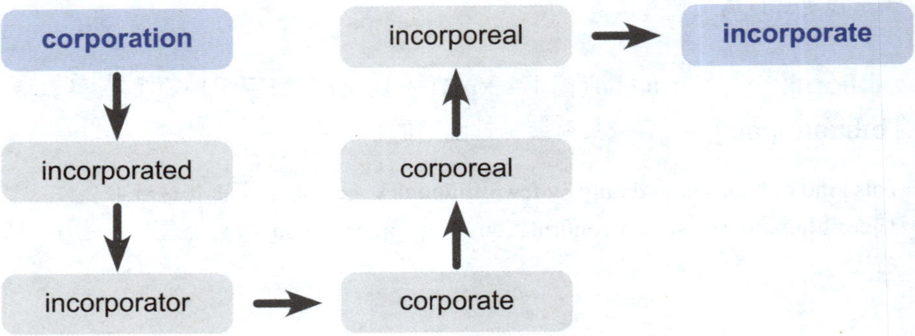

corporation [ˌkɔːpəˈreɪʃn]	**corpor**（身体）+ **ation**（名词后缀）→社会经济活动中的主体→公司，法人

The rule applies where a person owns stock in a **corporation**. 该规定对于在**公司**里拥有股份的人适用。

He was a stockholder in a hotel **corporation**. 他是一家酒店**公司**的股东。

incorporated [ɪnˈkɔːpəreɪtɪd]	**in**（里面）+ **corpor**（身体）+ **ated**（形容词后缀）→公司的，社团的

The Limited Liability Company and **Incorporated Company** are two kinds of legal forms of companies. 有限责任公司与**股份有限公司**是公司的两种法定形式。

To be invited to the **Incorporated Society** of Musicians is my honour. 被邀请加入音乐家**协会**是我莫大的荣耀。

incorporator [ɪnˈkɔːpəˌreɪtə]	**in**（里面）+ **corpor**（身体）+ **ator**（名词后缀，表示“人”）→公司创始人

This is the only function the **incorporator** can perform. 这是**公司创办人**能履行的唯一职能。

The **incorporators** included two of my business partners. **公司创始人**包括我的两个商业伙伴。

corporate ['kɔːpərət]	**corpor**(身体) + **ate**(形容词后缀)→公司的，组成公司(或团体)的

He lost his job in a **corporate** takeover. 他在一次**公司**收购中丢掉了工作。

The law applies to both individuals and **corporate bodies**. 本法律既适用于个人也适用于**法人团体**。

corporeal [kɔː'pɔːrɪəl]	**corpor**(身体) + **eal**(形容词后缀)→身体的，亲自的

This is more than **corporeal** needs. 这不仅仅是**身体的**需要。

Thanks for your **corporeal** presence! 感谢您的大驾**亲**临！

incorporeal [ˌɪnkɔː'pɔːrɪəl]	**in**(否定前缀) + **corpor**(身体) + **eal**(形容词后缀)→不像身体那样的→非物质的，无形的

He demonstrated the **incorporeal** nature of the soul. 他论证了灵魂的**非物质**本性。

The real life is guided by our **incorporeal** intellection. 现实生活是由我们**无形的**思想所引导的。

incorporate [ɪn'kɔːpəreɪt]	**in**(里面) + **corpor**(身体) + **ate**(动词后缀)→放到身体当中→包含，合并

Many of your suggestions have been **incorporated** in the plan. 你的很多建议已**纳入**计划中。

This company is about to **incorporate** with its parent company. 这家公司将要与其母公司**合并**。

dexter 右边

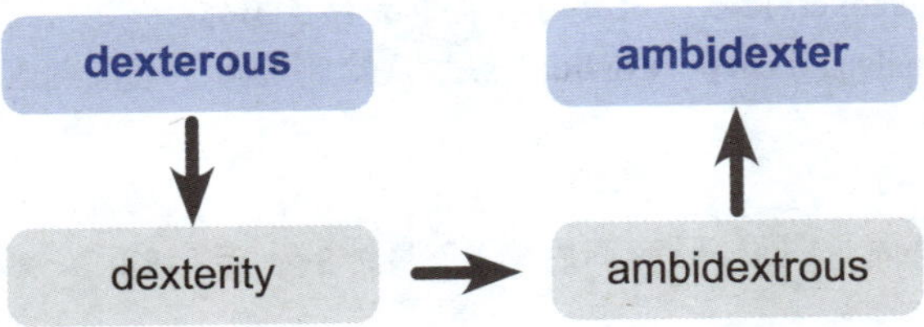

dexterous ['dekstrəs]	**dexter**（右边）+ **ous**（形容词后缀）→人的右手更加灵活→灵巧的，敏捷的

Bella was **dexterous** and found the tasks easy. 贝拉**手很巧**，做这些事挺麻利。

A good pianist must be **dexterous**. 一个好的钢琴家必须要**灵巧**。

dexterity [dek'sterətɪ]	**dexter**（右边）+ **ity**（名词后缀）→（手）灵巧，（思维）敏捷

Few can equal her **dexterity** on the guitar. 论吉他**指法的娴熟**，一般人都不如她。

The negotiations will call for considerable **dexterity**. 谈判需要相当的**灵活性**。

ambidextrous [ˌæmbɪ'dekstrəs]	**ambi**（两个）+ **dext(e)r**（右边）+ **ous**（形容词后缀）→左右手都能用→两只手都灵巧的

Few of us are naturally **ambidextrous**. 我们中间很少有人天生是**两只手都很灵巧的**。

Jack is an **ambidextrous** baseball player. 杰克是一位**双手都很灵巧的**棒球运动员。

ambidexter [ˌæmbɪ'dekstə(r)]	**ambi**（两个）+ **dexter**（右边）→双方都能拿捏得特别好→两面讨好者，双手均运用自如的人；两面讨好的，十分灵光的

She is an **ambidexter**, because she can draw pictures with either hand. 她是**双手灵活的人**，因为她左右手都能画。

hospit 客人

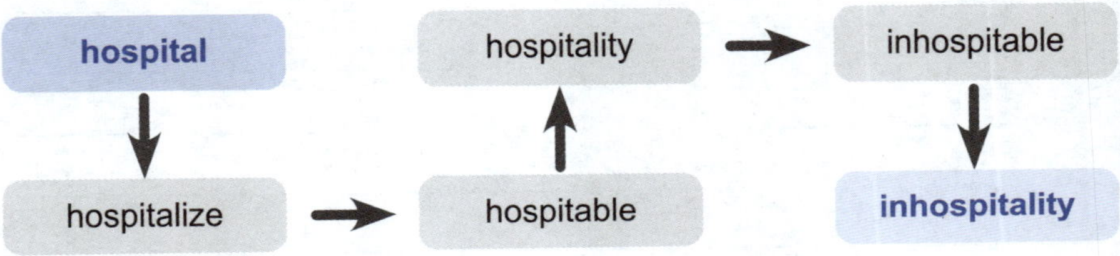

hospital ['hɒspɪtl]	**hospit**（客人）+ **al**（名词后缀）→把每个病人当作客人无微不至地照顾他们→医院

I'm going to the **hospital** to visit my brother. 我要去**医院**探望我弟弟。

He had to go to **hospital** for treatment. 他不得不去**医院**接受治疗。

hospitalize ['hɒspɪtəlaɪz]	**hospit**（客人）+ **al**（名词后缀）+ **ize**（动词后缀）→送（某人）入院治疗

The old man was **hospitalized** for chest pains. 那位老人因胸口痛被送**住院**。

Should I be **hospitalized**? 我必须**住院**吗？

hospitable [hɒ'spɪtəbl]	**hospit**（客人）+ **able**（形容词后缀，表示“能够”）→能够像对待客人一样的→好客的，热情友好的

It does not take much to be a **hospitable** host. 做一个**好客的**主人不需要很高的条件。

The locals are **hospitable** and welcoming. 当地人热情**好客**。

hospitality [ˌhɒspɪ'tælətɪ]	**hospit**（客人）+ **ality**（名词后缀）→殷勤款待，好客

Thank you for your kind **hospitality**. 感谢你的友好**款待**。

They were charmed by the **hospitality** of the local people. 他们被当地人的热情**好客**吸引住了。

inhospitable [ˌɪnhɒˈspɪtəbl]	**in**（否定前缀）+ **hospit**（客人）+ **able**（形容词后缀，表示"能够"）→不殷勤待客的，不好客的

I don't know why she said we are **inhospitable**. 我不知道她为什么说我们**不好客**。

It was an **inhospitable** way to treat a relative like this. 这样对待亲戚太**不好客**了。

inhospitality [ˌɪnhɒspɪˈtælɪtɪ]	**in**（否定前缀）+ **hospit**（客人）+ **ality**（名词后缀）→不好客，冷漠

The **inhospitality** of the local people surprised us. 当地人的**冷漠**使我们吃惊。

The reference to not helping the poor can be understood to imply **inhospitality**. 提到不帮助穷人可以被理解为**冷漠**。

integr 完整

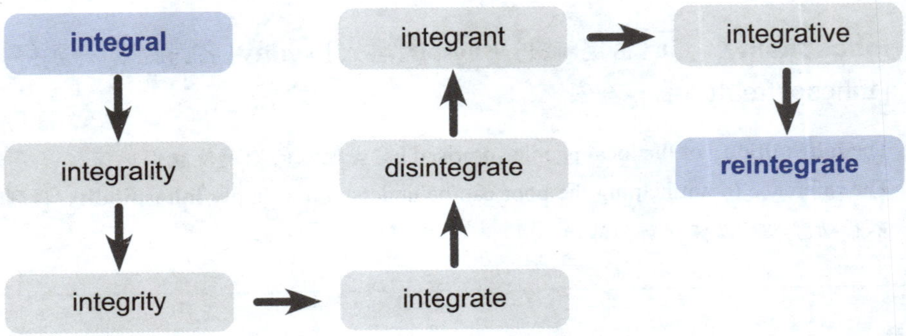

integral
['ɪntɪgrəl]

integr（完整）+ **al**（形容词后缀）→完整的，必要的

We need to establish an **integral** quality testing system. 我们需要建立一个**完整的**质量检测体系。

Anxiety is **integral** to the human condition. 焦虑是人类生活中**不可或缺的**一部分。

integrality
[ˌɪntə'grælətɪ]

integr（完整）+ **al**（形容词后缀）+ **ity**（名词后缀）→完整性

This algorithm ensures the **integrality** and security of the strategy. 这种算法保证了策略的**完整性**和安全性。

Check **integrality** of the products when unpack the packing. 从包装箱里拿出时要检查产品的**完整性**。

integrity
[ɪn'tegrətɪ]

integr（完整）+ **ity**（名词后缀）→完整，正直

They must respect the territorial **integrity** of the nation. 他们必须尊重该国的领土**完整**。

I have always regarded him as a man of **integrity**. 我一直认为他**正直诚实**。

integrate ['ɪntɪgreɪt]	**integr**（完整）+ **ate**（动词后缀）→使……完整→合并，融入群体

The corps was the last service to **integrate**. 该兵团是最后**合并**的部队。

They have not made any effort to **integrate** with the local community. 他们完全没有尝试**融入**本地社区。

disintegrate [dɪs'ɪntɪgreɪt]	**dis**（分开）+ **integr**（完整）+ **ate**（动词后缀）→瓦解，解体

The empire began to **disintegrate** in three months. 三个月后该帝国开始**瓦解**。

The plane **disintegrated** as it fell into the sea. 飞机坠入大海时**解体**了。

integrant ['ɪntəgrənt]	**integr**（完整）+ **ant**（形容词、名词后缀）→必须的；成分，组成部分

Libraries are an **integrant part** of the national informational system. 图书馆是国家信息系统的**组成部分**。

Opera was an important **integrant** of his music creation. 歌剧是他音乐创作的重要**组成部分**。

integrative ['ɪntɪgreɪtɪv]	**integr**（完整）+ **ative**（形容词后缀）→整体化的，综合的

Life and art are **integrative**. 生活和艺术是**一体的**。

Many hospitals offer **integrative** medicine centres. 许多医院提供**综合**医学中心。

reintegrate [riː'ɪntɪˌgreɪt]	**re**（再一次）+ **integr**（完整）+ **ate**（动词后缀）→使恢复完整，更新

This suture insures the **reintegration** of the nerve much better. 这种缝合可以更好地确保神经的**重新融合**。

I was able to **reintegrate** the program through a reboot process. 我通过重启程序**重新整合**了这个程序。

splend 光芒

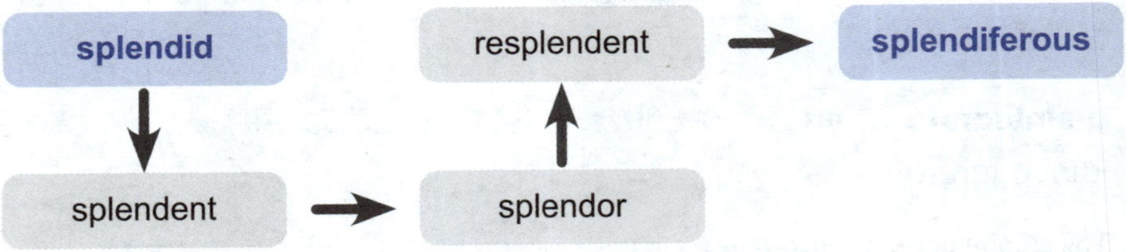

splendid ['splendɪd]	**splend**(光芒) + **id**(形容词后缀)→金碧辉煌的→壮丽的，辉煌的

His robes were **splendid**. 他的礼服很**华丽**。

The rich man lived in a **splendid** house. 那个富翁住在**豪华的**宅子里。

splendent ['splendənt]	**splend**(光芒) + **ent**(形容词后缀)→光亮的，杰出的

Let's step into the **splendent** future hand in hand! 让我们携手合作，共创**辉煌的**明天！

All of great nations have created **splendent** culture. 所有伟大的民族都创造了**灿烂的**文化。

splendor ['splendə(r)]	**splend**(光芒) + **or**(名词后缀)→壮丽，美景

The palace has been restored to its former **splendor**. 宫殿经过修葺，重现出昔日的**富丽堂皇**。

The author tried to depict the **splendor** of the sunset. 作者试图描绘日落的**壮丽景象**。

resplendent [rɪ'splendənt]	**re**(一次次) + **splend**(光芒) + **ent**(形容词后缀)→辉煌的，华丽的

She looked **resplendent** in her green evening gown. 她穿着绿色的晚礼服，显得**光彩照人**。

The fields were **resplendent with flowers**. 田野里**姹紫嫣红**。

splendiferous [splenˈdɪfərəs]	**splend**（光芒）+ **i**（连接）+ **fer**（生产）+ **ous**（形容词后缀） →美妙的，非常棒的

I never dreamed anything so perfectly **splendiferous**. 我做梦也没想到会有这么**美妙的**事。

The tourists were in awe of the **splendiferous** view of the city. 游客们对这座城市的**壮丽**景色感到敬畏。

tempor 时间

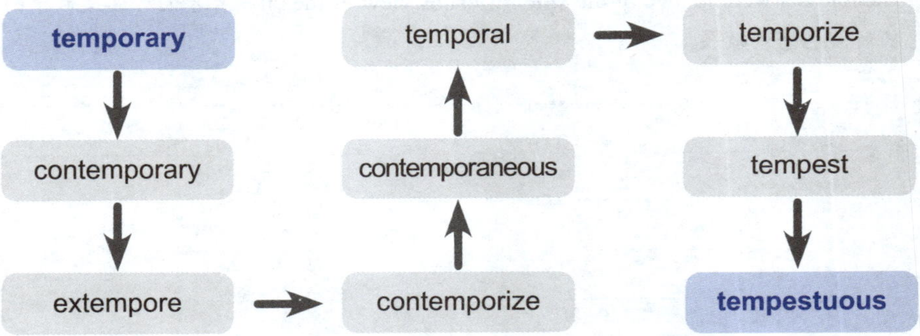

temporary ['temprərɪ]	**tempor**（时间）+ **ary**（形容词后缀）→时间转瞬即逝→暂时的，短期的

I'm looking for some **temporary** work. 我在找**临时**工作。

He was sitting as a **temporary** judge. 由他担任**临时**法官。

contemporary [kən'temprərɪ]	**com**（共同）+ **tempor**（时间）+ **ary**（形容词、名词后缀）→同一时代的，同时期的；同时代的人，同龄人

His prices rank higher than other **contemporary** photographers. 他的要价与其他**同时代的**摄影师相比居高。

She and I were **contemporaries** at college. 她和我在大学是**同学**。

extempore [ek'stempərɪ]	**ex**（出）+ **tempor**（时间）+ **e**（形容词、副词后缀）→超出既定时间安排的→即兴的，无准备的；即兴地，无准备地

He gave an **extempore** public speaking. 他**当场**做了演讲。

The song was composed **extempore**. 这首歌是**即兴**创作。

contemporize [kən'tempəraɪz]	**con**（全部）+ **tempor**（时间）+ **ize**（动词后缀）→使成为同一时代，使同时发生

The new owners of the restaurant plan to **contemporize** the menu. 这家餐厅的新老板计划**使**菜单**现代化**。
Various new pieces were purchased to help **contemporize** its collection. 他们购买了各种新作品以帮助**实现**藏品的**现代化**。

contemporaneous [kənˌtempə'reɪnɪəs]	**con**（全部）+ **tempor**（时间）+ **aneous**（形容词后缀）→同时发生（或存在）的，同时期的

What he said is all **contemporaneous** events. 他所说的都是**同一时期的**事情。
How do we know that the signature is **contemporaneous** with the document? 我们怎么知道这个签字和文件是**同一个时间的**呢？

temporal ['tempərəl]	**tempor**（时间）+ **al**（形容词后缀）→世俗的，时间的

One is also able to see how specific acts are related to a **temporal** and spatial context. 人们也能看出具体行为是如何与**时间**和空间背景相关联的。
The present world crisis should be analyzed from different **temporal** perspectives. 目前的世界危机应该从不同的**时间**角度进行分析。

temporize ['tempəraɪz]	**tempor**（时间）+ **ize**（动词后缀）→拖延时间（不迅速做决定等）

They are still **temporizing** in the face of a disaster. 灾难面前他们还在**拖延**时间。
I can't permit you to **temporize** any longer. 我不能允许你再**拖延**时间了。

tempest ['tempɪst]	**tempest**（**tempor** 的变体，表示“时间”）→在很短的时间里天气骤变→暴风雨，似风暴般的事物

The **tempest** beats against the house. **暴风雨**冲击着这座房子。
The takeover provoked a **tempest** of criticism. 这次收购引发了**暴风雨般的**批评。

tempestuous [tem'pestʃʊəs]	**tempest**（暴风雨）+ **uous**（形容词后缀）→暴风雨的，剧烈的，狂暴的

Their ship was sailing dangerously in the **tempestuous** sea. 他们的船在**浪急风高的**海上危险地航行着。
All the fury of her **tempestuous** soul fell, as the sea falls under a lapse of wind. 她那**狂暴的**灵魂发出的一切愤怒都平息了，如同大海在风暴之后的平静一样。

stinct 刺

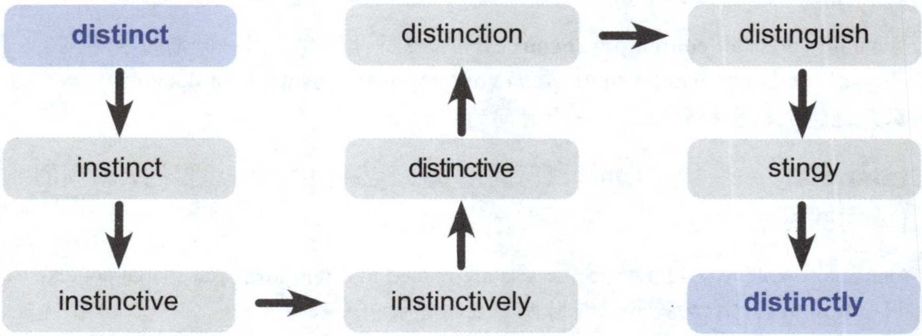

distinct [dɪ'stɪŋkt]	**di**(分开) + **stinct** (刺)→刺都分开了→不同的，明显的，清晰的

There was a **distinct** smell of gas. 有一股**明显的**煤气味。

His voice was quiet but every word was **distinct**. 他说话声音不大，但字字**清晰**。

instinct ['ɪnstɪŋkt]	**in**(内在，里面) + **stinct**(刺)→内在的刺激→本能

His first **instinct** was to run away. 他的**本能**反应就是逃跑。

Horses have a well-developed **instinct** for fear. 易受惊吓是马的**天性**。

instinctive [ɪn'stɪŋktɪv]	**in**(内在，里面) + **stinct**(刺) + **ive**(形容词后缀)→天生的，本能的

She's an **instinctive** player. 她是个**天生的**运动员。

My **instinctive** reaction was to deny everything. 我**本能的**反应是否认一切。

instinctively [ɪnˈstɪŋktɪvlɪ]	**in**（内在，里面）+ **stinct**（刺）+ **ive**（形容词后缀）+ **ly**（副词后缀）→本能地

I found myself smiling back **instinctively**. 我发现我**本能地**还以微笑。

The pilot **instinctively** maneuvered to avoid them. 飞行员**本能地**驾机避开他们。

distinctive [dɪˈstɪŋktɪv]	**di**（分开）+ **stinct**（刺）+ **ive**（形容词后缀）→刺全都分开了→明显的，独特的

The male bird has **distinctive** white markings on its head. 雄鸟的头上有**明显的**白色斑纹。

She was a singer with a **distinctive** voice. 她是一位音色**独特的**歌手。

distinction [dɪˈstɪŋkʃn]	**di**（分开）+ **stinct**（刺）+ **ion**（名词后缀）→区分，差异

We need to draw a **distinction** between the two events. 我们得把两起事件**区别**开来。

Many people make a sharp **distinction** between humans and other animals. 很多人认为人类和其他动物有很大**差异**。

distinguish [dɪˈstɪŋgwɪʃ]	**di**（分开）+ **sting**（**stinct** 的变体，表示"刺"）+ **uish**（动词后缀）→分辨，有别于

It was hard to **distinguish** one twin from the other. 很难**分辨**出一对孪生儿谁是谁。

The male bird is **distinguished** from the female by its red beak. 雄鸟喙呈红色，**有别于**雌鸟。

stingy [ˈstɪndʒɪ]	**sting**（**stinct** 的变体，表示"刺"）+ **y**（形容词后缀）→对钱的事总挑刺 →小气的

You're **stingy**! 你真**小气**!

Don't be so **stingy** with the cream! 别那么**舍不得**放奶油!

distinctly [dɪsˈtɪŋktlɪ]	**dis**（分开）+ **stinct**（刺）+ **ly**（副词后缀）→清楚地，明显地

He could remember everything very **distinctly**. 他什么事都能记得**清清楚楚**。

He looked **distinctly** uncomfortable when the subject was mentioned. 提到这个话题，他**显然**局促不安起来。

图书在版编目（CIP）数据

你好，词根 / 付建利编著. —北京：中国人民大学出版社，2023.4

ISBN 978-7-300-31498-3

Ⅰ.①你… Ⅱ.①付… Ⅲ.①英语-词汇-自学参考资料 Ⅳ.①H313

中国国家版本馆CIP数据核字（2023）第036082号

你好，词根

付建利　编著

Nihao, Cigen

出版发行	中国人民大学出版社		
社　　址	北京中关村大街31号	邮政编码	100080
电　　话	010-62511242（总编室）		010-62511770（质管部）
	010-82501766（邮购部）		010-62514148（门市部）
	010-62515195（发行公司）		010-62515275（盗版举报）
网　　址	http://www.crup.com.cn		
经　　销	新华书店		
印　　刷	天津鑫丰华印务有限公司		
开　　本	890mm × 1240mm　1/32	版　　次	2023年4月第1版
印　　张	8.5	印　　次	2025年6月第4次印刷
字　　数	172 000	定　　价	25.00元